高校学困生心理干预与调适

倪亚红 著

东南大学出版社
·南京·

内容简介

本书基于库尔特·勒温"解冻—移动—冻结"三步行动理论视角,采用团体咨询和个案研究相结合的方式制定高校学困生心理干预与调适方案,并探讨心理干预方案的实施和评估方法。本书内容主要包括高校学困生相关概念阐述,学困生的现实困境,学困生心理行为特征分析,学困生干预困难原因分析,学困生心理干预与调适的总体设计和方案制定,短程学困生心理干预实施过程及效果分析,长程学困生心理干预与调适实施过程及效果评估,学困生个案心理干预与调适目标方案、实施和评估等。

本书适合高等教育工作者、大学生及其家长阅读参考。

图书在版编目(CIP)数据

高校学困生心理干预与调适 / 倪亚红著. —南京:东南大学出版社,2022.12
ISBN 978-7-5766-0578-5

Ⅰ.①高… Ⅱ.①倪… Ⅲ.①高等学校—后进生—教育心理学—研究 Ⅳ.①G444

中国版本图书馆 CIP 数据核字(2022)第 246852 号

责任编辑:张新建　责任校对:张万莹　封面设计:毕　真　责任印制:周荣虎

高校学困生心理干预与调适
Gaoxiao Xuekunsheng Xinli Ganyu Yu Tiaoshi

著　　者:倪亚红
出版发行:东南大学出版社
社　　址:南京四牌楼 2 号　邮编:210096　电话:025 - 83793330
网　　址:http://www.seupress.com
经　　销:全国各地新华书店
印　　刷:江苏凤凰数码印务有限公司
开　　本:700 mm×1000 mm　1/16
印　　张:15.5
字　　数:280 千字
版　　次:2022 年 12 月第 1 版
印　　次:2022 年 12 月第 1 次印刷
书　　号:ISBN 978 - 7 - 5766 - 0578 - 5
定　　价:60.00 元

本社图书若有印装质量问题,请直接与营销部联系。电话:025 - 83791830。

前　言

　　自我国高校扩招以来,高校学困生问题越发凸显,特别是一些重点高校理工科专业的学困生问题更为突出。调查发现,在新冠疫情的三年多时间里,高校危机事件频发,而危机事件的当事人大多在学业方面都存有较大困难。学困生问题业已成为高校安全稳定的潜在隐患,严重掣肘高校人才培养质量的提高。

　　21世纪以来,越来越多的中国学者和学生工作人员加强了对高校学困生的帮扶、转化策略方面的研究,对学困生采取了诸如谈心谈话、给学困生做讲座、查课查寝、"一对一"帮扶、与学困生家长联系共同督促学困生等行动干预。但是一方面学困生基数太大,另一方面个别干预成本太高,教育资源有限,导致收效甚微,高校学困生问题的解决始终没有取得根本性突破。

　　高校学困生存在的影响因素有外在的,也有内在的,但是众多研究与实践表明,高校学困生的存在更多的是因其内在心理调节能力较差而导致的。本书从高校学困生的内在心理入手,在分析了高校学困生的心理与行为特征基础上,基于库尔特·勒温的"解冻—移动—冻结"三步行动理论,制定一整套针对学困生的团体心理干预与调适方案和个案干预方案。其中学困生团体心理干预与调适分为短程4个单元进行方案设计并实施,短程团体心理干预与调适结束后进行了效果分析与反思。修正后的长程学困生团体心理干预与调适方案共15个单元,分为3个阶段,其中:解冻阶段2个单元,即初相识和信任之旅;移动阶段11个单元,即我的人生观和价值观、你我的压力源、遥控情绪、自我新认知之独特的我、自我新认知之自信的我、爱的表达及爱的品质提升、人际互动技巧及和谐关系构建、学习心理调适(一)、学习心理调适(二)、意志力提升和潜能的激发;冻结阶段2个单元,即我的收获和心留住、迎未来。每一个单元均安排了热身活动、问卷测试、游戏、主题讨论、音乐等内容。每个阶段结束后进行了评估,包括问卷测量结果评估、团体领导者自评、团体成员评估和团体观察员评估。而个案研究对象是一名工科专业女生,研究主要涉及个案资料的收集、评估与诊断以及干预目标方案的制定,然后呈现了采用积极关注、催眠放松治疗和合理情绪疗法三种方法实施干预的部分过程,最后对干预前后效果做了对比与评估。书的最后一章对整个研究进行了总结并提出了一些建议。

本书主要特点有:一是实用性。本书侧重于高校学困生心理干预与调适行动方案的制定和实施,从方案实施前的准备到具体过程及实施后的评估都有详细阐述,实用性较强。二是针对性。本书的所有章节均是针对高校学困生而设计的。对高校学困生的相关文献进行梳理;深入分析高校学困生的心理特征;提出学困生心理干预与调适方案。三是理论与实践相结合。本书研究高校学困生的心理干预与调适采用的主理论是勒温的"解冻—移动—冻结"三步行动理论,还有三个次理论,以四大理论为基础,对高校学困生进行心理干预行动研究。四是可操作性。目前,各高校都很重视大学生心理健康教育工作,均增加了心理教师,而且很多高校还配备了学院心理辅导员,通常由心理中心负责对心理辅导员进行培训和督导。经过培训,心理辅导员基本可以胜任高校学困生心理干预与调适团体咨询领导者的角色。学困生具有同质性,用团体心理干预与调适和个案干预相结合的方式进行干预,可有力提升对高校学困生整体的干预能力和干预效果。

本书在撰写过程中得到了南京大学教育研究院王运来教授和教育部教育发展研究中心马陆亭主任的指导与帮助,同时也离不开单位领导和同事们的支持和帮助。在此表示衷心的感谢!

鉴于作者能力和水平有限,书中难免有疏漏和不足之处,敬请同行和广大读者批评指正。

倪亚红

2022年10月20日于南京航空航天大学将军路校区

目 录

第一章 绪论 ··· 001
  第一节 学困生相关概念界定 ·· 001
    一、学习倦怠 ·· 001
    二、学习失能/学习障碍 ··· 002
    三、学业不良 ·· 002
    四、学困生 ·· 003
  第二节 高校学困生现实困境 ·· 005
    一、学业困境 ·· 005
    二、人际困境 ·· 005
    三、心理困境 ·· 006
  第三节 高校学困生研究缘起及其研究意义 ································· 009
    一、研究缘起 ·· 009
    二、研究理论意义 ··· 011
    三、研究实践意义 ··· 011

第二章 高校学困生心理和行为特征 ·· 013
  第一节 高校学困生认知特征 ·· 013
    一、感知觉障碍 ·· 013
    二、记忆力与思维力下降 ·· 014
    三、语言沟通能力较差 ··· 015
    四、缺乏清晰的学习目标和学习计划 ···································· 015
    五、学习动机强弱不当,学习自我效能感较差 ······················· 016
    六、专业思想不稳定 ··· 018
    七、不合理的或片面的认知 ·· 018
    八、错误的成败归因 ··· 019
  第二节 高校学困生个性特征 ·· 020
    一、不良的性格特征 ··· 020

二、自尊心强 …………………………………………………………… 020
　　三、自卑 …………………………………………………………………… 021
　　四、敏感脆弱 ……………………………………………………………… 021
第三节　高校学困生情绪情感特征 ……………………………………………… 022
　　一、焦虑 …………………………………………………………………… 022
　　二、抑郁 …………………………………………………………………… 022
　　三、恐惧 …………………………………………………………………… 023
　　四、冷漠 …………………………………………………………………… 023
第四节　高校学困生行为特征 …………………………………………………… 023
　　一、社交退缩 ……………………………………………………………… 023
　　二、厌学 …………………………………………………………………… 024
　　三、溺网 …………………………………………………………………… 024
　　四、自控能力弱 …………………………………………………………… 025

第三章　高校学困生干预困难原因分析 ………………………………………… 026
　第一节　高校学困生影响因素及干预策略文献梳理 ………………………… 026
　　一、关于高校学困生影响因素研究 ……………………………………… 026
　　二、关于高校学困生干预策略研究 ……………………………………… 034
　　三、研究评述 ……………………………………………………………… 037
　第二节　高校学困生干预困难原因分析 ……………………………………… 040
　　一、高校学困生基数庞大，问题多 ……………………………………… 040
　　二、针对学困生干预的师资力量不足 …………………………………… 040
　　三、学习困难形成的原因复杂 …………………………………………… 041
　　四、内在心理的改变缺乏"持续而不竭的转化动力" ………………… 041

第四章　高校学困生团体心理干预与调适方案设计思路 ……………………… 042
　第一节　高校学困生团体心理干预与调适可行性分析 ……………………… 042
　　一、需求分析 ……………………………………………………………… 042
　　二、经济可行性分析 ……………………………………………………… 043
　　三、库尔特·勒温"解冻—移动—冻结"三步行动理论提供理论
　　　　支撑 …………………………………………………………………… 043
　　四、技术可行性分析 ……………………………………………………… 044
　　五、组织可行性分析 ……………………………………………………… 046
　第二节　高校学困生团体心理干预与调适目标 ……………………………… 046
　　一、一般目标 ……………………………………………………………… 047

二、过程目标 ……………………………………………………… 048
　　三、终极目标 ……………………………………………………… 048
第三节　高校学困生团体心理干预与调适方案设计原则 …………… 048
　　一、保密原则 ……………………………………………………… 048
　　二、专业原则 ……………………………………………………… 049
　　三、共同原则 ……………………………………………………… 051
　　四、民主、平等原则 ……………………………………………… 051
　　五、发展原则 ……………………………………………………… 051
　　六、激励、启发原则 ……………………………………………… 051
　　七、综合原则 ……………………………………………………… 052
第四节　高校学困生团体心理干预与调适设计依据、框架及理论基础 … 052
　　一、高校学困生团体心理干预与调适方案设计依据 …………… 052
　　二、高校学困生团体心理干预与调适方案设计框架 …………… 054
　　三、群体动力学理论 ……………………………………………… 054
　　四、合理情绪疗法 ………………………………………………… 058
　　五、归因理论 ……………………………………………………… 059
　　六、需要层次理论 ………………………………………………… 063

第五章　高校学困生短程团体心理干预与调适方案设计及实施效果分析 … 067
第一节　短程高校学困生团体心理干预与调适方案实施前准备 …… 067
　　一、短程高校学困生团体心理干预与调适对象的选取 ………… 067
　　二、短程高校学困生团体心理干预与调适方案实施时间、地点的
　　　　安排 …………………………………………………………… 068
　　三、团体规范和活动协议的订立 ………………………………… 068
第二节　短程高校学困生团体心理干预与调适方案设计及实施效果
　　　　分析 ……………………………………………………………… 068
　　一、短程高校学困生团体心理干预与调适方案设计 …………… 068
　　二、短程高校学困生团体心理干预与调适方案实施效果分析 … 070

第六章　解冻——高校学困生长程团体心理干预与调适初级阶段方案设计、
　　　　实施及评估 ……………………………………………………… 076
第一节　高校学困生长程团体心理干预与调适方案实施前准备 …… 077
　　一、高校学困生长程团体心理干预与调适对象的选取 ………… 077
　　二、高校学困生长程团体心理干预与调适方案实施时间、地点的
　　　　安排 …………………………………………………………… 077

三、团体规范和活动协议的订立 ································· 077
第二节　解冻阶段高校学困生长程团体心理干预与调适方案设计 ········ 079
　　一、解冻阶段高校学困生团体心理干预与调适目标 ················· 079
　　二、解冻阶段高校学困生团体心理干预与调适方案设计 ············· 080
第三节　解冻阶段高校学困生团体心理干预与调适方案实施 ············ 081
　　一、引导语 ··· 081
　　二、解冻阶段具体主要活动内容解释 ······························· 082
　　三、解冻阶段主要技术及举例 ····································· 086
　　四、解冻阶段特殊情况的处理 ····································· 090
第四节　解冻阶段量表测试 ··· 091
　　一、SCL-90 测试 ·· 091
　　二、艾森克人格问卷（EPQ）测试 ·································· 092
　　三、社会支持系统练习 ··· 093
第五节　解冻阶段高校学困生团体心理干预与调适效果评估 ············ 094
　　一、团体领导者自评 ··· 094
　　二、团体成员评估 ··· 095
　　三、团体观察员评估 ··· 096

第七章　移动——高校学困生长程团体心理干预与调适中间阶段方案设计、实施及评估 ··· 099

第一节　移动阶段高校学困生团体心理干预与调适方案设计及实施 ······ 099
　　一、移动阶段高校学困生团体心理干预与调适方案设计 ············· 099
　　二、移动阶段具体活动内容解释 ··································· 103
　　三、移动阶段主要技术与举例 ····································· 142
　　四、移动阶段特殊情况的处理 ····································· 145
第二节　移动阶段量表测试 ··· 147
　　一、大学生压力量表测试 ··· 147
　　二、SAS 和 SDS 测试 ··· 147
　　三、自我认知量表测试 ··· 148
　　四、心理自卑度量表测试 ··· 148
　　五、人际信任量表（ITS）测试 ···································· 149
　　六、匹兹堡睡眠质量指数（PSQI）测试 ····························· 149
　　七、职业兴趣量表测试 ··· 150
　　八、意志力量表测试 ··· 150
第三节　移动阶段高校学困生团体心理干预与调适效果评估 ············ 151

一、移动阶段过程性评估 …………………………………………… 151
二、移动阶段结束后评估 …………………………………………… 152

第八章　冻结——高校学困生长程团体心理干预与调适结束阶段方案设计、实施及评估 …………………………………………………………………… 157
第一节　冻结阶段高校学困生团体心理干预与调适方案设计及实施 …… 157
一、冻结阶段高校学困生团体心理干预与调适方案设计 …………… 157
二、冻结阶段具体活动内容解释 …………………………………… 158
三、冻结阶段主要技术 ……………………………………………… 162
四、冻结阶段特殊情况的处理 ……………………………………… 163
第二节　冻结阶段高校学困生团体心理干预与调适效果评估 …………… 164
一、量表的前后测结果对比 ………………………………………… 164
二、团体领导者自评 ………………………………………………… 166
三、团体成员评估 …………………………………………………… 167
四、团体观察员评估 ………………………………………………… 169

第九章　高校学困生个案心理干预与调适设计、实施及效果评估 ……… 170
第一节　一般性资料及主诉 ……………………………………………… 170
一、一般性资料 ……………………………………………………… 170
二、主诉与个人自述 ………………………………………………… 170
三、咨询师观察到的情况及周围人反映的情况 …………………… 171
第二节　评估与诊断 ……………………………………………………… 172
一、量表测试报告 …………………………………………………… 172
二、评估与诊断 ……………………………………………………… 173
第三节　心理干预与调适目标、方案制定 …………………………… 174
一、心理干预与调适目标 …………………………………………… 174
二、心理干预与调适方案的制定 …………………………………… 175
第四节　心理干预与调适实施过程及效果评估 ………………………… 178
一、心理干预与调适实施过程 ……………………………………… 178
二、心理干预与调适效果评估 ……………………………………… 187

第十章　研究结论与建议 …………………………………………………… 189
第一节　研究结论 ………………………………………………………… 189
一、对高校学困生从外控视角去帮扶，实践证明无法根本解决问题；导致大学生学习困难的最重要因素是内控因素，因而从学困生的心理（知、情、意等）方面制定干预与调适方案有其科学性 …… 189

二、对高校学困生进行心理优化,团体心理干预与调适是目前较为经济且有效的干预方式 ……………………………………… 190

三、高校学困生心理优化需要给予"持续不竭的转化动力","解冻—移动—冻结"三步团体心理干预与调适方式可以较好地解决学困生心理优化问题 ………………………………………… 190

四、高校学困生团体心理干预与调适方案和个案心理干预与调适方案的相互补充,有力地提升了对高校学困生整体的干预能力和干预效果 ………………………………………… 191

第二节 研究局限与建议 …………………………………… 191
  一、研究局限 ………………………………………………… 191
  二、建议 ……………………………………………………… 191

参考文献 …………………………………………………………… 193
  一、中文参考文献 …………………………………………… 193
  二、英文参考文献 …………………………………………… 196

附录 A "再现优秀的你"素质拓展团体活动信息采集问卷 …… 201
附录 B 团体成员访谈提纲 ……………………………………… 205
附录 C 团体规范 ………………………………………………… 206
附录 D 症状自评量表(SCL-90) ……………………………… 207
附录 E 艾森克人格问卷(EPQ) ………………………………… 212
附录 F 大学生压力量表(SSCS) ………………………………… 216
附录 G 自我认知量表(FIS) …………………………………… 219
附录 H 焦虑自评量表(SAS) …………………………………… 221
附录 I 抑郁自评量表(SDS) …………………………………… 223
附录 J 埃利斯常见的 11 条不合理信念 ……………………… 224
附录 K 人际信任量表(ITS) …………………………………… 226
附录 L 心理自卑度量表 ………………………………………… 228
附录 M 匹兹堡睡眠质量指数(PSQI) ………………………… 230
附录 N 职业兴趣量表 …………………………………………… 232
附录 O 意志力量表 ……………………………………………… 237

第一章

绪 论

第一节 学困生相关概念界定

一、学习倦怠

学习倦怠基本是从"倦怠"的概念引申而来的,其中尤以弗洛登伯格(Freudenberger)和马斯勒其(Maslach)对"倦怠"所下定义被引用得最多。1974年临床心理学家弗洛登伯格首先提出倦怠(burnout)这一新概念,用来描述医护人员、教师等社会工作者因长时间工作、工作强度过高而导致的一种疲惫不堪的状态。马斯勒其将职业倦怠定义为:情感衰竭(emotional exhaustion)、去个性化(depersonalization or dehumanization)及个人成就感低落(diminished personal accomplishment)的一种现象,它经常出现在人际工作的人员身上。情感衰竭是个体对压力的评估,表现为个体情绪和情感处于极度疲劳状态,工作热情完全丧失,它代表职业倦怠的个人应激维度,是职业倦怠的核心内容;去个性化涉及个体对他人的评估,表现为个体以消极否定、麻木不仁的态度对待服务对象,它代表职业倦怠的人际情境维度;个人成就感低落涉及个体对自我的评估,表现为个体对自己工作的意义与价值的评价降低,它代表职业倦怠的自我评价维度(Christina et al., 1984)。随着对倦怠研究的不断深入,有些学者开始考虑将此概念借鉴到学习倦怠上来。迈伊等(Meier et al., 1985)对学习倦怠的定义是:学生因为长期的课业压力和负担,而产生精力耗竭,对课业及相关学习活动的热情逐渐减弱或消失,与同学的关系也越来越冷漠疏远,对学业持负面消极态度的一种现象。学者杨惠贞(1998)对学习倦怠下了如下定义:学生在学习过程中因为课业压力、课业负荷,或其他个人心理层次上的因素,以至于出现情绪耗竭、乏人性化及个人成就感低落的现象。这个定义基本源自职业倦怠,维度也基本相似。学者连榕、杨丽娴等(2006)人认为：大学生学习倦怠反映了大学生消极的学习心理，指的是由于学习压力或缺乏学习兴趣而对学习感到厌倦的消极态度和行为。

二、学习失能/学习障碍

关于"学习失能"(learning disabilities,简称"LD")概念的研究,主要是西方学者的研究比较多,国内研究较少。国内的"学习障碍"和"学习失能"均由"learning disabilities"翻译而来。这个名词开始于1963年,由美国学者柯克(Kirk)所倡导,并迅速得到普及。1968年美国教育办公室下属的"障碍儿童咨询委员会"对"学习失能"做了如下定义:"具有特殊学习失能的儿童,在口头语言与书面语言的理解和使用的基本心理过程中,显示出一种或多种障碍,这就有可能出现听、说、读、写、拼音或算术方面的问题,包括所谓的知觉障碍、脑损伤、轻微脑功能障碍、阅读障碍、发展性失语症等等。但是,视觉障碍、听觉障碍、运动障碍、智力障碍、情绪障碍或由于环境缺陷这一主因而引起的学习问题,不包括在内。"这个定义虽然遭到一些指责,但从教育实践效果来说,还是有其积极意义的,促进了对学习失能者的教育援助。1975年美国出台了一部关于全体残障儿童的法案,"学习失能"作为障碍范畴被正式采用,有此障碍的儿童被作为个别化教育计划(IEP)的对象。这个立法具有里程碑的意义。20世纪80年代,美国成立的全美学习失能共同委员会对"学习失能"进行了重新界定:"所谓学习失能是一个统称种种障碍群的术语。它表示听、说、读、写、推理或算术诸能力的习得与应用显著困难。这些失能内发于个体,估计是中枢神经系统的功能障碍所致,在人的整个一生中都有可能发生。行为的自我调节问题、社会性认知问题、社交中的问题,在学习失能者中也会发生,但其本身并非学习失能的本质。学习失能也可能伴随其他缺陷状态(例如知觉障碍、智力障碍、重度的情绪障碍)或环境影响(文化差异、不充分或不适当的教法之类的影响)发生,但学习失能不是这些状态或影响的直接结果。"

三、学业不良

国内外关于学业不良的研究是比较多的,其中比较著名的是翟特林的《学生学业不良现象及其预防》,北尾伦彦的《学业不良儿童指导的实际》《学业不良》《学业不良对策讲座》,藤原喜悦的《学业不良儿童的诊断与治疗》,等等。从这些研究中可以看出关于"学业不良"的界定主要有三种观点:一是"绝对学业不良观"。把未达基本标准的人称之为"学业不良"。这种观点有一个问题就是目标是否合适。如果目标定得过高,将会出现许多学业不良学生;目标定得过低,则又会减少很多学业不良学生。因此,目标的确定成了左右"学业不良生"的唯一决定性的因素。二是"相对学业不良观"。把实际的学习能力水平与基于智力推定的学习能力水平进行比较得出判断。这种观点也有问题,预测学习能力仅仅根据智力来推定,是不利于教学方法改进的。三是"个人学业不良观"。这种观点着眼于每个学生的潜在能力,从每个学生自身去寻找答案。因此,这种观点比较符合尊重学生个性的教育精神。苏联教育界则把学习障碍学生称为学业不良学生,它指的是学习成绩低下的学生。根据不同的标准,他们把学业不良分为相对学业不良、绝对学业不良和成绩不足三种类型。以一个特定群体的平均学业成绩为参照标准,明显低于平均水平的即为相对学业不良;以规定的教学目标为评价的参照标准,达不到教学目标即为绝对学业不良;当以学生个人的能力水平为评价的参照标准时,如果学生的实际学业成绩明显低于从他的能力来看应达到的水平,一般称之为成绩不足。

四、学困生

国内学者大多称学习困难学生为"差生",其含义不是很统一。一般来讲,学者侧重从三个方面去界定这个概念:一是学习成绩差的学生。也就是指学业成绩不及格或虽有及格科目,但是勉强及格的学生。这类学生经常会遇到学业上的失败。二是学习能力差的学生。所谓学习能力差是指学生实际的学习能力测查结果低于根据智力测验结果所推定的学习能力测查的得分。这些学生要花费更多时间和精力才能勉强掌握知识和技能的学生。三是成绩、品行双差的学生。学者俞国良(1992)在其《差生教育》中提出,"差生"是指由于环境中各种消极因素的影响而形成个体不良的"配置",从而在学习、品德、行为等诸方面长期落后的智力正常的学生。学者钟启泉(2003)在《差生心理与教育》书中界定:"差生"是指学生的智力同学业成绩相比较时,智力在标准以上但学业成绩显著低劣者。这里隐含了"智力与学历相应"的大前提,即学业成绩尽管相当落后,但从其智力程度预测,学业成绩可充分提高。而智力明显低劣,学业成绩未达到平均标准者,不属于"差生"的范畴。因为这类学生的学业成绩几乎是不可逆的。钟启泉认为运用"差生"这个词反映了教育世界一种真实的现象,无须用其他词汇来替换。

近年来,"差生"这个概念的使用还是受到了一些批评,主要意见是:第一,含义不确切;第二,有损学生人格或打击学生的积极性。因而一些学者和教育工作者主张用"才能未被开发的人""后进生"或"学困生""学习困难生"等词汇来取而代之。李洪元等(1987)在《后进生的心理特点与教育》中认为,学困生是指在教育的主导影响下形成的一部分智力正常,却在品德、学业两方面都比较差的"双差生"。上海的"初中学习困难生教育研究"课题组使用"学习困难生"这个概念。他们认为,所谓学习困难生,指的是智力正常,但学习效果低下,达不到国家规定的教学大纲要求的学生。这个定义大致包括这样的一些含义:第一,学习成绩长期而稳定地达不到教学大纲所要求的水平,是学习困难生显著而主要的标志。第二,学习困难生身心生长发育处于正常范围之中。第三,学习困难生之间是有差异的。如:不同个体产生学习困难的原因是不同的,有的可能是外部因素为主,有的可能是内部因素为主;不同个体学习困难的表现形式和结果是不同的;不同学习困难生转化的条件也是不同的;等等。

教育界对学困生有过很多称呼:国外有"learning disability""learning deficiencies""low achievers""slow learning""learning-disabled""learning handicapped"等众多说法。国内则称"学业不良生""学习失能生""学习倦怠生""差生""才能未被开发的人""学习困难生""学困生"等等。在实际使用过程中,有的概念有时候会混淆使用。

本书对于学困生的看去:首先,高校学困生是针对学生的学习结果障碍而言的。其次,这种障碍的标准是学习结果远未达到教学目标的要求,已经达到延长学年或因不及格学分总分已经接近延长学年的学生,因成绩不合格退学或休学的大学生除外。再次,学习困难不是因感官或智力障碍引起的。以上有关学习困难生的看法与我国学者杨心德(1996)和美国的杰尔希特(Gearheart,1975)等很多学者的观点基本上一致。本书中的学困生是具有发展潜能及发展需要的个体,他们无疑是基础教育的成功者,但却是高校教育帮扶的重点对象。高校学困生的智力水平处于正常发展范围内,只是由于某些教育因素的不良影响,或者更多的是由于其内在的心理调节能力较差,他们的学业出现困难。他们可能只是暂时的落后,通过特别的教育和心理干预与调适,他们会变成非学困甚至学优的学生。他们具有与一般学生同样的发展潜能,但在认知、动机、兴趣、性格、意志、情绪与情感等非智力因素方面与普通大学生有差异。本书中的学困生是指个体发展潜能及发展需要没有得到应有的开发和张扬,不能或基本不能完成学习任务的大学生。高校学困生的表现具有动态的特征,他们有变好的可能性。教育工作者有责任也有可能充分挖掘他们的各种潜能,使他们摆脱"学困生"的标签。

第二节 高校学困生现实困境

一、学业困境

高校学困生在数量和问题类型上都在逐年增加。美国学者卡拉克·麦格雷戈(Karla K. McGregor)和娜塔莉·兰根费尔德(Natalie Langenfeld)等人 2014 年对美国 11 所公立大学的 285 436 名本科生发放调查问卷,回收 63 802 份,回收率约为 22%。主要调查校园氛围、时间花费、学习困难和支持、学术成功、课堂内外参与及总体满意度。有 5.96% 的大学生报告有学习困难,二年级大学生报告得最多;和舍友或家人一起住的大学生有学习困难的比较少,而单亲家庭报告的比例比较大,占 14%。学困生们报告在作业方面有困难,非学术责任和技能方面的困扰最多,他们对大学生活的满意度比较低,而且他们对校园里有障碍的学生有更多的偏见(McGregor et al., 2016)。中国武汉理工大学学者王萧在第 16 届创新与管理国际学术会议上做了关于高校学困生的研究报告。她认为我国高校学困生学习成绩下降,课程考试常常失败,学分很低,应引起教育行政部门和大学的重视,要建立学困生的过程管理机制(Wang, 2019)。学者张浩(2019)以沈阳航空航天大学学生为研究对象,收集了 2014 年至 2018 年的相关数据并从学困生的比例、男女学困生所占比例、不同学科学困生所占比例和不同年级学困生所占比例四方面进行调查分析。数据显示:5 年该校未能毕业的学生都在 7% 左右;学困生中男生明显多于女生,男生是女生的 4 倍多;理工科专业学困生远远多于文科专业学困生,理工科学困生是文科学困生的 7 倍以上;各个年级也存在差异,大二无论是挂科人数还是挂科的总门数都是最多的。

我国高校特别是理工科专业的学困生数量是非常庞大的。很多高校都有学困生的数据库,达到延长学年或接近延长学年的大学生从几百人到上千人不等,而有学习倦怠感的大学生比例则会更高。高校学困生问题之普遍,情况之严重,已成为高校安全稳定的潜在隐患,严重掣肘高校人才培养质量的提高。

二、人际困境

威廉·詹姆斯(William James)说过:"人类本性最深的需要是渴望得到别人的欣赏。"人本主义心理学家马斯洛的需要层次理论中有"寻求爱与归属的需要"，而这一基本需要只有在人际交往过程中才能得到实现。人是离不开人的，人需要和他人在一起，并发生一些联系。

高校学困生不光是学业陷入困境，往往他们在人际和心理方面也会陷入困境。很多学困生因长期的学业困境，缺乏自信，在他人面前抬不起头，觉得别人都在嘲笑自己，因而不愿与他人打交道，甚至出现社交恐惧症等状况。而高校学困生因经常出现不被同学接受或理解的行为，很多他们身边的同学也不太愿意与他们交往。同学们通常感觉学困生很敏感、脆弱，与其交往一不小心就会产生矛盾和冲突。这样就更会导致高校学困生人际困境状况的加剧。学者楼启炜（2015）曾对高校学困生的人际情况做过深入研究。楼启炜认为：高校学困生的基数较大，学困生的自我意识、人际关系以及情绪方面的心理障碍问题都比较突出；高校学困生的自尊心强，有一定的自我表现和自我实现的愿望，非常在意他人对自己的态度和看法；高校学困生往往因为失落和自卑，认为自己受到排斥甚至被孤立，产生强烈的孤独感，无法很好地融入集体。

三、心理困境

人的心理现象非常复杂，但并不是杂乱无章的，各种心理现象之间存在着一定的联系和关系，是一个有结构的整体。心理结构的概念主要有两种定义。

弗洛伊德（Freud）精神分析理论将人的心理结构分为三个部分，即意识（conscious）、前意识（preconscious）和潜意识（unconscious）。"意识"是人直接感知的心理，为人所特有的一种对客观现实的高级心理反映形式，是物质的一种高级有序组织形式，是指生物由其物理感知系统能够感知的特征总和以及相关的感知处理活动。"潜意识"，是指潜藏在我们一般意识底下的一股神秘力量，个人的原始冲动和本能欲望，是相对于"意识"而言的一种思想。"潜意识"是人类原本具备却忘了使用或被社会伦理和法律约束的能力，这种能力称为"潜力"，也就是存在但却未被开发与利用的能力。潜能的动力深藏在我们的深层意识，也就是我们的"潜意识"当中。"前意识"则是"可召回的潜意识"，人们能够回忆起来的经验，是"潜意识"和"意识"之间的中介环节。"潜意识"很难或根本不能进入"意识"，"前意识"则可能进入"意识"，所以从"前意识"到"意识"尽管有界限，但没有不可逾越的鸿沟。"前意识"处于"意识"和"潜意识"之间，担负着"稽查者"的任务，不准"潜意识"的本能和欲望侵入"意识"之中。但是，当"前意识"丧失警惕时，有时被压抑的本能或欲望也会通过伪装而迂回地渗入"意识"。科学研究表明人们意识到的部分其实只占人的大脑储存信息的一小部分，而"潜意识"却隐藏着巨大功能和力量。甚至有学者形容"潜意识"就像一个超级存储器,存储着人们知道的和不知道的所有信息。科学研究者认为"潜意识"隐藏着不可思议的巨大力量,有些人之所以被称为"天才",只是因为他们"潜意识"的利用率比常人多出很多倍。如果我们也能充分地激发我们的"潜意识",那么其实人人都有可能成为"天才"。"意识""前意识""潜意识"之间的关系,如图1-1所示。

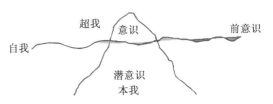

图1-1　意识、前意识与潜意识冰山模型图

另一种心理结构,也就是心理现象的结构。心理现象是心理活动的表现形式。一般把心理现象分为两类,即心理过程和个性心理。心理过程是指人的心理活动过程,包括人的认知过程、情感过程、意志过程。认知过程是一个人在认识、反映客观事物时的心理活动过程,包括感觉、知觉、记忆、想象和思维过程。情感过程是指对事物的态度体验,例如满意、气愤、悲伤等。意志过程是指一个人为了改造事物,有意识地提出计划、制订计划、选择方式方法、克服困难,以达到预期目的的内在心理活动过程。心理状态是指在一段时间内相对稳定的心理活动特征,如聚精会神或注意力涣散状态等。个性心理主要包括个性倾向性和个性心理特征两个方面,具体结构如图1-2所示。

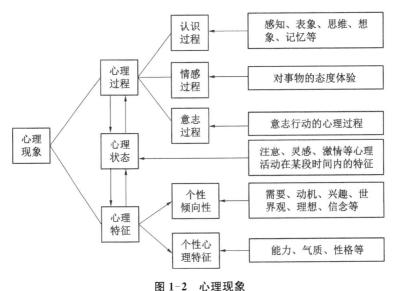

图1-2　心理现象

高校学困生往往会被称为"双困生",他们处于学业困境和心理困境之中,而且二者之间互为影响因素。捷克赫拉德茨-克拉洛韦大学学者凯特琳娜·朱克洛瓦(Katerina Juklová)在对一些有学习困难的大学生进行研究中指出:这些学困生有着与智力不相符的学业成绩;他们的自我评价较低,学业焦虑情绪明显,甚至有学校恐惧症;有明显的身心障碍、神经官能症等;性格上也有很大改变,他们努力以另一种方式来获得分数,进而出现不被同学接受的行为(Juklová,2012)。西班牙阿尔梅里亚大学学者埃尔斯·贝克曼(Else Beckmann)和亚历山大·梅拉特(Alexander Minnaert)通过对23份出版物中相关高校学困生资料进行综合分析发现:①高校学困生有一些共同的特征。他们有自知之明;自信心不足;对学校持消极态度,感到失望,社交退缩,孤僻;一般会从高潜力和低学校表现差异中体验到强烈的挫败感。②高校学困生有明显的二元性。首先是个体间存在二元性,有较大差异。一部分学困生有强烈的负面情绪、消极态度、低自我评价和不良人际关系,但是也有部分学困生表现出高度的积极性、强大的适应力和应对能力及积极的个性特征。其次,个体自身内部也有二元性,他们可以自我决定。如果受益于父母或老师提供的鼓励或支持,一些学困生的学习和需求得到满足的话,可能就会有更好的自我概念、有较少的学习和行为问题、体验更少的负面情绪、感觉更投入等(Beckmann et al.,2018)。

学者楼启炜和李玉环等人也对高校学困生的心理进行了深入研究。楼启炜(2015)认为"长期得到的负面评价会对其产生消极的心理暗示,导致其不能充分接纳自己,在自我认知上普遍存在自我否定和自我怀疑,容易产生自卑的情结";并且"一旦在学习、生活、恋爱等方面受到挫折或打击,会出现过度焦虑、抑郁和冷漠等不良情绪"。李玉环(2008)认为高校扩招以后毕业生呈下降趋势,学困生问题普遍存在。高校学困生"没有强烈的学习动机,缺少学习目标,没有学习动力";"自我管理能力较差,不能主动安排自己的学习生活";"多数学业困难学生都存在着各种各样的心理问题,其中认知障碍、情绪障碍、意志障碍、自我效能感偏低、错误的成败归因、自控能力欠缺、不良的个性等心理因素是极其重要的内在原因"。

使高校学困生陷入困境的影响因素有外在的也有内在的。外在的比如社会环境,家庭经济状况、亲子关系,学校教育教学管理方法、教学环境等;内在的如自我效能感、情绪智力、自尊、自信心、学习动机、认知水平等。学困生们面临的困境如图1-3中所示:P代表个体,G是目标。在达成目标的过程中,学困生受到重重阻碍。1~12就代表着各种影响因素。中间粗线条的模块代表影响更大的因素,更多的是内在的心理因素,它们的存在使得学困生举步维艰。

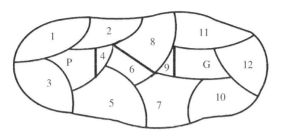

图1-3 学困生现实困境

第三节 高校学困生研究缘起及其研究意义

一、研究缘起

(一) 高校扩招致入学门槛降低,学困生人数剧增,问题突出

近些年来,随着我国高校扩招政策的不断延续,全国各高校的招生规模不断膨胀,高等教育俨然已发展为惠及民生的大众教育。可是接踵而来的问题也越发明显,大学生群体在学业基础、学习动机、学习能力和学习效率等方面均出现了较大分化。另外,目前我国高校基本上都实行学分制,其中本科生大多是3~6年弹性学分制。弹性学分制的最大特点是学习时间上的伸缩性和学习过程的实践性,其根本目标是满足学生对高等教育个性化、多样化的需求。但是弹性学分制也存在着诸多的问题,比如学生不太好管理、知识体系被割裂、课程体系不完善等诸多问题。弹性学分制并没有使大学生的学习状况好转,反而导致高校学困生问题越发凸显,特别是理工科高校学困生比例明显高于其他高校。高校校园里经常可以看到陪读母亲们的茫然脸庞,大多数陪读母亲与孩子之间关系恶劣,无计可施之下很多家长的身心健康也出现了严重问题。而高校里除了延长学年的学困生外,更多的是学习适应不良的学生,他们虽然没有到延长学年或退学的边缘,但却因学习问题而苦苦挣扎,生活学习质量很差,有的还出现了严重的心理问题或心理障碍。在对高校延长学年学困生进行的统计中发现,随着年级的增高,学困生人数呈不断上升趋势,其中男生要明显多于女生。有数据显示,高校学困生中80%以上沉迷于网络游戏不能自拔,生活状态非常糟糕,对他

们采取思想政治教育也收效甚微,不管辅导员怎么找他们谈心,他们却还是一如既往地"钟情"于网络世界。

(二)高校学困生问题业已成为高校安全稳定的潜在隐患,严重掣肘高校人才培养质量的提高

英国学者萨顿·保罗(Sutton Paul)等人曾对7名有学习困难的大学生进行半结构化的访谈,发现"这些学生经常将它们的心理健康问题和紧张的生活事件联系在一起,他们的心理健康问题也较为突出"(Paul et al.,2020)。高校学困生问题越来越突出,无论是什么层次的高校,几乎无一例外地面临着这样一个困扰高校发展的问题。由于内部心理因素(如学习动力缺乏、情绪状态不佳、意志力薄弱、人格不健全等)和外部环境因素(如社会不良风气影响、学校管理不力、教师教书育人水平的制约等)对大学生的影响,各高校试读、延长学年、退学、休学学生的数量与日俱增。高校学困生已成为一个不容忽视的特殊群体,学困生的存在不仅给学生自身的发展带来困扰(全国高校诸多危机事件中有相当一部分与学习困难有关),而且学困生的存在也深深地影响到高校的教育教学工作:加大了教育投入,降低了教育资源的使用效率,影响了高校毕业就业工作以及高校和社会的安全稳定,严重掣肘高校人才培养质量的提高,极大地制约了高校的发展。克里·克拉克(Kerry Clark)等人认为"有LD(学习困难)的学生在儿童和年轻人中是比较常见的,需要对其进行干预,否则,这种行为可能会变得持久,而且使个体面临伤害自己和他人的风险"(Clark et al.,2021)。

(三)已有研究指出学困生的成因较多,但提供可操作的帮扶策略较少;且帮扶策略在实施过程中始终没有取得根本性突破,导致学困生和学工人员双方都很焦虑

从21世纪初开始,有很多学者及高校学生工作人员开始关注到高校学困生问题,并展开一系列的研究,提出了不少有价值的建议和帮扶策略,但是提出的转化策略大多比较宏观,而且他们大多是从管理的角度提出建议,比如高校教育管理要形成合力、家校联合、对学困生进行学业帮扶、改进教学方法、谈心谈话、给学困生做讲座、查课、查寝等。但是一方面鉴于学困生基数太大,另一方面受制于个别干预成本太高,教育资源有限,收效甚微。虽经多年的努力,高校学困生问题的解决始终没有取得根本性的突破,导致学困生和学工人员双方都很焦虑。

(四)许多研究表明对学困生进行团体干预有成效,但难以维持持久性,制定具有长效机制的学困生心理干预与调适行动方案迫在眉睫

笔者在工作中经常会遇到到心理中心的大学生,他们其实是"双困生",即学习和心理双困的学生。多年的工作中,笔者始终有一个强烈的念头,要寻求切实有效的针对理工科学困生的帮扶方案并付诸行动。多年来笔者也在不断地探索和修正干预方案,几年前就已经对众多的学困生分批地进行短程的团体辅导活动,实践证明这是有明显效果的。短程的团体辅导活动结束后大多数学困生都有一些改变,他们在自信心和学习动力等方面均有了一些提升,但是团体辅导活动一旦停止一段时间后,他们中的大多数又"回归"到以前的那种"不成熟"状态。短程团体辅导取得的效果往往无法维持持久性,与期望的目标有差距。

高校学困生没有脑功能方面的缺陷,他们的智力没有任何问题,尤其是考入重点高校的学生,他们是中学时代的"优秀生"。进入高校成为影响学困生的外控因素的可能会有,但不是主要的,而主要影响因素应该是他们自身的内控因素,也就是认知、情绪、意志力等。因此,制定具有长效机制的学困生心理干预与调适行动方案迫在眉睫。

二、研究理论意义

西方学者关于学困生的研究主要聚焦于K12阶段的学习失能或有学习障碍的学生,对高校非失能或非障碍因素而导致的学习困难学生的研究并不丰富。中国有中国的国情,国家投入巨大成本培养出来的基础教育的"学优生"沦为"学困生"殊为可惜。高校有责任加强对学困生的深入研究,采取科学而有效的行动方案,帮助学困生渡过难关,使之成长为一名未来的建设英才。

库尔特·勒温(Kurt Lewin)用"解冻—移动—冻结"三步行动理论来研究团体的动力,主要是研究企业里面团体的气氛、团体成员之间的关系以及领导者的风格等内容。本书以其为主理论基础,运用理论中的核心理念来设计高校学困生心理干预与调适的行动方案并实施。这是该理论在中国教育语境下的一次具体运用,丰富了该理论的内涵,最后的结论也再次验证了勒温的群体动力学理论的科学性,因而本书有一定的理论意义。

三、研究实践意义

2015年10月24日国务院印发《统筹推进世界一流大学和一流学科建设总体方案》,随后正式确立"双一流"建设的战略目标。"双一流"战略的成败事关我国高等教育的未来,与国家民族的命运息息相关。教育部2016年10月15日在华中师范大学召开的高等学校工作座谈会上提出:在"双一流"建设进程中,高校要进一步转变理念,做到四个"回归"。一是回归常识。教育的常识就是读书。

二是回归本分。教育的基本功能就是教书育人。三是回归初心。教育工作者的初心就是培养人才,一要成人,二要成才。四是回归梦想。教育梦就是报国梦、强国梦。在建设"双一流"进程中,人才培养是高校治理的逻辑起点和关键。前阶段网上对人民日报2002年3月29日登载的《没有一流学风,哪有一流学生》一文展开了热议。高校应该要解决好培养什么样的人、怎么培养人、为谁培养人、不能培养什么人的问题。而解决好学风问题不是小事,是直接关系到培养人的大事。学生学习不好,不仅影响本人的就业,还会影响党和国家的千秋大业。高校中的学困生已成为现今高等教育人才培养工作中的重点和难点,引起了国家及高等教育界的密切关注。

高校学困生与中小学学困生有着根本的不同,高校学困生在进入高校以前大都是学习非常不错的优秀生,特别是一些国家重点高校的学生,更是如此。那么,为什么会出现这样大的反差?他们的心理出现了怎样的变化?他们的心理结构是怎样的?这样不堪的状况是校方、学生自身及家长都无法接受的。针对如此严峻形势,作为培养高级人才,为国家输送未来栋梁的高校,应积极采取有效措施:一方面加强对高校学困生的心理分析和研究,了解大学生学习困难的成因;另一方面及时地采取有针对性的心理干预与调适策略和方法,加强行动研究。高校学困生研究对改变学困生现状,实现高校的人才培养目标,促进"双一流"建设等方面均具有重要的现实价值和实践意义。同时,高校学困生心理干预和调适方面提供的具体策略和方法,对其他各不同阶段的学困生问题的解决也有一定的借鉴意义。

第二章
高校学困生心理和行为特征

第一节 高校学困生认知特征

一、感知觉障碍

感觉是指人的大脑对直接作用于感觉器官的客观事物个别属性的反映,包括视觉、听觉、嗅觉、味觉、触觉等外部感觉和运动觉、平衡觉、机体觉(饿、渴、痛……)等内部感觉。而知觉是指对同一物体所产生的各种感觉的整体认识,包括空间知觉、时间知觉、运动知觉和错觉等。感知觉障碍分为器质性的和非器质性的。器质性感知觉障碍是与人的大脑器官病变、受损有关,比如脑肿瘤、中枢神经损害等;而非器质性感知觉障碍,也就是功能性感知觉障碍,大多是由个体受到周围环境的影响,自身心理出现问题而导致的神经内环境变化、身体微量元素失调、神经递质传导出现障碍而引起的。本书中的高校学困生没有器质性的感知觉障碍,部分学困生是由于心理因素出现功能性的感知觉障碍。

高校学困生因处于长期的现实困境,不光学业上面非常困难,而且心理上也常常处于困境中,因而常被称为"双困生"。这些现实困境导致他们的感知觉常会出现功能性障碍。高校学困生的感知觉障碍主要有以下几个方面:

(1)视觉障碍。学困生对很多物体的颜色、明暗、形状视若无睹,对较强的刺激缺乏敏感性,甚至根本没反应;有时对于很微弱的光线又很敏感,感觉很强烈,导致入睡困难、睡眠中断或早醒等低质量睡眠。

(2)听觉障碍。大多数学困生都听不进教师的课,对辅导员的批评教育也是充耳不闻,听觉感受性降低;同学、舍友经常反映,和其说话常有对牛弹琴之感,有时需要用比一般情况更大的声音才能唤起其注意。

(3)嗅觉障碍。由于心理的困境高校学困生对花的芬芳气息、臭、酸等气味也不敏感。有些学困生变得很邋遢，自己身上的不好味道也闻不出来，对周围的各种气息敏感度降低。

（4）味觉障碍。很多学困生无明显的饱、饥等感觉，食欲下降，感觉饭菜不香，饮食不规律，还常伴有胃肠道的不适。有的学困生每天自感非常恐惧吃饭，甚至已有厌食症。

（5）肤觉障碍。有的学困生对温度、压力、击打等刺激的反应不灵敏，对温度的感觉和身边同学不同，常有身体发冷的感觉。一些学困生会感觉皮肤麻木，为了缓解焦虑、抑郁而弄伤自己，体验疼痛的感觉，以确认自己还在现实世界中，还活着。

（6）机体觉障碍。机体觉又叫内脏感觉，机体觉的感受器分布于内脏器官的壁上。不少学困生因不能较好地调整好自己的学习生活状态，对生活中的一些不太大的事情却反应过度，内心常常有过度强烈的烧灼感，痛苦而心情压抑；学困生常会感觉身心俱疲，精力不足，整天无精打采，即使休息很长时间也难以恢复较好的身体和精神状态；还经常有恶心、饱胀、饥饿、渴和窒息等感觉；不少学困生还会感觉到身体某些部位的不适，比如胸闷、胸痛、喉咙有异物、吞咽不舒适等，有时说不清楚哪里疼痛，就是感觉身体酸痛。

（7）时间、空间知觉障碍。高校学困生不规律的生活俨然已是一种常态，大多数学困生经常熬夜玩游戏，生活规律紊乱，进而导致时间、空间上的知觉错乱。常常晚上异常兴奋、睡不着觉，而白天却萎靡不振、昏昏欲睡。教师、同学常反映学困生上课哈欠连天，有的即便人在课堂，但基本在睡觉，听课效率极其低下。有的学困生干脆就不上课，待在宿舍，躺在床上休息或继续玩游戏。长时间的低迷状态和不规律的生活，使得一些学困生常会出现焦虑、抑郁、恐惧、易怒等精神症状，严重的可能出现幻觉，会有分不清现实和梦境的情况。

二、记忆力与思维力下降

记忆力对一个人的影响非常大，无论我们做什么事情都需要记忆力的配合，比如打牌、下棋、与人交往等日常生活均离不开记忆力。而对于学生来说记忆力的影响就更为重大，学生听课的效率、做作业快慢等均与记忆力有关。记忆力是我们生存和发展的基础。一个人一旦没有了记忆，很难想象他面对的世界会是什么样子的。学生的记忆力好意味着学习效率高，而且所学知识也不容易被遗忘。生活学习中我们都希望自己能拥有超强的记忆力。当然，那种有着超强记忆力的学生并不多见，大部分学生的记忆力都处于同一个水平上，但是学困生的记忆力却低于平均水平。由于长时间的学习困难带来的心理压力增大和焦虑、抑郁等负面情绪的干扰,高校学困生的逻辑记忆比较差,学困生在记忆深度、记忆广度、记忆速度、记忆准确度、短时记忆、长时记忆、机械记忆和意义记忆等方面均不及其他学生。

思维是人类特有的高级心理活动过程,是人脑对客观事物的本质和事物之间内在联系的认识,间接性和概括性是其主要特征。思维是对外界事物的各种信息进行分析、综合、抽象、概括等复杂的加工过程。一个思维力强的人更容易在各方面取得进步,也更容易在学业和事业上取得成功。高校学困生的发现问题和解决问题的能力较差,总体而言其推理能力、概括能力及想象力均不及其他学生。学困生思维较肤浅、单向、片面、极端,也不够敏捷,常表现为迟钝、呆板、机械而不灵活。另外,学困生思维的逻辑性也较差,不够严密,连贯性欠缺。

三、语言沟通能力较差

高校学困生的语言沟通障碍不是病理性的,他们没有器质性的问题,但是由于长期处于"双困"境地,其与老师、同学进行沟通的时候常出现问题。高校学困生的自卑心理比较严重,他们不能够正确地评价自己和他人,对自己的评价明显偏低。学困生平时生活学习过程中整天沉浸在自己的世界中,有的甚至脱离现实,常有生活在梦幻中的感觉。因特别害怕自己与别人沟通的时候暴露自己的缺点与不足,很多高校学困生基本不愿与他人沟通交流,无论是对陌生人还是身边的同学与老师,均是采取回避的态度。他们对除暴力游戏之外的其他事情都不感兴趣,基本上从不将自己的内心所思所想向他人表达,越来越封闭自己,疏远他人。久而久之,高校学困生的语言沟通能力会出现退化,而在一些必须表达的场合他们就会出现语言表达不流畅,表达意图不明确,表达效果不到位等问题。长期不愿与他人沟通交流会导致高校学困生内在的爱与归属感的基本需求得不到满足,进而使心理问题加重,不堪的心理状态必然影响高校学困生的学习自我效能感。

四、缺乏清晰的学习目标和学习计划

美国哈佛大学曾经做过历时25年目标对人生影响的调查,调查结果显示:25年前3%的人有清晰的长期目标,25年之后这些人成了社会各界的顶尖人士,包括行业领袖、社会精英等;10%有清晰短期目标的人后来成了社会的中上层人士,如律师、医生、高级主管等;60%有目标但不清晰的人,25年后成为社会

中下层人士,有一份比较稳定的工作,温饱没有问题,但是没有什么太大的成就;还有27%没有目标的人,25年后几乎都在社会的最底层,生活非常不如意,常常失业,主要靠救济金生活,而且这些人的抱怨和牢骚还特别多。人生目标对于人的一生发展特别重要,而对于学习者来说,要想取得学业成就,学习目标也是非常重要的关键因素。

目标学习法由美国心理学家布卢姆(Bloom)所倡导。人在学习的时候首先就要明确学习目标,如果没有学习目标,也就没有了前进方向和学习动力,即便学习了,学习效果也必然会比较差。拥有明确的学习目标也是学习成功者的第一学习策略,找准学习目标就等于成功了一半。很多学优生在学习的过程中不仅有总的学习目标,而且还善于化整体为部分,从大处着眼,小处着手,将学习目标具体化、细化,然后采取行动去完成每一个学习子目标。从小的学习目标开始一点一点突破,每一步都踏向自己的学习总目标,经常品尝成功的体验,不断激发和积累新的活力和信心,才能获得迎接新挑战所需的心理能量。为了保证完成学习目标,就必须要制订详细的学习计划。制订学习计划的好处:可以促进学习目标的实现;有利于学习者养成良好的学习习惯;有利于加强时间管理,提高学习者的学习效率;可以磨炼学习者的意志,使其形成良好的意志品质等。

由于基础教育与高等教育的衔接不力,基础教育阶段有不少中学和老师只管输出学生,追求的只是眼前的升学率,很少为学生今后的发展考虑。甚至有些中学老师将一些错误的观念灌输给学生,很多学生认为到了高校就很轻松了。在这种错误学习观的引导下,很多学生一到高校就感觉解放了,放松了对学习的要求。这些学生没有了升学的压力,心理上极度放松,缺乏学习兴趣与动力,结果后来才发现高校不是原先自己想象的那样,特别是理工科大学生的学习任务并不比高中阶段轻松。理想中的高校和现实中的高校差距太大,不少大学生一时没有调整过来,从而贻误了学习。须臾的放松对于理工科的学生来说可能导致重大的负面影响。等到幡然醒悟过来,他们却由于缺乏克服困难的意志力,面对现实困境放任自己,无法尽快走出来。很多大学生一时间不适应高校的学习、生活,没有了新的学习目标和人生目标,久而久之便成了学困生。

五、学习动机强弱不当,学习自我效能感较差

"学习动机和学习的关系是辩证的,学习能产生动机,而动机又推动学习,二者相互关联。"(陈琦 等,1997)学习动机是满足学习需要的念头和想法。学习动机激发是指在一定教育教学情境下,利用一定的诱因,使已形成的学习需要由潜

在状态变为活动状态,形成学习的积极性。学习动机与学习效率之间是一个倒U形的关系,也称耶尔克斯-道德森(Yerkes-Dodson)定律。该理论认为在一定限度内,随着动机水平的提高,学习效率也随之提高,超过这个限度,学习效率随之降低。学习动机过强或过弱都对学习产生不利的影响,最佳学习效率的动机水平为中等。但也不是一成不变的,最佳学习效率的动机水平会因学习内容复杂的程度而略有差异。研究发现,动机的最佳水平随着任务性质不同而不同。随着任务难度的增加,动机的最佳水平有逐渐下降的趋势。也就是说,在难度大的学习任务中,较低的动机水平容易完成任务。适度的动机水平,易于维持个人对学习的兴趣和警觉,同时减少焦虑对学习的不利影响。

通过对高校学困生的调查,笔者了解到部分学困生是到了高校因过于放松对自己的要求,学习动机明显偏低而出现学习困难。也有不少同学则是经历了一个变化的过程,他们一开始对自己有较大的期待,有着比较强的学习动机,但是对学习难度估计不足,学习成绩达不到自己的预期,进而出现习得性无助。在实际工作中应该要分情况来做工作,对于学习动机过低的学生和学习动机过高的学生,应如何调整?要进一步激发学习动机过低的学生的学习动机,适度降低学习动机过高的学困生的学习动机。学习任务越重,越要降低动机;而任务比较容易,则要提高学习动机。

学习成绩优秀的学生往往有着比较高的自我效能感,他们对自己的学习能力充满信心,相信自己有能力掌握知识,取得比较理想的成绩。而高校学困生则常有比较低的自我效能感,他们怀疑自己的学习能力,缺乏学业成功的信心,常处于一种习得性无助感觉中,进而自暴自弃,有的甚至完全"躺平"。习得性无助感,是指一个人由于连续的失败体验而得到的对行为结果无能为力、无法控制、自暴自弃的心态。当高校学困生有习得性无助感时,他们在认知方面怀疑自己的学习能力,觉得自己难以应付沉重的学习任务;在情感方面常心灰意冷、自暴自弃,害怕学业失败,并由此产生高焦虑或者其他消极情绪和情感;在行为方面常逃避学习情境,经常旷课、早退,作业不能按时完成,有的甚至旷考。高校学困生的习得性无助感不是一朝一夕形成的,而是个体在经常性的学业失败情境中习得的。高校学困生的学业失败和他们偏低的自我效能感互为因果关系,偏低的自我效能感影响着其学业成绩的提高。另外,高校学困生的成就动机也明显低于优秀生。这种低水平的成就动机,表现为高校学困生倾向于追求较低的学习目标,他们往往安于现状、得过且过。

六、专业思想不稳定

近些年来，笔者在高校做了很多关于高校学困生的问卷调查和访谈，并对很多学困生进行了团体心理干预与调适行动研究。工作中，笔者发现很多高校学困生的高考志愿并不是自己选择填报的，而是家长的选择，或者有些是被调剂到所学专业的，很多学困生并不喜欢自己所学的这个专业。这些大学生在进入高校之后，没能及时地调整好自己对所学专业的态度，对自己专业的现状和发展前景也没有明确的认识，专业思想很不稳定，致使其缺乏学习兴趣，进而导致学业困难。其实，在调查和实际工作中，笔者发现这其中的很多学困生并不清楚自己究竟喜欢什么专业，或者即便知道自己喜欢什么专业，但很多学困生对喜欢的专业也不是特别了解。若真正让他们去研究自己喜欢的专业，当不能取得较高的成绩时，恐怕所谓的兴趣也就会削弱。不少高校学困生没有意识到这个问题，认知问题的水平还不够高，对很多问题的本质还看不清楚。

七、不合理的或片面的认知

高校学困生由于处于"学业困境"和"心理困境"中，常有消极的情绪反应，比如焦虑、抑郁等。而人的消极情绪的产生并不是因为发生的事件，而在于我们是如何看待这个事件的。高校学困生经常有不合理的或片面的认知。依据心理学家埃利斯（Ellis）的合理情绪理论来分析，高校学困生主要存在三个方面的不合理认知。

一是绝对化的要求。高校学困生考虑问题时总是从自身的意愿出发，常认为某件事必然会发生或失败，比如："我努力了也不会对结果产生什么影响""我必须获得所有人的肯定""学生只有成绩在班级前几名才算成功"等。其实，在现实生活中总会发生一些不如我们心愿的事情，我们需要坦然接受可能出现的困难与挫折，积极面对问题，行动起来克服它。法国大文豪巴尔扎克（Balzac）就曾针对困难与挫折发表过自己的见解。有的人面对比较大的困难与挫折，主观上认知为没什么大不了的，那么这个困难与挫折就变成了垫脚石，让自己站得更高，看得更远；而有的人面对比较小的困难与挫折，主观上却认知为十分严重，那么这个困难与挫折就变成了绊脚石，让自己摔得鼻青脸肿，甚至永远爬不起来。

二是过分概括化。这是一种以偏概全的思维方式。因为一两次的考试失败，就觉得自己很笨，根本不适合学习，从而陷入自卑境地，不可自拔；因为自己或别人身上的一两个缺点,就全盘否定自己或他人,认为自己或他人就是一无是处的人;因为出现一两件不好的事情就认为自己是不幸的,什么都做不好,再做、再努力也是徒劳,从而丧失前进的方向和动力。

三是糟糕至极。高校学困生往往会有一些消极的想法和念头,认为学习上的暂时落后是十分可怕的事情,甚至是灭顶之灾。有些高校学困生从此一蹶不振,陷入一种恐慌、自责、焦虑、抑郁、悲观等情绪中。这些消极的想法常会使高校学困生感觉很绝望,有的甚至走向极端,导致悲剧发生。事实上,我们每个人都不完美,所有的人都有自己的优缺点,所有的事情也不可能完美无缺,总有一些不足。一个人从小到大,从出生到死亡,所有事情都很顺畅,没有一点瑕疵,这样的情况不可能发生,也是非常不正常的。

高校学困生需要改变自己不合理的认知或信念,用客观理性的思维方式来认知自己、别人和事物。

八、错误的成败归因

归因理论认为,个体如果把成功归因于个人努力、能力强等内部因素,就会产生荣誉感和前进的动力,会继续努力奋斗,不断争取更大突破,也就会不断体验到更多的成功;如果个体把成功归因于任务太简单、运气好等外部因素,则不会产生自我满足和荣誉感,前进的动力将会大打折扣,其对以后的事情也不会有信心;而个体如果把失败归因于能力差等内部因素,就会对行为结果产生消极情绪。因为"能力差"是稳定而不可控的影响因素,将失败归因于不可控因素对重拾信心是极为不利的,容易使个体产生焦虑、抑郁、悲观或自暴自弃等消极情绪。若个体将失败归因于努力程度不够、运气不太好等不稳定的可控因素,则可能鼓起勇气;若他们相信人的命运是掌握在自己手中的,自然会重新积极投入学习情境中,进而带来学业上的进步。

不同的归因会影响学生的期望、情感和行为。问卷调查和访谈结果分析显示,在大多数情况下,高校学困生表现出的往往是错误的归因方式,他们常常将学习上的失败归因于自身能力差、智力低等内部因素,这样就容易产生学习倦怠感,容易产生行为不当和自卑、内疚、情绪低落等状况。为了逃避学习,避免学习失败,他们极大可能会降低学习动机。这种错误的归因方式必然影响高校学困生的后续学习动机,从而形成恶性循环。

第二节　高校学困生个性特征

一、不良的性格特征

性格是指个体对现实的稳定的态度和习惯了的行为方式,是个体在社会活动中与周围环境相互作用的产物。"性格"这个词由古希腊学者提奥夫拉斯图斯(Theophrastus)首先提出。卡尔·荣格(Carl Jung)将性格分为外倾型性格和内倾型性格,也就是我们今天所说的内向和外向。个体的性格一般包含态度、意志、情绪和理智四个特征。

高校学困生大多性格内向,性格上有优点,但也存在不少缺点。高校学困生往往比较内敛,适应能力较差;不怎么关心别人和集体,对外界的很多事情缺乏兴趣;常给人比较冷漠、孤僻、拘谨的感觉,不善于与他人交往,与人交往时比较被动、消极,喜欢安静、独处;放任自己,比较散漫,常以自我为中心,自律性不够;缺乏恒心与毅力,做事常常半途而废;情绪不稳定,波动较频繁,遇到困难与挫折,常愁眉苦脸,悲观失望,长期情绪处于低迷状态,不能及时调整过来;学习上粗心,思维、记忆、想象等方面均受到影响,被动记忆、想象比较突出;行动力较差,往往喜欢保持现状,不求改变,做事优柔寡断。

二、自尊心强

自尊是指个体在社会化过程中所获得的有关自我价值的积极评价与体验,是个体对自己的长处、短处、重要性等方面情感上的评价,是自我意识的核心部分。自尊作为自我系统的重要特质,对于个体心理健康、良好个性的形成和事业成败都有着积极的重要影响,它不仅是个体心理健康的主要标志,而且还制约着个性发展的方向。自尊是个性组成成分里的重要部分,对个体的情绪、情感、动机、认知、行为以及道德品质的形成与发展均起着十分重要的作用。

不少学者研究表明,适度的自尊心可以使个体的性格具有韧性,有助于个体取得成功,并且也可以增加个体的幸福感。但是自尊心过强也会带来一些问题:自尊程度越高的大学生越容易产生学习倦怠,越容易出现不当的行为,越容易出现学习焦虑、抑郁等负面情绪,其学业成就感也越低。很多高校学困生的自尊心很强,他们刚入高校时也是想做一个好学生,成为一名优秀的大学生。他们希望自己在各方面都能比身边同学强,希望被老师和同学接纳,害怕被老师和同学看不起。但是当他们在大一出现了学业上的困境之后,因为理想与现实的差距太大,他们对困难估计不足,在实现理想的过程中又缺乏应有的耐心和应对困难与挫折的策略与方法,在经过努力仍无法接近预期学习目标之后,从而产生低落情绪、自卑心理,出现自我效能感低等状况,甚至做出极端行为。有研究认为高校学困生的自尊与自我效能感呈显著负相关,自尊程度越高,自我效能感越低;自尊与学业外在归因呈显著正相关,自尊程度越高,学业外在归因的得分越高;自我效能感与学业内在归因呈显著正相关,自我效能感越高,学业内在归因得分就越高;自我效能感与学习倦怠及成就感低、情绪低落维度呈显著负相关。这些研究说明了高校学困生的自尊心较强,而自我效能感却较低。

三、自卑

自卑是指消极的自我信念。自卑对个体的生活质量和学习均有较大伤害,影响非常大。高校学困生往往感觉自己很软弱、不健全,甚至低人一等,在行为上面的表现主要为同学面前抬不起头,目光不敢与人接触,在他人面前不敢说话,不敢拒绝别人或表达自己的意见。学困生经常为自己辩解,刻意去回避一些挑战和机会。学困生做事常常犹豫不决,遇事畏缩,怀疑自己的学习能力进而发展到怀疑自己其他方面的能力。学困生对自己的评价苛刻、尖锐、不客观,当学习上遇到困难时他们就会认为自己很笨,本身就不适合学习,很多时候事情还没做首先想到的就是自己不会成功。极度的自卑感导致一些学困生会自暴自弃,无所追求,最终一事无成。学困生经常感觉生活不如意,学习缺乏动力。自卑心理导致高校学困生身体上常出现不适,经常有身心疲惫、乏力的感觉,常坐立不安,感觉胸闷、气短、食欲不振等。而在情绪方面,自卑心理会导致高校学困生出现悲伤、焦虑、抑郁、害羞、内疚、自责、恐慌等不良情绪反应。

四、敏感脆弱

敏感对于个体来讲,有积极的意义,比如:能够及时发现自己和别人的需求,获得更多的信息;善于察言观色,有较强的共情能力,有利于良好人际关系的建立;做事比较谨慎,在实际生活中较少犯错误等。但是如果过于敏感脆弱则会带来很多缺点:高校学困生常常受他人情绪的影响,过度关注身边的同学,过度解读一些事情,对一些小事情也会心烦,进而导致自己失去理智,情绪失控;常怀疑自己的能力,对自己的要求又比较高,常因达不到自己的完美要求而产生强迫性思维,处于内耗状态而不能自拔;对身体的敏感度也提升,常会感觉身体不舒服,甚至经常去医院就医,结果并没有器质性的病变;经常会认为别人针对自己,背后议论自己,并且不断地去搜寻证据来证明;经常喜欢拿自己和别人比较,但是又很少主动和别人沟通交流;无法控制自己,喜欢钻牛角尖,一件小的事情,哪怕是简单的一句话,都可能是引起其痛苦的根源。高校学困生常常过于敏感脆弱,需要及时调整。

第三节　高校学困生情绪情感特征

一、焦虑

焦虑(anxiety)是指对可能发生的危险或威胁所产生的紧张、不安、忧虑等不愉快的复杂情绪。焦虑是一种情绪反应,也是一种心理障碍。适度的焦虑对人的身心健康和学习是有积极意义的:可以提高个体的行为效率;可以激发和调动人的潜能;可以约束人的行为,使其符合社会各种法则和道德规范的要求;可以增加个体成功的概率等。但是过度焦虑则会带来很多危害,会影响个体的生活质量。高校学困生的焦虑症状比较明显:通常身体表征为心跳加速、肌肉紧张很难放松、出汗、头晕、吞咽困难、恶心,甚至浑身发抖等;行为上常有注意力不集中、思维迟缓、坐立不安、有多余的动作、说话比较快、入睡困难等特征;情绪上,缺乏热情与活力,对学习失去兴趣,消极被动,情绪容易波动,常感到压抑、无助。

高校学困生焦虑的原因有外在的也有内在的。他们在学业上遇到了困难,自感周围给予他们的压力很大,无力应对所处的困境,进而担忧自己未来的发展。当然更为主要的影响因素是内因,由于高校学困生自身的心理弹性不够,面对困难和挫折时,心理承受力太差,而且头脑里有很多不合理或片面的认知,不懂得利用身边的一些资源及时地调整自己,进而陷入焦虑情绪状态。

二、抑郁

抑郁(depression)是指可能由生活中的一些消极事件引起的较长时间情绪低落的一种状态,是一种弥散的、具有感染性的消极情绪。抑郁的状态很多人都有过,但是不同的个体抑郁持续的时间和抑郁的程度不同。生活中很多人只是偶尔有抑郁倾向,很快能自我调整或借助于别的力量及时调整过来,但是如果个体的抑郁状态长时间不能调整过来,而且自感非常痛苦,那么抑郁状态就可能发展成为抑郁症。抑郁症的危害是非常大的,严重地影响个体的身心健康,影响个体的社会功能,有的甚至危及个体的生命。

高校学困生中有抑郁不良情绪的学生绝对不在少数。他们常感情绪明显低落,对很多事情都不感兴趣,悲观、压抑、萎靡不振、身心疲惫;学习动机不强,学习效率非常差;有强烈的自卑感,甚至觉得自己一无是处;经常入睡困难并且容易早醒;存在思维迟钝、记忆力下降明显、注意力不集中等现象;外在给人的感觉是有气无力,话少且语速慢;有个别学困生有消极厌世的想法。

三、恐惧

恐惧(fear)是指个体在面临危险情境,企图摆脱而又无能为力时所产生的担惊受怕的一种情绪。个体在恐惧的时候除了有心慌、颤抖等表现以外,还会有一些逃避、缩回或逃跑等行为。个体在面临一个不熟悉的环境或遇到一些陌生、危险的物体、处境等状况时都可能出现恐惧。

高校学困生因为学业处于困境中,自身又缺乏应对的能力,思想包袱很重,顾虑重重,整天惶惶不安,情绪低落,意志消沉。学困生在同学和老师面前容易紧张,在公共场合则会更加紧张,经常担心自己说错话,做错事,别人看不起自己。

四、冷漠

冷漠(apathy)是指对人或事物冷淡、漠不关心或无动于衷的消极情绪。很多高校学困生不关心他人,包括父母、同学和老师;也不关心班集体,不参与班级或宿舍同学组织的活动;对国家大事或社会上发生的重大事情也不关心;甚至有些学困生对自己的事情也不关心,任由自己的学业继续下滑而不顾。高校学困生这种冷漠的消极情绪会带来极大的危害。冷漠的人往往体会不到爱与被爱,看不到希望和未来。冷漠的人是孤独的,他们的心理是不健康的,其冷漠的情绪对个体、家庭和社会都将造成很大危害。

第四节 高校学困生行为特征

一、社交退缩

社交退缩又叫社交敏感性障碍,是指个体在他人面前感到很不自在,有受压迫感而极力避免与他人接触的行为倾向。有社交退缩的个体并不是内心真的不愿意与他人交往，只是害怕与他人交往，因为交往的时候总害怕不被接纳、不被认可，害怕别人看不起自己，实际上是自己的自卑心理在作怪。

高校学困生因为学习成绩的不理想，自我效能感较低，再加上很多学困生性格内向，经常以一种逃避的方式来处理人际问题。不少高校学困生在生活学习过程中从不主动与人交往，有时别人主动走向他们，他们也采取回避的态度，尽量减少接触，认为这样就会减少伤害。而实际上，学困生越是退缩，问题就会越多，问题的程度就会越深。社交退缩给高校学困生造成的影响是非常严重的：一方面学困生因无法与别人建立正常的关系，内心寻求爱与归属感的需要得不到满足；另一方面，就身边的同学而言，他们也会觉得有社交退缩的学困生不友善、不真诚，因而也不愿意多与他们接触。正是这样一些原因强化了高校学困生的自卑、孤僻等个性心理。

二、厌学

高校学困生在学习方面常常是被动、消极地接受知识。他们经常感觉应付不了学习，难以招架，一看到书本头就疼，一上课就无精打采，长期下来就产生了厌学心理。虽然高校学困生基本上在中小学阶段都是学业非常优秀的学生，但是他们中的大部分学生在中小学阶段并不是主动学习，而是在老师和家长的严格要求和管理下学习的，而到了高校，原本管理自己的老师和家长不在身边了，他们犹如从笼中飞出来的小鸟，无拘无束，放飞自我。结果当管理的主动权交到他们自己手上的时候，他们却不知道该怎么管理自己。高校学困生的学习参与度低，他们在课堂上大多不愿听课，其主要表现为心不在焉，目光呆滞，思维迟缓，从不主动回答问题，经常在课堂上哈欠连天，甚至直接睡觉。课后作业不做，也不复习功课，往往为了交差，抄袭别人的作业，甚至有的学困生根本就不做作业。

三、溺网

随着信息时代的来临，互联网技术得到普及与应用，上网已经成为当代大学生学习、生活中一项不可或缺的重要事情。有调查显示：每天通过电脑或手机上网时间在 2～3 小时之间的大学生占 26%，上网时间超过 3 小时的大学生占 45%，也就是说有超七成的大学生每天将至少 2 小时的时间花费在了网络上。网络对于大学生来说是一把"双刃剑"：一方面互联网为大学生提供了一个获取大量信息资源的学习平台,大学生可根据自己的知识需求和兴趣偏好来查阅学习资料,快捷便利的网络资源可以大大提升大学生的学习效率;另一方面互联网所带来的负面影响也已渗透到大学生的学习、生活、社交等各个领域。很多高校学困生上网并不是为了学习,而是从事与学习几乎毫无关系的其他活动。高校学困生的大部分时间都用在了暴力游戏中,他们沉溺于与学习无关的网络世界中无法自拔。网络世界中的一些虚拟情境、暴力色情、游戏等不光对学困生的学习产生消极影响,而且还会影响他们的人生观、价值观和世界观。有些学困生已经分不清现实与虚拟世界,性格孤僻、待人冷漠,经常迟到、旷课、早退,有的甚至在课堂上也玩手机游戏,深深地沉迷于虚幻的世界中。

四、自控能力弱

高校的学习与中学的学习有着很大的区别。中学的学习主要还是一种应试学习,学习内容也比较固定,很多时候只要跟着教师的指挥棒走就完全可以了。但是高校的学习却截然不同:高校的学习不再只局限于课堂教学的内容,课堂上没有讲到的内容有时也是重点,很多教师让学生自学掌握;高校的学习方式也多种多样,有课堂教学、学术报告、讲座、下厂或到公司实习、考察、学习交流等;高校的学习过程也不再像中学时候那样依靠教师督促和指导,而更多的是自我学习和自我管理,从学习时间到学习内容,学生有更多的自主选择权,需要大学生自己确定学习目标,自己制订学习计划,主动学习并检查学习效果如何。

在高校,有些大学生能很快地自我调整、适应大学的学习特点,有着较强的自我控制能力,不断提升自己的综合素质,发展自己,进而取得较大进步。但是高校学困生因自控能力弱,不能严格要求自己,往往管理不好自己。当生活、学习过程中遇到困难和挫折时,他们缺乏克服困难和挫折的勇气和力量,常常甘愿服输,缺少前进的动力。很多学困生沉迷于网络游戏,通宵上网,上课迟到、旷课、早退,课后不做作业等现象屡见不鲜,长此下去必将荒废学业。

第三章
高校学困生干预困难原因分析

第一节 高校学困生影响因素及干预策略文献梳理

一、关于高校学困生影响因素研究

20世纪国外对学习失能的学术研究不断走向深入。但是该领域的研究对象却始终局限于心理或生理不够健康（全）的群体。21世纪以来，尤其是近10年来，关于学业表现的泛化研究开始兴起，西方学者越来越多地关注学业成就（academic achievement）影响因素的研究，研究对象也从心理或生理不健康（全）群体几乎扩展到学生全体，研究对象包括幼儿、小学生、初高中学生和大学生，对高校学困生的研究越来越盛行。研究学生群体既包括本国居民，也包括他国移民。研究学生在世界五大洲均有分布。这些研究发现，众多因素或强或弱，或正面地或反面地影响着学生的学业表现。有的研究还据此提出了一些提高学业表现的建议。

通过搜索中国学术期刊网，笔者发现关于国内高校学困生的研究文献每年有十篇左右。可见，有关国内高校学困生的研究有着宽阔的研究前景。国内大学生中的学困生虽与中小学学困生有一些相似的地方，但他们又不同于中小学学困生，是一个更为复杂的特殊群体。高校学困生的存在是因为心理障碍和环境剥夺问题，但是他们没有脑的结构性、功能性障碍问题。学困生曾经离他们是如此遥远，原本鹤立鸡群的他们现在却步入这样的境地，着实令很多人不能接受或为之诧异。学困生已成为制约高校发展的一个重要因素，而目前的相关研究还很薄弱，因此有必要加强对这一群体的研究分析，并找出一些好的解决策略。总的来说，高校学困生致困影响因素主要来自社会、家庭、学校和学生个体。

(一) 社会层面的影响因素

社会层面的影响因素主要有种族、成长与特定心态的信息传播、社交网站的使用和社会支持等。

艾米·瑞罗茨(Amy L. Reynolds)和马修·韦加德(Matthew J. Weigand)曾对美国东北部一所高校的 164 名一年级大学生做了有关学业成绩影响因素的研究，主要研究种族与适应力、学业水平之间的关系。结果显示：种族、适应力均与学业水平显著性相关(Reynolds et al.，2010)。劳伦德·戈根(Lauren D. Goegan)和加布里埃尔·佩尔蒂(Gabrielle N. Pelletier)等人在对高校里有学习困难的大学生的调查中发现，成长与特定心态的信息传播流行对有学习困难大学生的学业影响非常大。很多被调查者认为关于成长的很多评论信息可能反映了一种错误的成长心态，往往只强调努力的作用，而忽略了成长的其他资源(Goegan et al.，2021)。

尼日利亚阿伯库塔联邦教育学院桑代·阿格勒(Sunday Agholor)和安吉纳·奥蒙格·阿格勒(Angela Omenogo Agholor)等几位学者对该校理学院 554 名学生中的 100 名学生进行实时观察研究，用时间管理方程来进一步评估社交媒体网站的使用对学生成绩的影响。研究者跟踪参与者访问社交网站以及花费的时间，研究结果显示：社交媒体网站的使用对学生的学习成绩有负面影响(Agholor et al.，2020)。亚格达斯·马利克(Aqdas Malik)等学者研究过度使用社交网站与学业成绩的关系。研究者以应激源—应变—结果为模型基础，调查了两组人群：1 398 名 19～27 岁之间的全日制硕士和 472 名 18～23 岁非全日制远程教育课程班学生，调查他们使用 WhatsApp 的情况。结果显示：两组的数据分析均显示过度社交网络使用导致学业成绩的降低(Malik et al.，2020)。中国合肥工业大学曹雄飞等学者也以应激源—应变—结果为模型基础，研究过度使用社交网站与学业成绩差的关系，利用双系统理论对模型进行细化。研究者对 505 名大学生使用社交网络的时间数据进行统计，分析发现：过度使用社交网络会导致认知、情绪问题，也降低了他们的学业成绩(Cao et al.，2018)。卡塔尔学者卡里姆·艾-亚夫(Karim Al-Yafi)和马赞·埃尔-马斯里(Mazen El-Masri)等人对一所公立大学和一所私立大学的 273 名大学生进行调查研究，将他们分为三类：被动(低使用率)58 人、投入(正常使用)179 人和成瘾(高使用率)38 人。研究发现：投入型用户的学习成绩明显高于被动型和成瘾型用户，而被动型和成瘾型用户之间的学习成绩无明显差异。三种人群具体成绩平均绩点分别为 2.72、3、2.6(Al-Yafi et al.，2018)。加纳大学学者伯纳德·约翰·卡兰

(Bernard John Kolan)等人抽取了200名大学生进行问卷调查,收回问卷197份,经过统计,有50.3%的大学生每天在社交网络上达2小时以上,过度的使用社交网络对学业成绩有负面影响(Kolan et al.,2018)。

国内宋广文等(2014)人的《学优生、学困生社会支持、心理弹性与心理健康的关系研究》、周方芳(2011)硕士论文《学优生、学困生社会支持、心理弹性与心理健康的关系研究》研究中认为学优生、学困生的社会支持、心理弹性和心理健康均存在显著性差异。宋广文等人认为学困生社会支持水平在性别方面存在显著性差异,学优生和学困生的社会支持水平与心理弹性存在显著正相关。社会支持对心理弹性有直接影响,社会支持则通过心理弹性间接影响心理健康状况,心理弹性在社会支持与心理健康之间发挥中介作用。

众多的学者认为社会因素也是导致高校学困生的重要影响因素(王寒娜,2011;袁宗虎 等,2017;陶思前,2012;张婷婷,2013;陆梅芳,2011)。他们认为社会在一定程度上存在着拜金主义、享乐主义、个人主义等腐朽思想以及各种浮躁不安、急功近利的社会现象,自然会直接或间接地对大学生的学习风气产生消极的影响。此外,网络虚拟社会也对大学生的学习生活产生很大影响。互联网在开拓大学生的视野、丰富同学们知识方面发挥着日益重要的作用,但在当前的很多高校中,互联网已成为导致少数学生沉迷于网络而不能自拔、严重危害大学生身心发展的元凶之一。

(二)家庭层面的影响因素

家庭层面的影响因素主要有:家庭的经济收入、外来移民的家庭语言、家庭稳定性和亲子关系等方面。

美国学者迪奥玛利丝艾·朱瑞斯卡(Diomaris E. Jurecska)和凯丽·伯特(Kelly B. T. Chang)等人合作研究了家庭的经济收入、智力和学习成绩及自我效能感的关系。研究选的是跨文化样本,一共90名大学生,其中63人来自中美洲,27人来自美国。研究发现:无论是文化和智商如何,来自社会经济地位较低家庭的学生的平均成绩明显低于来自社会经济地位中等和较高家庭的学生,说明家庭社会经济收入水平对学业成绩是有较大影响的。但是研究也反映出家庭经济地位高的学生的自我效能感却比较低,但学习成绩好,这可能与学生的自我期望和自我认知有关(Jurecska et al.,2012)。美国北卡罗来纳大学学者帕特里夏特·加勒特-彼得(Patricia T. Garrett-Peters)和伊丽娜·摩尔多瓦(Irina Mokrova)等人研究了1 236名学生,发现在家庭解体(非不稳定)和相关协变量存在的情况下,家庭收入贫困不再与学习成绩直接相关,但是收入贫困与家庭混乱正相关,而家庭混乱又与较低的学业成绩有关(Garrett-Peters et al., 2016)。美国学者元苏(Shu Yuan)和达纳·艾维瑟(Dana A. Weiser)等人研究了亲子关系、自我效能感与学业成就之间的关系。258名参与者,其中男性85人,女性173人;65.5%是欧裔美国大学生和35.5%是亚裔美国大学生。研究结果表明:总体而言,亲子关系和自我效能均显著影响大学生学业成绩,自我效能在亲子关系和学业成绩之间起中介作用。欧裔美国学生的亲子关系质量与自我效能水平无关,而亚裔美国学生的亲子关系质量与自我效能水平有关。研究结果显示,对亚裔学生来说,促进与父母沟通和获取家庭支持是非常重要的,家庭是亚裔大学生自我效能的资源(Yuan et al., 2016)。

国内学者刘颖的《父母教养方式与高校学困生学习关联度研究》,田甜、王友国的《高校学习困难学生的家庭特征研究》,周颖的《从学困生成因看早期家庭教育的重要性》,王小青、邹春然的《高校学困生和学优生家庭背景比较调查研究:以江苏省某重点大学计算机学院为例》等研究中强调家庭对学困生产生的重大影响。刘颖(2013)认为学优生与学困生的父母教养方式存在较大差异,父亲的教养方式对于子女的影响较大;学优生与学困生在学习适应性上存在显著性差异;父母教养方式对于学困生的专业兴趣影响最大,对于方法应用、自主学习、压力应对、知识应用、环境抉择均有较大影响,母亲的教育方式对于学困生的信息利用有较大影响,父亲的教育方式对于学困生求助行为有较大影响;不同专业的学困生(如文史、理工、艺术等)父母的教养方式存在显著性差异;不同家庭所在地的学生父亲的教养方式存在显著性差异,不同家庭所在地的学生在自主学习、环境抉择等方面也存在显著性差异。田甜等(2017)人研究发现:学困生父母学历普遍较低,学困生父亲职业与母亲职业类别构成上差异明显,大多数学困生的家庭结构为核心家庭,绝大部分学困生的经济来源主要是父母供给,父母对学困生比较关心。建议学校的学业救助工作充分考虑家庭因素的影响,提升学困生父母的教育行为,均衡教育资源,体现教育公平。周颖(2014)认为"大多数'问题学生'的问题症结普遍是家庭教育的缺失尤其是幼儿时期家庭教育的缺失"造成的。王小青等(2016)人认为"家庭经济收入对学业成就有显著影响,但父亲社会声望和家庭所在地与大学生的学业成就并无显著相关关系"。帅英(2017)、袁宗虎(2017)等许多学者在对高校学困生的致困因素研究中都提到了家庭的影响。父母的教育方式、父母的关系以及亲子关系、家庭经济状况等都有较大影响。

(三)学校层面的影响因素

学校层面的影响因素主要包括教学场所、图书馆等校园硬件设施以及教学方法和教育教学管理等。

英国梅根米·罗霍(Megan M. Rojo)和布列塔尼·奈特(Brittany Knight)等人认为教学场所对学习困难学生有较大影响(Rojo et al., 2021)。马克-安东尼·卡布拉(Mac-Anthony Cobblah)和托马斯·范·德·沃尔特(Thomas van der Walt)等人则认为图书馆等校园硬件设施对学习困难大学生有较大影响(Cobblah et al., 2016)。芬兰学者马蒂·玛瑞兰(Matti Meriläinen)和马蒂·奎迪南(Matti Kuittinen)对3 035名大学生进行调查研究,发现对学校教学环境认知越消极的大学生,其学习倦怠感越高(Meriläinen et al., 2014)。

关于教学方法对大学生学习成绩的影响的研究比较多。日本学者丹羽昌幸(Masayuki Niwa)和拓哉茶木(Takuya Saiki)等人对一所医学院引入以问题为基础的学习(problem-based learning,简称"PBL")所带来的学生学业方面的表现进行研究。研究者调查了826名1990—1999年毕业的非PBL大学生和2000—2009年毕业的790名PBL大学生的学业成绩和医学执照考试通过率有关数据。结果发现PBL后的分数明显比PBL前的分数高。在PBL前,女生的分数比男生高;而PBL之后的男女生没有明显差异。研究证明PBL是一种适合儒家文化国家的教育教学方式,可以取代以教师为中心的教育教学(Niwa et al., 2016)。土耳其学者迪莱克·塞尼克勒(Dilek Celikler)和泽伊内普·阿克桑(Zeynep Aksan)对某高校教育学院科学教育系的70名大学生进行离子化合物计算机辅助教学应用研究,将学生分为实验组和对照组。实验组用计算机辅助教学,对照组用传统教学法。用库德-理查森公式进行前后测,研究发现:计算机辅助教学组的成绩与对照组的成绩有明显的差异(Celikler et al., 2011)。

国内学者陶建兰、杨璐柳婷(2020)对"双一流"高校学优生沦为学困生的深层原因进行了诠释。其中谈到了高校在教育教学方面要有针对性的措施。研究认为"'双一流'高校场域内的拔尖人才培养目标设定(体现在学校章程以及学生教育管理的各项环节)、竞争性学生发展赛道搭建(诸如各类拔尖人才培养工程)、高激励性学生阶段性发展反馈(具体表征为各类奖学金)等机制构建,均对学生个体产生'加热'和'冷却'效应。而得到加热的学生群体,是一个正向积极的教育现象,值得肯定,但被冷却的学生个体,却是教育机制过度激励的'牺牲品',应该被着重关注,需获得学校额外的补偿性支持,以免从暂时性冷却走向长期冷却"。赵飞、吴男(2017)认为有些高校学困生是由于积极兼职或积极社交而忽视了积极学习,要加强对学困生的积极引导,适度兼职和社交。帅英(2017)、李承晟(2016)、袁宗虎(2017)等人认为高校的管理有缺陷、管理模式不完善。王运花（2014）、刘春蕾（2013）等人认为教师的教育教学水平比较差,照本宣科地传授知识,造成大学生的学习兴趣低下,而考试的试题却比较难,特别是一些理工科的课程,因此需要对高校的教育教学进行改革。

（四）学生个体层面的影响因素

学者们对高校学困生的外控致困因素做了很多有价值的研究,但是更多的学者把目光放在了高校学困生自身个人内控性因素的探讨上。个体层面的影响因素主要包括自我效能感、情绪智力、自尊、学习动机和心理健康因素等。

关于学困生的自我效能感方面的研究非常多,而且历史悠久。自我效能感的研究鼻祖当属阿尔伯特·班杜拉（Albert Bandura）。自我效能感源于社会认知理论,认为个体环境、行为和认知因素之间存在着显著交互作用（Bandura,1997）。班杜拉在1986年就列出了自我效能感的四个因素：激活的成绩经验、替代经验、口头说服和生理情绪反应。在这些因素中,最具影响力的是具有启发性的成绩经验,它与个人过去的成功与失败经验有关。过去的成功增加了自我效能感,而多次的失败降低了自我效能感。替代经验是指个体将自己的智力和能力与同伴进行比较,通过观察同伴的成功增加自我效能感。口头说服是指从教师和父母那里接收信息,这种影响较前面两种要弱。说服可能会让一个人去尝试,但是需要有实际的成功,才能真正提高自我效能感。情绪反应如果是积极的,它会提高一个人的自我效能感,而如果是消极的,则会降低自我效能感（Bandura,1986）。

尼日利亚学者阿里·加尔巴·科洛阿（Ali Garba Kolo）和万·穆尼拉·宾蒂（Wan Munira Binti）等人针对一所高校的5个学院的339名19～34岁之间的大学生,调查了自我效能感与学业成绩之间的关系。研究发现学业自我效能感、学习动机、态度、人际交往、家庭、压力等社会心理因素影响着学生的学业成绩。研究者建议要积极地处理所有相关的学术任务的自我效能感,这样才能提高大学生的学习成绩（Kolo et al.,2017）。学者凯特·塔尔斯马（Kate Talsma）等人对自我效能感与学业成绩关系进行了元分析,对被试的调查数据进行交叉滞后路径分析,研究发现：不同年龄学生的自我效能感水平有差异,并且不同年龄学生的自我效能感与学习绩效之间的关系也有差异,大学生比小学生有更强的相关性。研究结果还表明自我效能感与学习绩效之间是一种互惠关系,也就是相互影响的关系（Talsma et al.,2018）。

泰尔海（Tel-Hai）学院学者泽哈瓦·妮娅（Zchava Niazov）等人对有无学习困难（LD）大学生在学业拖延、学业压力及自我效能感上的差异进行研究,并检验变量之间的关系。研究假设LD大学生所经历的困难会导致他们增加学业压力和学业拖延。研究结果显示：77名LD大学生和98名无LD的大学生除网络拖延外,其他各变量的水平均有显著差异。研究还表明学业压力和自我效能感在大学生学习倦怠、学习拖延及网络拖延中起中介作用(Niazov et al., 2021)。印尼学者亨德尔·阿古斯蒂尼(Hendriati Agustiani)和苏尔亚·察赫亚德(Surya Cahyad)等人对一所高校心理学院的101名大学生进行研究,研究数据显示大学生的自我效能感和学习成绩之间存在正相关,相关系数为0.456(Agustiani et al., 2016)。香港学者迈克尔·伊普(Michael C.W. Yip)和澳大利亚学者托尼·郝利克(Toni Honicke)等人也对大学生的自我效能感和学业成绩之间的关系做过相关研究,研究结论基本一致(Yip, 2021; Honicke et al., 2016)。

国内学者杨心德(1996)用吉布森(Gibson)编制的学习自我有效感问卷,通过对学习困难生和学习优秀生进行对比研究发现:①学习困难生的学习自我有效感总分明显比学习优秀学生低。其中学习困难生的学习能力有效感与学习优秀学生相比,在0.05的显著水平上有差异;学习行为有效感则在0.01的显著水平上有差异。②学习困难生的学习自我有效感在总的方面没有显著的性别差异。但男性学习困难生的学习能力有效感明显强于女性,而女性学习困难生的行为有效感却明显强于男性。③学习困难生的学习能力有效感与学习行为有效感的关系明显不同,具体表现为学习困难生更多表现为学习行为有效感弱于学习能力有效感。张文娟、赵景欣(2012)采用大学生学习倦怠问卷和学业自我效能感问卷,以320名高校大学生为被试,考察大学生学习倦怠与学业自我效能感的关系。结果表明:地方高校大学生男生的学习倦怠程度高于女生;学习能力自我效能感和学习行为自我效能感水平不同的学生学习倦怠有显著差异;无论是男生还是女生,低学习能力自我效能感学生的学习倦怠程度更高;男生的学习行为自我效能感水平不同,学习倦怠程度不同。王小新等(2012)人采用大学生学业自我效能感问卷、自尊问卷和大学生学习倦怠问卷对834名大学生进行调查。结果表明:①大学生学业自我效能感存在着非常显著的性别差异,大学生自尊水平存在着非常显著的城乡差异,大学生学习倦怠不存在显著的性别、专业和城乡差异;②大学生学业自我效能感、自尊与学习倦怠存在着显著负相关;③大学生自尊在学业自我效能感与学习倦怠间起部分中介作用。结论:大学生学业自我效能感、自尊对学习倦怠有预测作用。

关于情绪智力对高校学困生的影响的研究也比较多。西班牙学者法蒂玛·

罗索巴斯(Fátima Roso-Bas)和安东尼娅·帕蒂斯·吉梅内斯(Antonia Pades Jiménez)等人以144名护理专业大学生为研究对象,探讨情绪领域的个体变量感知情感能力、情绪乐观还是悲观和抑郁反刍是否相关以及能否预测学生的退学意向和学业成绩。结果表明:辍学倾向与悲观情绪呈正相关,良好的表现可能与放弃学位的意愿降低有关;悲观情绪与情绪的清晰度和修复显著相关,也就是说,情绪智力维度的水平越高,学生就越不悲观,压抑性反刍的程度越高,学生就越悲观(Roso-Bas et al.,2016)。巴基斯坦学者沙尼亚·扎赫拉·马里克(Sania Zahra Malik)和塞赫瑞西·沙希德(Sehrish Shahid)研究了3所商科学院的325名大一和大四学生的情绪智力和学业成绩GPA(平均绩点)之间的关系,结果发现:总的来说,成绩好的学生与成绩差的学生在情绪智力上存在差异,但不是特别显著。但是年龄和情绪智力有正相关的关系。大一学生与大四学生的情绪智力与学业成绩的相关强度存在显著性差异(Malik et al.,2016)。

科索沃学者扎米拉·亨利塞尼·杜拉库(Zamira Hyseni Duraku)和琳达·霍查(Linda Hoxha)研究了284名大学生和高中生,其中大学生占60.3%。主要研究自尊、自我概念、学习技巧、社会支持、应对机制与考试焦虑、学业成绩的关系。研究发现:大学生活和社会支持是考试焦虑的保护性因素;自我概念、学习技巧和心理困扰象征有较高的考试焦虑;较高的自尊水平与较高的学业成功有显著相关(Duraku et al.,2018)。穆赫辛·埃尔亚米(Mohsen Alyami)和齐亚德·梅利亚尼(Zeyad Melyani)等人研究了214名沙特阿拉伯医科和牙科高校的心理学专业学生的自尊、自我效能感、压力感知及学习偏好方式与学业成绩的关系。结果表明71%的学生感觉压力很大,采用的是多模式学习方式。学习成绩与自尊和自我效能感均显著相关,相关系数分别为$r=0.121$和$r=0.188$,$p<0.05$,研究结论大体上一致(Alyami et al.,2017)。国内学者罗磊(2021)对吉林两所高校的573名大学生进行研究发现,学习倦怠与自尊以及社会支持之间呈现显著的负相关性,而自尊与社会支持维度呈现显著的正相关性。同时,以结构模式为基准,验证了自尊在社会支持和学习倦怠中间起到中介作用。国内学者李晓华、段陆生、王志军、李永鑫等人也对自尊、应对方式、自我效能感与学习倦怠的关系问题进行了实证研究。

学者杜贝艳(Baiyan Du)和刘贤(Hean Liu)调查中国西南地区5所高校的310名大学生使用B站媒体的学习动机对学业成绩的影响,结果显示:学习动机及子变量内在动机与学业成绩呈显著正相关性,高的内在动机使学习成绩最大化(Du et al.,2021)。国内学者胡迎春、董雪(2020)调查某师范大学机械专业的大学生的学习动机对学业成绩的影响。从未思考过学习的原因和目的为动机缺失;因机械制图课程为必修课,不得不学习为保底动机;受周围环境影响,同学们都很努力,或者老师要求严格,而努力学习为环境动机;为取得理想成绩,以获奖学金或他人认可的动机称为成绩动机;为做毕设或工作用到机械制图知识而努力学习为工具动机;对专业、课程充满兴趣,在满足自我爱好的前提下学习为兴趣动机。调查结果显示:学生学习动机缺失时,成绩非常不理想,平均分仅为49.25分,当学生对自己学习的原因和目的有思考后即表现出有学习动机后,学习成绩普遍上升,但不同的学习动机成绩差异明显,有保底动机、环境动机、成绩动机、工具动机、兴趣动机的学生学习成绩呈递增状态,最终证实由兴趣动机引发的学生学习成绩的提高有显著效应。学者李芳(2020)在其硕士论文中也提出了相同的观点。

国内学者刘江华、谢丽萍(2013)认为学困生容易存在六种负性心理:出于自尊而产生的消极的自我保护心理;为考试而产生的焦虑心理;因为学习方法不当而产生的疑虑心理;指望速成而产生的急功近利心理;因为学习动机不正,缺乏学习热情而产生的被动心理;因不了解高校的教学特点和教师产生的敷衍心理。这些负面心理因素对学生学习产生极大的负面影响。学者李玉环(2008)、王寒娜(2011)、陶恩前(2012)等人还指出学困生的学习动机不强,缺乏学习兴趣;适应能力差;学习技能、方法上有问题;自控能力和自律弱,自我管理能力差;学习习惯上有待提升等影响因素。学者赵若瑶、毕婉蓉、刘谦、周希蓓(2020)对53名"双一流"高校学困生进行精神健康方面的调查。运用症状自评量表(SCL-90)、青少年生活事件评定量表、系统家庭动力学自评量表和社会支持评定量表四个量表进行测试,结果显示:SCL-90评分提示全部被试均需要进一步到心理科就诊;SCL-90总分与青少年生活事件评定量表的总应激($r=0.529$)、人际关系($r=0.432$)、学习压力($r=0.487$)、丧失因子($r=0.345$)、健康因子($r=0.469$)及其他因素($r=0.550$)呈线性相关关系;SCL-90总分与系统家庭动力学自评量表中的个性化呈线性相关关系($r=0.324,p<0.01$ 或 <0.05);欠缺学分与家庭气氛负相关($r=0.276,p<0.01$ 或 <0.05);总应激量与既往心理科就诊史存在线性回归关系($p=0.059$,检验水平 0.1,$B=23.258$);欠缺学分与年龄及就读年限呈正相关($r=0.574,p<0.01$)。结论:"双一流"高校学习困难学生存在不同程度心理不健康现象,需要引起重视并及时采取干预措施。

二、关于高校学困生干预策略研究

国内外关于高校学困生转化策略的研究主要涉及艺术治疗、公民教育相关的社会干预、正念技术运用、加强教育管理、互动教学、新教学技术运用和心理干预等。

英国赫特福德(Hertford)大学创意学院尼克·鲍尔(Nicki Power)等专家认为在新冠病毒肆虐期间,给有学习困难的大学生进行线上艺术治疗显然是有其积极意义的,研究表明线上的艺术治疗可以帮助一些有学习困难的学生,当然在艺术治疗中同伴的支持也很重要(Power et al., 2021)。学者安迪·格林伯恩-齐姆霍尼(Adi Greenboim-Zimchoni)整合了布朗芬布伦纳(Bronfenbrenner)的生态系统理论,认为"由于学习障碍引起的学业和情感上的困难可以从童年延续到成年,由此,可以进行'理解我和我周围的环境'的艺术治疗"(Greenboim-Zimchoni, 2020)。

来自美国多所高校的学者贾斯廷·加伍德(Justin D. Garwood)和斯蒂芬·丘洛(Stephen Ciullo)等人研究认为有情绪和行为障碍(emotional and behavioral disorders,简称EBD)和学习困难(LD)的大学生,其公民教育成绩与同龄其他学生存在显著差异。因而有必要对他们进行社会干预,重点是地理、历史和基本文本内容的获取和理解。公民教育相关信息可以为这些学生参与社区活动做好准备(Garwood et al., 2021)。

学者乔安妮·布莱尔(Joanne Blair)认为正念技术对焦虑、抑郁、减少攻击性和行为挑战等方面均有积极作用。正念技术对学习困难者是有好处的。应该要让学习困难者做到:①让自己熟悉正念的原则;②意识到正念对学困生的潜在好处;③如何适应自己的需要;④获得正念干预的措施并监测结果(Blair, 2020)。台湾桃园大学林建伟(Jianwei Lin)和李俊迈(Lijung Mai)两位学者也研究了正念技术对学习成绩的影响。研究设立了实验组和对照组,实验组进行正念冥想训练,而对照组则没有运用。结果发现:实验组的大学生短期学习成绩更好,而长期学习成绩相近;高冥想深度的学生比低冥想深度的学生取得了更好的短期学习成绩(Lin et al., 2018)。

英国赫尔(Hull)大学心理系学者沙曼莎·伯瑞吉(Samantha Berridge)和尼克·哈钦森(Nick Hutchinson)认为"密集互动对有学习困难者有好处,对其同伴也有好处,但实施时有时被认为有挑战性"(Berridge et al., 2021)。

学者沙扬博士(Dr. K. S. Sajan)和苏尼特哈(M. S. Sunitha)为学习困难大学生开发了"TPACK"模型。研究者认为学习困难大学生并不一定非学习困难生智力低,而常常比一般学生还聪明,只是他们不适应传统的教学方式。因此,将内容知识(content knowledge,简称CK)、教育学知识(pedagogical knowledge,简称 PK)和技术知识(technical knowledge,简称 TK)结合运用,即"TPACK"模型的运用,就可以提高课堂学习效果(Sajan et al.,2018)。国内学者邱天龙等(2016)人从教师的课堂教育教学角度提出了要帮助学困生建立大学学习的目标、提高教师授课质量、加强课堂行为管理、加强班级学生管理工作、开展学困生的个别教育五项转化具体策略。

俞国良(1992)认为差生的形成是内因(智力、认知、心理和个性等智力因素)和外因(学校、家庭和社会影响)共同作用的结果,提出建立囊括外因在内的"综合治理观"。钟启泉(2003)认为素质、人格、环境和身体四因素造成了差生问题,创造性指出成就目标和学业不良之间的关系问题,他认为对学困生的矫治要坚持学习和心理两方面相互协调。钟启泉特别指出:教育者对学困生的基础学力的补救必须要和实感的学习结合起来,帮助其形成良好学习态度和习惯才能真正消除学习不适感。另外,转化教育还要做好心理治疗,"游戏法和心理咨询"等都是有现实意义的心理转化手段。张启钱等(2011)人的《我国高校"学困生"的成因分析及对策研究》中将学困生成因确定为学习策略失调、学习动力不足。相关的转化对策有三个:①矫治、补偿对策;②预防性对策;③发展性对策。他提出要"纵向"和"横向"相结合建立"学优生"和"学困生"相结合的学习小组或发挥朋辈学习辅导的优势等建议。帅英(2017)、袁宗虎等(2017)众多学者从学校管理者和教育者的角度提出了一些富有建设性的建议。他们均强调高校要重视学困生的教育转化工作,要充分发挥辅导员、专业导师、任课教师、校园有关部门以及家长的主导作用,形成一种教育合力。要形成高校学困生教育管理生态链,通过明确的分工和有效的方法,让学生明确学习目标和提升学习动力,从心理上解决学生的厌学问题,最终让学习困难学生回归到一种正常的学习状态。

众多的学者除了建议形成教育合力之外,提的较多的是要加强高校学困生的心理危机干预,要注重对学困生的心理疏导,建立心理转化档案,使学困生重拾自信心,提升学习兴趣,进而改变学习困难的状况。李承晟(2016)、袁宗虎等(2017)人认为对高校学困生要进行细化分类。对于学习比较自觉,但学习方法不对的,要从技术上给予指导,保障其学习遇到难点时,有老师可以咨询、有优秀的同学可以给予辅导。对于有学习能力但意志力弱、不能坚持的,辅导员老师要耐心做好思想工作,讲述往届学生中艰苦成才的真人真事,引导其认识到奋斗的必要性、对自己人生负责的重要性。对于因为各种突发事件,如失恋、家庭变故等无心学习的,老师要能够及时发现,帮助其面对生活中的各种事件,成功度过危机,不至于出现学业困境。教育工作者要耐心细致地开展学困生工作,用爱去感化学困生。要充分发挥学校心理教育机构的功能,帮助学困生们从心理这个内因上解决问题。

国内学者鲍威、金红昊、曾庆泉(2019)认为要对高校学困生进行必要的学业辅导。各高校要尝试设立学业辅导中心,通过学业辅导帮助学困生跨越学业障碍。研究发现:①学困生呈现出家庭社会经济地位层面的复杂特征。家庭经济资本和文化资本积累不足群体的学困生发生率比较高,来自中心城市的学生更易陷入学业困境。②在由专业教师和辅导员开展的传统性干预失效的情况下,学业辅导中心的辅导干预能在一定程度上提升学困生的学业表现。③学业辅导干预存在异质性,虽能够改善普困生的学业表现,但对于特困生并无显著成效。④在干预机制方面,学业辅导通过改善学生的学业参与来提升其学业表现。

包艳、金越(2015)站在大数据时代的独特视角提出:①强化大数据意识,改变高校教育工作者的思维方式,提高对数据信息的敏感度;高校教育工作者要改变思维路径,主动学习统计学、网络技术等专业知识,掌握数据收集、分析技能,高度重视收集大量的、多维的、数据化的信息并进行整合和深度智能分析,融合自身对学困生教育工作的深刻认识和理解,深度解读数据,突破以往的基于传统经验的资料调查、访谈指导等工作方式的制约,将学困生学习效能低下的现象量化、模型化,挖掘学习效能低下的原因。②挖掘数据相关关系,预测学困生学习的发展趋势。高校学生管理工作者搜集观测点上的数据,挖掘其背后的相关关系,探索学习者日常行为和学习成绩的相关关系,在此基础上构建供未来分析的有效现象解释模型,对有学习失败风险的学生进行干预。③创立海量数据共享平台,构建学困生个人学情档案。通过数据挖掘分析,对学习者的学习特征进行归纳,对具有相同学习特征的学习者进行聚类和分组,最终为不同类型的学习者提供针对性的学业指导,营造个性化学习氛围,从而促进其有效学习。④建立学习过程评价,实现过程动态跟踪指导。大数据技术一方面帮助高校学生管理工作者动态跟踪学困生的学习过程,及时发现问题、解决问题,从而更好地对教育进行调控,修改和制定更加切合实际情况的决策;另一方面又纠正了以往对成绩这类结果性指标的片面追求,真正实现了从学生个人需求、发展上去开展教育工作的目的。

三、研究评述

(一)国外研究评述

从国外研究文献来看,学业表现的影响因素一直是西方学界的研究热点,也取得了不少的研究成果,为我们有针对性地采取措施提高学生学业表现奠定了一定的理论基础。但是,西方这些影响因素的研究还不足以满足圆满解决我国学生的学习困难问题。

国外研究的不足主要体现在以下几个方面:

首先,教育是强语境的实践活动。不同地区相同问题的研究往往会产生不同甚至是完全相左的研究结论。西方的研究成果我们可以借鉴,可以有甄别地使用,而不能一味持拿来主义的做法。

其次,指出学生学习的致困因素并有针对性地采取补救措施是解决学生学习困难的途径之一,但这样的做法存有很大局限性,毕竟有许多客观事实类的致困因素,如单亲家庭等,是无法改变的。因此学习困难的解决除了改变(善)致困因素之外还需要另辟蹊径。

再次,具有相似影响因素的学生也并非都具有相同的学业表现。在我国,同样是来自贫困家庭的学生却极有可能在学业成就上有着截然不同的表现。因此,学习困难问题的研究不能仅仅停留在致困因素以及据此提出的改善措施上。在某些致困因素与学业表现之间很有可能存在着像学困生所特有的心理机制这样的中间变量。唯有揭开中间变量的神秘面纱,我们才有可能找到彻底解决高校学困生学习困难问题的路径与方法。

最后,在我国具有较大研究和应用价值的大学生学习困难问题非但没有得到西方学界的特别关注,反而一直被或多或少地漠视。以高校学困生群体为研究对象,以学习困难为研究内容的高校学困生的研究未能在西方学界的研究中脱颖而出是与英、美等西方教育发达国家的教育发展历史和现状密不可分的。受西方天赋人权的哲学思想和教育公平的教育理念影响,保证心理和生理缺陷儿童受教育权利的学习失能研究一直是西方学业表现研究领域的重点课题。加之高等教育资源的相对富足,西方教育发达国家高等教育已达到普及化水平,学生学业表现有高有低实乃自然的教育现象。对于西方教育来说,学困生特定群体的研究并无过于凸显的研究价值。所以关注学业成就影响因素的泛化研究一直是西方的研究主流。而中国则不同,相较于美国,即使扩招之后,我国的公办本科高校的录取率也还是比较低的。换句话说,我国的大学生在基础教育阶段都拥有相当优秀的学业表现,特别是"985""211"高校的大学生更是基础教育的典范。他们中的一些人到了大学阶段却沦为学习困难学生,这显然是各方利益相关者均不能接受的现实。中国在学习借鉴西方发达国家教育发展中的精华之时,也要充分考虑中国教育的国情,不能一味地照搬硬套。我们不能一味地学习西方国家,将主要精力用在学习失能或学习障碍学生的研究方面。我们有自己的国情,我们花了巨大成本培养出基础教育"学优生",不可以前功尽弃,要有人加强对他们的帮扶,深入研究他们的心理状态,制定出行之有效的行动方案,并付诸实施,从而使高校学困生渡过难关,健康成长,成为一名信心满满的国家未来建设者。

(二)国内研究述评

(1)国内关于中小学学困生的研究比较丰富,但是对于高校学困生的研究不过近十年时间,尽管研究时间较短、研究成果相对不是太多,但是也取得了不少成就。对于高校学困生的研究也越来越受到教育界、心理学界的重视。学者们从内外控角度分析了高校学困生形成的原因并提出众多的学困生转化、帮扶策略,这些成果对高校的学生工作特别是学困生工作有一定的理论和实践意义。已有的研究也为本书研究的顺利展开提供了借鉴和支撑。

(2)在研究方法方面,已有研究总体上是以思辨研究为主,多是从经验分析的层面论述,较少有定量或定性等实证研究方法的运用,使得研究结果缺少了数据的有力支撑。

(3)缺乏对高校学困生与中小学学困生的比较研究。高校学困生特别是重点高校的学困生和中小学学困生有着根本不同,他们基本上都是基础教育的"学优生",他们在智力、生理上不存在影响学业的基础。

(4)已有研究主要着眼于学困生的某一个或几个影响因素,没有整合可能产生影响的多个层面的多个因素;更多地分析某一方面或某两方面特质与高校学困生的关系,如社会支持、自尊、自我效能感等对高校学困生的影响;或者比较宏观、笼统地论述高校学困生产生的原因,浅尝辄止。而高校学困生产生的原因是多方面的,对整个学困生的心理结构进行总体分析比较少见。

(5)已有研究显示一些因素会导致高校学困生的存在,但是为什么同等条件下或者比这些学困生环境更加不好的条件下,有很多大学生却发展得很好且学业优良?这些影响因素可能只是诱因,而背后的深层次原因是什么?中介因素是什么呢?为什么学困生中男生明显多于女生?国内外高校学困生研究较少触及这方面的研究。

(6)在应对高校学困生的策略研究方面,已有研究提出的方法也比较笼统,比如高校要重视、教学上要加以管理、学生要培养意志力等等。这些策略是众所周知的。那么怎样增强高校学困生的认知、情感(情绪)、意志?具体方案是什么?设计理念是什么?理论基础是什么?如何去实施?实施后的效果如何?这些才是高校学困生研究的关键。

第二节 高校学困生干预困难原因分析

一、高校学困生基数庞大,问题多

笔者所在高校属于国内一所重点理工科大学,每年都会进行学困生数据统计。学困生人数较多,统计数据尽管处于动态变化中,但是基本上每年面临退学(不及格学分超过20,且一学期后依然不能降低到20分以下)、延长学年(不及格学分达到14学分)的大学生数据都在高位400人上下。另外,还有几百名学生虽没到留级、退学的地步,但已有留级的危险(不及格学分接近14分)。2组人员数量超过1 000人,占学生整体的5%左右。经过对其他很多高校的了解,不少高校的学困生人数基本上都在1 000人左右,基数庞大。

高校学困生特别是理工科学困生不但数量大,而且问题也比较多。虽然他们也曾多次想改变自己,努力尝试调整,但是因为一方面理工科专业课程难度大,课程之间的衔接性比较强,学业一旦落下来,再想赶上其他同学已十分困难;另一方面过去为了激励他们考上好大学,老师和家长以"现在苦点,考上大学就轻松了"等错误思想进行诱导,不少基础教育"优秀生"到了大学,没有了继续奋斗的动力,须臾的放松即产生了严重后果。他们即使幡然醒悟,奋起直追,想赶上其他同学,也已经是难上加难的事情。于是在习得性无助的状况下,学困生们极易产生自卑、焦虑、抑郁、孤僻、退缩等心理障碍。很多学困生沉迷于网络暴力游戏而无法自拔,这些暴力游戏虽可以让学困生们获得暂时的心理满足,使其"攻击性"得到宣泄,但一旦下了游戏,现实问题又摆在他们面前,就更会使他们陷入恶性循环的学习生活困境。

二、针对学困生干预的师资力量不足

高校学困生的转化工作非常困难。其所在年级辅导员要带一个年级的学生(很多高校一个辅导员带三四百人),方方面面的工作都需要辅导员尽心去做,工作非常繁忙,而改变一个学困生所投入的精力却非常多,且难度也更大。实际工作过程中,辅导员们常常感觉非常疲惫,即便是有些辅导员投入精力去帮扶学困生,但是付出与回报不成正比,常常是收效甚微。学校心理健康教育中心的教师

日常需要接待个案心理咨询和承担教学任务,面对如此庞大的学困生群体,也很难抽身去做整个学困生群体的具体帮扶工作。

三、学习困难形成的原因复杂

在高校学生战线的工作者清楚地知道,具有相似影响因素的大学生并非都具有相同的学业表现。同样是来自贫困家庭的学生却极有可能在学业上有着截然不同的表现。一些因素可能会导致高校学困生的存在,但是这些学困生与学优生同处于一个相同的高校环境中,入学成绩也差不多,结果入学一段时间之后学习成绩却截然不同。这说明高校学困生形成的原因是复杂的,有些影响因素可能只是诱因。世界上每一个个体都是不一样的,高校学困生的致困影响因素有一些共性,但也有其个性特点。每个学困生的状况可能都有不同的地方,其学习困难形成的原因可能各不相同。因此,需要加强这方面的研究,找到问题的根本症结所在,深挖出某些致困因素和学业表现之间的心理机制这样的中间变量。

四、内在心理的改变缺乏"持续而不竭的转化动力"

已有研究中一些干预策略对部分学困生的自信心和学习动力的提升可能也会起到一定作用,但是取得的效果往往无法维持"持久性",极容易出现"退化"现象。库尔特·勒温的"解冻—移动—冻结"三步行动理论可以解释这种现象。通过一些学困生干预策略的实施,学困生们的心理和行为发生了"解冻",他们的自信心、认知水平、人际沟通能力、情绪压力管理能力以及学习动机等均可能得到一定提升。但是他们的很多心理和行为未发生"移动"或因遇到了各种力量的纠缠而"移动"得不够充分,没有创造出"心理流动性"。即便是一些学困生的心理和行为有了良性的发展变化,但是还没有"固化"下来,要再一次"冻结"。学困生的心理优化行动方案具有迭代性和探索性,因此需要不断地修正、探索,不仅要进一步创造出"流动性",而且已经发生改变的心理和行为要使其稳定下来,避免其出现"退化"现象。新的平衡需要持久性,要确保其安全,不受退化的影响。而实际工作中高校学困生的心理干预缺乏"持续不竭的转化动力"。

第四章

高校学困生团体心理干预与调适方案设计思路

第一节 高校学困生团体心理干预与调适可行性分析

一、需求分析

高校特别是重点高校理工科专业的学困生人数较多。一些调查显示,统计数据尽管处于动态变化中,但是很多高校基本上每年面临退学(不及格学分超过学校规定数量,且一学期后依然不能降低到规定以下)、延长学年(不及格学分达到所规定学分)的大学生数据都在高位几百人到上千人不等。另外,还有不少大学生虽没达留级、退学的地步,但已有留级的危险(不及格学分接近规定学分)。两组人员数量之多,往往占到学生整体的5%~10%。尽管很多高校的学院辅导员和副书记(从事学生工作)可能也一直想方设法对自己学院的学困生进行一些干预,比如谈心谈话、给学困生做讲座、查课查寝、"一对一"帮扶、与学困生家长联系共同督促学困生等措施,但是无奈基数太大,收效甚微,个别干预成本高,精力严重不足。经过多年的努力,虽然高校花了大量的精力尝试各种能想到的方法去帮扶学困生,但始终很难取得根本性突破。

笔者在近年的学困生行动研究中所选研究对象均是不及格学分在10~20之间的学困生,他们全部在学院特殊学生数据库中。学校每学期对全体学生做心理健康测试(SCL-90,量表测试在第六章第四节有详细介绍),几乎所有学困生9个因子分中均有超过2.5分的项目(超过2分即为阳性项目)。研究中的学困生筛选是结合成绩和心理测试的两组数据进行抽取的。而问卷调查数据分析和访谈内容显示,学困生们均表达想改变自己,"再现优秀的我"。已有的帮扶工作根本无法满足高校学困生的需要,而且有些帮扶措施也不是他们真正想要的。

二、经济可行性分析

团体心理干预与调适是指领导者运用群体动力学、发展与教育心理学、咨询心理学等相关专业知识和训练技术带领团体成员实现团体目标。通过团体心理干预与调适使团体成员在开放性的团体情境中获得内在需求的满足和认知能力的提升;通过相互交流和思想的碰撞,使团体成员的认知、情绪情感、意志、行为等方面在团体氛围中相互影响,促使团体成员共同成长,并成为彼此的"社会支持力量"。团体心理干预与调适具有教育、发展性、预防和治疗性等功能。诸多实践证明,团体心理干预与调适方式是目前为止对有类似问题或困扰的人较理想的干预模式。

道宁(L. N. Downing)将学校团体心理干预与调适的优点总结为12条:①让学生了解并体验到自己被其他学生支持;②每个学生能够从与别人的相互关系中找出自己的利益,学生将单独与咨询师接触并获得利益;③鉴别需要特别予以援助的学生;④增进个别咨询,团体经验可以提高咨询的需求,促进成员更快成熟;⑤有助于发展社会性;⑥提高治疗效果;⑦可以和更多的学生接触;⑧学生可以获得安全感并增强自信心;⑨提供给学生接触咨询师的机会;⑩综合各种教育经验从而获得最大利益;⑪缓解或消除学生的紧张和不安;⑫咨询师和教师的工作更加有效(樊富珉,2005)。

高校学困生大都是高校理工科专业的男生,他们都有着共同的困境,成绩差,已快达到退学、延长学年或已延长学年的地步。高校学困生面临的问题也比较相似:非常自卑、自我效能感低、学习动机不强、有焦虑抑郁等负面情绪、学习投入不足、学习效率低、有人际关系障碍、亲子关系较紧张等。不仅如此,他们还有一些共同的爱好或特征:沉迷于网络游戏、过着不规律的生活、懒惰、不注意个人卫生等。基于此,这些高校学困生具有同质性,适合用团体心理干预与调适的方式进行干预,对学困生进行团体心理干预与调适将比个别干预更加经济有效,可极大地节约成本。

三、库尔特·勒温"解冻—移动—冻结"三步行动理论提供理论支撑

笔者曾对高校学困生做过多场一次或两次的团体咨询,虽然大部分学困生

反馈挺喜欢这种形式的辅导,但是出了团体咨询室,他们又会回归到那种"不成熟"状态,短程团体心理干预与调适取得的效果往往无法维持"持久性",与期望的目标有较大差距。

勒温的"解冻—移动—冻结"三步行动理论给高校学困生行动研究提供了理论支撑。该理论认为要想发生任何变化就必须要打破维持原有力量之间的平衡,也就是说,必须发生"解冻"。"解冻"了之后,在生活空间领域内要发生"移动"、改变,要改变人们的行为。当推动变革的力量大于抵制变革的力量时就会发生"移动"。"移动"的过程是非常复杂的,会遇到各种力量的纠缠,因此行动研究具有迭代性和探索性,需要不断地修正、探索,创造出"流动性",期望的变化才能够发生。第三步就是"冻结"。发生改变的行为需要稳定下来,不然的话极有可能会出现"退化"现象。新的平衡需要持久性,要确保其安全,不受退化的影响。因此,就必须有新的"冻结"。

根据勒温的三步行动理论,高校学困生心理干预与调适方案实施后,不仅要让学困生的心理和行为发生"解冻",让他们的自信心、认知水平、人际沟通能力、情绪压力管理能力以及学习动机均得到提升,而且要让他们的很多心理和行为达到充分"移动"。有了良性的发展变化,还需要将新的心理和行为固化下来,就像勒温所说的要再一次"冻结"。高校学困生的心理干预与调适行动方案应该也具有迭代性和探索性,需要不断地修正、探索,不仅要进一步创造出"流动性",而且已经发生改变的心理和行为要使其稳定下来,避免其出现"退化"现象。

四、技术可行性分析

(一)团体心理干预与调适技术已非常成熟,在国内外诸多领域广泛使用

团体心理干预与调适也就是团体心理咨询,起源于欧美,最早运用此技术的是美国马萨诸塞综合医院的医生约瑟夫·普拉特(Joseph Pratt),他是团体心理咨询与治疗之父。1908年美国心理学家塔尔科特·帕森斯(Talcott Parsons)运用此技术帮助年轻人正确认识自身的能力和职业兴趣,进而找到适合自己的工作。而马士(L. C. March)、拉扎尔(E. W. Lazell)、莫雷诺(J. L. Moreno)等人也常运用团体咨询与治疗技术来帮助精神病人。1932年,莫雷诺首次使用"团体心理治疗"术语。20世纪30年代斯拉夫森(S. R. Slavson)运用团体咨询技术对有问题的青少年做咨询。第二次世界大战中,大批士兵出现了精神障碍,团体咨询与治疗得到空前重视,迅速发展起来。精神科医生埃里克·伯恩(Eric Berne)在军人中尝试团体咨询与治疗。之后的一些心理学家如库尔特·勒温(Kurt Lewin)、卡尔·罗杰斯(Carl R. Rogers)等人也常运用此技术来帮助一些有困扰的群体。20世纪后半叶,团体咨询与治疗技术逐渐在日本以及中国台湾、中国香港等地流行,如日本的"生活发现会"以及中国台湾的"大学生成长性团体"、中国香港的"身心灵全人健康团体"等都是相关的团体。团体咨询与治疗也由原先在精神病人领域使用发展到在有困扰的青少年、成年人、老年人的预防性行为修正领域使用。

团体咨询与治疗在国内发展稍晚些,20世纪末,国内以清华大学樊富珉教授为先锋,加强了此技术在国内的应用与传播。目前,几乎所有高校的心理健康教育中心均可以为学生提供团体咨询服务。团体咨询技术不仅在高校,在其他诸多领域也被广泛使用,比如社会工作中的小组干预、企业员工的团体培训等。

(二)团体领导者可以是心理教师,他们有着丰富的团体心理干预与调适经验,能较好地驾驭行动过程

对高校学困生进行团体心理干预与调适,学校心理健康教育中心的心理教师和经过培训的心理辅导员可以胜任学困生团体心理干预与调适的领导者这个角色。高校心理教师都拥有心理学专业研究生及以上学历,他们均接受过团体咨询技术培训,有很多心理教师已成功地做过若干场团体咨询。笔者在高校时间较长,做过的团体咨询场次更多:既有人际关系、成长性和情绪调控主题的,也有针对学困生的单次团体咨询;既有针对本科生的团体咨询,也有针对研究生、辅导员和新入职教师的团体咨询;既有人数较少的小团体咨询(30人左右),也有人数众多(近百人)的团体咨询。具有丰富的成功经验的领导者,能较好地驾驭学困生心理干预与调适行动过程,并将产生积极的良好预期。

(三)高校学困生情绪和认知调整的短程团体为长程团体心理干预与调适的良好效果奠定了基础

近年来,笔者作为学困生行动研究中的领导者开始尝试用团体心理干预与调适的方法来帮助高校学困生走出困境,取得了一些收获和经验。通过短程的情绪和认知团体心理干预与调适,有部分学困生学习上有了一些进步,人也变得阳光开朗起来。短程的学困生团体心理干预与调适后大部分学生的自信心、学习动机、学习效率及不良情绪调整方面均有短暂的提升。虽然过了一段时间他们中的部分学生又回归到"不成熟"状态,出现"退化"现象,但是团体心理干预与调适的效果是显而易见的,短程团体心理干预与调适为长程团体心理干预与调适的良好效果奠定了基础。要想使高校学困生的心理得到根本改变,就需要在持续动力的激发方面找到良策,对高校学困生做中长程的团体心理干预与调适不失为一种积极的尝试。

五、组织可行性分析

(一)高校心理健康教育相关人员与设施齐全,可以为学困生进行团体心理干预与调适提供软硬件保障

近些年来,各个高校都很重视大学生的心理健康教育工作,无论是心理教师队伍建设方面还是硬件条件设施建设方面均有较大的发展。各高校一般都成立了心理健康教育中心,各种心理健康教育设施比较齐全,基本上都有团体咨询室、心理测量室、放松室、个案心理咨询室等场地,有沙盘、投影、录放机等设备。这些设施和设备完全可以满足高校学困生团体心理干预与调适的需要。

(二)高校学困生数量较大,适合用团体心理干预与调适方式进行帮扶

高校学困生问题由来已久,特别是一些理工科专业学困生问题更为突出。近些年来,尽管高校学生工作人员采取了各种办法去帮扶学困生,但还是收效甚微,高校学困生的数据依然庞大。很多高校的学困生每年统计都有几百人之多。如此多的学困生,高校有责任也亟须加强对他们的研究,帮助他们由学困生向合格学生乃至学优生转化。高校学困生的数量比较大,适合用团体心理干预与调适方式进行帮扶。

(三)心理健康教育中心教师和各学院心理辅导员可担任学困生团体心理干预与调适领导者

高校学困生心理干预与调适方案无论是团体心理干预与调适还是个案,对领导者的要求是比较高的。有心理学背景或受过心理学知识的系列培训的教师才可以担任领导者,高校心理健康教育中心教师和各学院心理辅导员可作为方案实施的领导者。目前,各个高校都很重视大学生的心理健康教育工作,不仅增加了心理教师,而且很多大学都配备了学院心理辅导员,通常由心理中心负责心理辅导员的培训和督导。经过培训,心理辅导员基本可以胜任高校学困生团体心理干预与调适领导者的角色。

第二节　高校学困生团体心理干预与调适目标

团体心理干预与调适正式开始前,领导者需要进行一系列心理干预与调适方案的设计,设计内容包括团体心理干预与调适目标、团体规范、实施时间及地点的安排、每次团体心理干预与调适的具体内容、心理干预与调适中所需物品的准备等。所有准备工作中首先要考虑的是团体目标。因为团体目标可以为团体心理干预与调适指明方向;可以团结团体成员,使其聚焦于团体活动中,激励他们不断自我探索、健康成长;也可以帮助团体成员获得更多的坚持,坚定地达成目标;同时也可以作为后期评估团体心理干预与调适效果的一项重要指标。

团体目标通常有几个层次。汉森(Hansen)在 1980 年将团体心理干预与调适的目标分为三个层次:过程目标、一般目标和个人目标。杰拉尔德·柯瑞(Gerald Corey)于 1985 年提出将团体心理干预与调适目标分为一般目标和过程目标。美国心理学家帕德逊(Paterson)也曾经在 1985 年提出过团体心理干预与调适的目标可以分为三个层次:直接目标、间接目标和终极目标。综合各位学者的观点以及工作中的思考,本书则将团体心理干预与调适的目标分成三个层次:一般目标、过程目标和终极目标(长远目标)。

一、一般目标

高校学困生团体心理干预与调适一般目标主要包括:①设置一些自我探索的活动项目,让学困生认识自我,能够客观地评价自我、接纳自我,达到自强、自立、自信;②澄清学困生的价值观、人生观和世界观;③促使学困生发现自身的一些不合理的信念,积极面对一些生活、学习中的问题;④激发学困生的学习动机,提升他们的自我效能感;⑤通过各种活动,使团体成员间充分沟通交流,人际交往能力得到极大提升,培养学困生人际信任感;⑥建立健全学困生的"社会支持系统",让他们被需要、被爱、被接纳,从而使他们的爱与归属感得到提升;⑦培养学困生独立思考问题的能力,让他们学会分析问题和解决问题;⑧促使学困生感知自己的情绪,分析压力源,学会处理负面情绪,增强情绪压力管理能力;⑨提高学困生战胜困难的意志力。这些目标的达成也就意味着影响学困生的种种阻碍被克服,学困生个体的动力被成功激发,才能最终走出"困境",如图 4-1 所示。

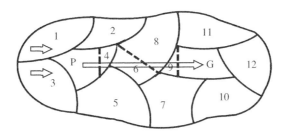

图 4-1 高校学困生心理干预与调适目标

二、过程目标

高校学困生团体心理干预与调适过程目标主要有：①学困生团体心理干预与调适初期目标主要是帮助团体成员尽快相互认识熟悉起来，了解团体的目标和结构，订立团体的规范和要求，以确保后期团体心理干预与调适的顺利进行；②学困生团体心理干预与调适过渡期目标主要是设计一系列活动，促使学困生分享自己的活动感受，同时也觉察他人的感受和行为，建立起对他人的基本信任；③学困生团体心理干预与调适稳定期的目标主要是要正视自己的问题，理性分析问题（包括学习问题）出现的原因（特别是主观原因），获得周围人的支持，提升自信心和解决问题的能力；④学困生团体心理干预与调适结束期的目标主要是巩固已有的成果，积极肯定自己的改变，畅想未来，制订今后的发展计划，并努力将其持续应用于现实生活中。

三、终极目标

高校学困生团体心理干预与调适终极目标（长远目标）主要是：不断地发掘高校学困生自身的潜能；让学困生健康快乐地生活、学习和工作，并不断地取得突破；除了学困生自身，还要努力让其身边的人幸福。

第三节 高校学困生团体心理干预与调适方案设计原则

为在高校学困生团体心理干预与调适中获得比较理想的效果，完成预先设定的团体心理干预与调适目标，团体领导者和团体成员均要遵循一些基本的原则。

一、保密原则

保密是团体心理干预与调适的第一原则。在团体活动中，团体成员的人际关系、家庭、学习状况等个人的众多隐私和权利会在团体成员中暴露出来。尽管很多情绪的宣泄对个人的成长和心理健康是非常有益的，但是如果团体成员或者领导者有意或无意向团体之外的人透露出这些隐私，则会给团体成员带来比较大的伤害。因此，作为团体的领导者，在首次团体心理干预与调适的时候必须特别强调保密的重要性。所有团体成员包括领导者自己均要严格遵守保密原则,并签订保密协议。当然也有特殊情况,当涉及个人生命安全时,领导者必须和相关人员通气,这也是为了保护当事人的个人利益。而在高校学困生团体心理干预与调适之前,领导者须做一些调查访谈,以排除这种极端情况。

二、专业原则

本书中的高校学困生均在大学的学习生活中出现了诸多问题,而且这些问题基本是由他们自身的内在心理因素导致的;同时,团体心理干预与调适是有计划有组织的活动,要想达到预期的理想效果,必须科学地运用群体动力学理论、发展与教育心理学等相关知识,制定周密详细的行动方案并实施。在实施行动方案过程中可能会出现一些突发的状况,这些状况必须要得到及时有效处理,只有有相关心理学背景或受过心理学相关培训的领导者才可以担此重任。高校心理健康教育中心的教师和经过系统培训的心理辅导员可以进行这样的团体心理干预与调适。团体心理干预与调适领导者需要具备一系列的心理干预与调适技术,不仅要有个体心理干预与调适的一些技术,而且还要有与人际互动相关的团体心理干预与调适技术。台湾师范大学吴武典教授在他的著作《团体辅导》中归纳了团体领导者需要的22种专业技术,见表4-1。

表4-1 团体辅导基本技术归纳

技术名称	定义说明	作用和预期效果
主动倾听	专注于沟通过程中有关语言和非语言行为,且不做判断和评价	增强团体成员的信任、自我开放及自我探索
重复	以稍稍不同的措辞,重述团体成员的话,以澄清其意思	确定团体领导者正确了解成员的意思,提供支持及澄清
澄清	确定成员所想表达的信息、感受与想法的具体含义	帮助成员弄清楚内心冲突及混淆不清的感受及想法,导向更优意义的沟通
摘要	将互动过程中的重要信息,简要进行归纳	澄清并避免误解成员的意思,引导其继续表达
提问	通过提出问题,引发成员自我探索问题的内容以及解决的方法	引导深层讨论;收集资料;刺激思考;增加澄清及汇聚焦点;提供更有深度的探索
解释	对团体中某些行为、想法、感受提供适当的解释	鼓励深度的自我探索;对团体中的现象提供新的观点

(续表)

技术名称	定义说明	作用和预期效果
面质	对成员在团体中的言语、行动中表现出的困惑或矛盾加以挑战	鼓励成员诚实地自我思考；激活潜能；引发对自我矛盾的反省
情感反映	反映成员的感受	让团体成员了解团体领导者在倾听并了解他的真实感受
支持	提供鼓励及增强信任	建立团体良好气氛；鼓励成员；促进信任感；促动成员向困难挑战
同理心	能站在成员的立场，将心比心体谅其感受及想法	培养信任的咨询关系；促进沟通及了解；鼓励成员进行深层的自我探索
催化	在团体中以开放性或引导性的方法，清楚地协助成员朝向有助于团体目标的方法去探讨	增进团体有效的沟通；促进团体达成团体目标
引发	在团体中引发行动，促使团体参与或介绍团体新的方向	防止团体不必要的探索；推进团体过程的发展
设定目标	团体过程中，引发团体参与，并具体确定团体特定且有意义的目标	引导团体活动的方向；帮助成员选择及澄清团体目标
评估	评估团体进行过程和团体中成员及其相互间的动力	提升深层的自我觉察并帮助成员对团体方向更加了解
给予反馈	对成员专注观察后给予真诚且具体的反馈	对成员在团体的具体行为提出反馈，以帮助团体成员自我觉察
建议	提出团体目标有关行为的信息、方向、意见及报告	帮助成员发展取代性的思考及行动
保护	保护成员在团体中不必过早的心理冒险	提醒成员在团体中进行适度的心理探索，以避免受到伤害
开放自我	对团体发生的事情，个人开放此时此刻的感受或想法	催化团体更深层的互动，建立信任，示范使他人了解自己的想法
示范	通过行动，示范对团体适合的行为	对有利于团体的行为提供示范，激发团体成员发挥其潜能
处理沉默	通过对语言与非语言沟通的观察，对团体沉默现象进行干预，促进团体的发展	允许团体成员反映其感受，凸现其焦点；整合与情绪相关事件；帮助团体运用其有利的资源
阻断	对于团体中无建设性的行为，以适当的方法加以阻止	保护成员；推动团体进行过程
结束	以适当的方法，准备团体结束	准备让成员整理其团体心得；引导成员将团体所得应用于现实生活中

三、共同原则

高校学困生团体心理干预与调适成员具有同质性,他们会有一些共同的问题,也会有一些个性化的问题。在团体心理干预与调适活动中不可能解决他们所有的问题,应该就他们共同的一些问题,比如学习方面的问题、焦虑情绪管理的问题、自我效能感的问题等等,展开活动。通过对一些共同问题的关注,激发他们参与的积极性,并且使每一个人都能够获得更多的启迪,产生很多自己对这个问题的看法和应对策略。

四、民主、平等原则

团体心理干预与调适中的学困生来自各个地方,尽管生活习惯、家庭出身、经济状况、知识水平、个人能力等方面有所不同,但是在这样一个团体里面,他们应该无贵贱之分,都是平等的,不存在谁凌驾于谁之上的问题。任何在团体心理干预与调适中将自己的意志、观点强加给别人的行为都是不可取的,不被允许的。在团体活动中,民主和平等原则应贯穿始终。遵守民主、平等原则能够促使团体保持轻松的氛围,也可以增强团体的凝聚力。团体领导者既是团体的领导者,也是团体普通的一员,应参与到团体的活动中去,与团体成员平等沟通,共同关心团体的发展。

五、发展原则

高校学困生的困扰只是暂时的,要以发展的眼光看他们。通过调整,他们完全可以摆脱困境,成为各方面都很优秀的大学生。在团体心理干预与调适中,领导者需要用发展、动态的观点和视角去对待每一位团体成员的问题。在团体心理干预与调适过程中捕捉成员的每一个小进步、小优点,加以肯定、接纳、积极的暗示,从而使学困生获得持续的动能,推动学困生不断改变自我,发展自我,再现优秀的自己。

六、激励、启发原则

高校学困生团体心理干预与调适与个体心理干预与调适共同的目的就是助人自助。领导者工作的方式不是说教、传授一些经验让学生掌握。作为一名大学生,很多道理他们都很懂,用说教解决不了问题。在团体心理干预与调适过程中,领导者要有足够的耐心、爱心,本着激励、启发、引导原则,让学困生在领导者的鼓励引导下自己感悟到什么地方需要调整。激励他们发表自己的观点,勇敢地说出自己的困扰,与其他同学交流自己的问题和感受。领导者要适时地提出一些问题,激励或引导他们积极思考,提升分析问题和解决问题的能力。

七、综合原则

高校学困生团体心理干预与调适的对象是那些在学业上出现了比较严重的障碍的学困生,他们同时还有可能有其他的一些心理困扰,比如社交障碍、适应问题、人格问题、各种神经症(焦虑症、抑郁症、强迫症、神经衰弱等)。每个人的问题程度也有可能不一样,要想使团体心理干预与调适获得令人满意的预期效果,只用一种理论或方法可能很难实现。领导者应该要熟悉各种理论和方法,根据不同的情境和目标,恰当地选取合适而有效的理论和技术,以达到团体心理干预与调适各个阶段的目标。

第四节 高校学困生团体心理干预与调适设计依据、框架及理论基础

一、高校学困生团体心理干预与调适方案设计依据

(一)国内外高校学困生致困因素及转化的文献研究结论

第三章的文献综述部分显示,尽管学者们对于高校学困生致困的影响因素有一些不同的侧重点,但也有很多共同因素,比如家庭层面、学校层面和个体层面的影响因素等。经过全面梳理,高校学困生的主要影响因素有:家庭层面的家庭父母职业、经济及亲子关系;校园层面的教育教学管理、校园环境、教师的教学方法等;个人层面的自我效能感、自尊、情绪智力、学习动机、心理健康等因素,也就是心理方面的认知、情绪情感、意志。

(二)"再现优秀的你"信息采集

团体领导者在团体心理干预与调适开始前可以进行"再现优秀的你"信息采集(见附录A),以了解高校学困生的影响因素有哪些方面。笔者在学困生团体心理干预与调适前曾做过调查,学困生们基本上否定了自己的学习环境及学校的教育教学等外界影响因素,认为最主要的影响因素有:高中阶段过重的学业负担导致自己的学习后劲不足;家庭经济状况、父母文化程度等导致自卑心理;

人际关系、亲子关系的紧张缺乏社会支持;专业思想的不稳定导致学习兴趣减退;对自己认知片面、要求过高而看不到希望,自我效能感降低;没有学习目标和计划,时间管理不到位,学习动力不足;情绪不稳定;克服困难的意志力不够等。部分影响因素在一些学者关于高校学困生的研究中也常被提及。在后续的行动方案设计及具体实施中,将调查中反映出的影响因素考虑进去。而如学校的教学及环境,学困生基本持否定态度,在后面的设计中不再涉及。

(三)高校学困生团体成员访谈内容的整理

大部分团体成员在访谈中被问及进入大学是否有新的学习目标和计划时,给出的答案是否定的。即使个别成员有目标和计划,也是比较模糊的或基本没有执行。成员们也基本清楚自己很多方面做得不到位,比如:学习态度有问题,学习动力不足;没有找到适合自己的学习方法;意志力不够;人际关系不好;自我效能感比较低,很自卑;经常情绪失控,不能很好地处理情绪;父母、同学给的压力太大;不喜欢所学的专业,但是不知道自己适合什么专业;觉得自己没有适应大学学习、生活等。这些压力源也是自己学习困难的主要原因,而这些原因基本上以个体自身原因为主。个别成员会觉得教师讲课的水平有限,但又觉得这应该不是主要原因。所有成员均表示希望自己尽快走出目前的困境,再现优秀的自己。

综合高校学困生影响因素及转化策略的文献综述和对学困生的问卷调查、访谈结果分析,发现高校学困生学习困难状况更多的是自己内在因素造成的,这些因素包括学习动机、情绪管理、压力应对、自我认知、意志力、人格障碍、人际关系(包括亲子关系)等方面,这些影响因素均与个体心理有关。因此,对高校学困生的干预方案应着重从学困生个人的内在心理调节方面进行。需要将这些阻碍高校学困生发展的心理因素各个击破,创造出"心理流动性",使他们拥有持续不断的动力,最终实现自己的目标。

(四)具身认知理论的启发

"具身"(embodied)与"离身"(disembodied)是相对立的。传统认知主义认为身体仅仅是外界刺激的感受器和行为的效应器,认知是从感觉刺激的输入开始到运动反应的输出为止,是封闭于大脑中枢神经系统的内在过程,认为人的大脑、身体与周围环境是相互独立的。随着科学的进步,学者们越来越认识到传统离身认知理论的局限,而提出了具身认知理论。最早提出具身哲学思想的是法国身体现象学的代表人物莫里斯·梅洛-庞蒂(Maurice Merleau-Ponty,1908—1961年),他认为知觉的主体是人的身体,身体嵌入世界,就像心脏嵌入身体之中,个体的知觉、身体和世界是统一的。个体通过身体与世界的互动,通过身体对客观世界的作用而产生知觉并认识世界。

通过高校学困生团体心理干预与调适行动研究,将高校学困生的身体、认知与环境等统一起来,运用学困生之间的相互动力来改变他们的不合理认知、缓解和解除他们的负面情绪、坚定他们的意志、开发他们的潜能等,从而最终促使他们走出"困境"。可从认知、情绪情感和意志三方面设计一些方案。在认知层面,设计内容如:个人价值观的澄清、学习能给我们(世界和个体)带来什么?为什么要学习?人和动物的学习有什么不同?要让同学们接纳对自我的认知。往往学困生的自我接纳度比较低,可设计一些比如"天生我材必有用""我很独特""优点轰炸"等活动。要对同学们学习困难的归因加以引导,要了解他们的归因方式,不同的归因方式与学习动机、学习兴趣关系密切。在情绪情感层面,加强情绪管理,情绪遥控器在学生自己手上,可以用埃利斯的合理情绪疗法设计一些活动,在团体中运用团体动力学工作原理来帮助同学们管理情绪。教给学困生克服学习焦虑、考试焦虑的若干方法。另外在意志力方面也可以设计一些诸如"同舟共济""突围闯关"等活动,在活动中让同学们自信、自立、自强,增强压力应对能力,提高意志力。可以运用强化理论(正强化和负强化)对学生进行帮扶。

二、高校学困生团体心理干预与调适方案设计框架

通过对相关文献的梳理,学困生的问卷调查、访谈以及学困生心理干预与调适可行性分析等,高校学困生心理干预与调适主要采用团体心理干预与调适的行动干预方式,以解决绝大多数学困生的心理问题。但是也会有个别学困生不愿意到人多的团体中接受心理干预与调适,而愿意接受个别的心理咨询,因此对于学困生群体的心理优化可采用团体心理干预与调适和个案心理干预相结合的方式,具体技术路线如图4-2所示。

三、群体动力学理论

群体动力学理论最早是由库尔特·勒温教授提出,又叫动力场理论或场动力理论,包括"场论"和"动力论"两大部分。"场论"是勒温整个工作的元理论基础,借用了物理学上有关力场的概念,其基本含义是:在同一场域内的各种元素彼此影响,相互"纠缠",当某一元素发生变动时,其他所有元素都会发生变化。当库尔特·考夫卡(Kurt Koffka)提出"行为环境"概念的时候,勒温则提出了"心理环境"的概念。他认为"行为环境"是指个体当时所意识到的环境,而"心理环境"则不仅仅是个体看见或知晓的环境,还包括个体当时没有意识到但确实存

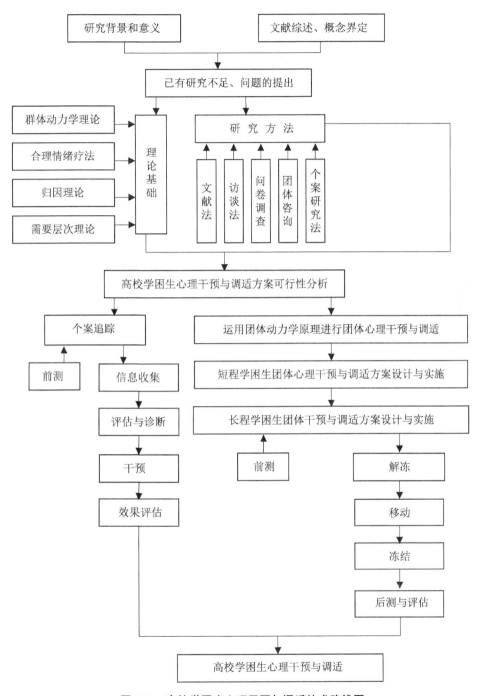

图 4-2　高校学困生心理干预与调适技术路线图

在影响个体的事实。勒温(2018)认为"我们不再在单个的孤立物体的性质中,而是在物体和它的环境之间的关系中,寻找事件的'原因'"。人们可以通过个体和他的环境来描述整个情境。他认为每一个心理事件都可以用一个函数公式来描述:

$$B = f(P, E)$$

(其中 B 代表行为,P 代表个体特征,E 代表环境,f 是函数)

勒温在 19 世纪 20 年代的时候开始研究场论,到了 30 年代发展和使用了行动研究和群体动力学。勒温是第一位研究群体动力学和群体在形成其成员行为中的重要性的心理学家。勒温有一句名言:"没有研究就没有行动,没有行动就没有研究。"(Marrow,1972)勒温非常重视行动研究,事实上,在他到达美国之后(他原是德国人,为了躲避德国法西斯的迫害,1933 年离开德国到美国),他几乎所有的研究成果都通过行动研究来达到社会变革之目的。勒温(Lewin,1942)的心理学也可称之为拓扑心理学,是用非数量方式所表示的空间关系来研究空间变换。他认为"行为是来自所有力的总和,这些力冲击着一个人或者一个群体,进而构成行为发生的'生活空间'"。而且他主张用图形来描述心理生活空间,来表明个体的一切可能有的目标和达到这些目标的所有途经。勒温(2018)认为"情境的最为重要的特性是,对于这种情境内的个体而言,什么是可能的和什么是不可能的。个体的心理情境的每种变化正意味着这一点——某些以前'不可能的'(或'可能的')事件现在却是'可能的'(或'不可能的')"。

勒温(Lewin,1947)总结了"人的行为变化的三步行动模式:解冻、移动和冻结"。他认为一个成功的行为改变包括三个方面:"解冻"(如果必须的话)当前的等级 L1,"移动"到新的等级 L2,然后在一个新的水平上"冻结"群体的生活。如果用图形表示则可以显示勒温三步行动模式的基本概况(如图 4-3)。

图 4-3 勒温三步行动模式

人的行为是相对稳定的,或者我们称之为"冻结"。因为行为的驱动力和约束力是平衡的,"要想发生任何变化则必须打破维持一定水平的社会自我调节的力量之间的平衡,也就是说,必须发生'解冻'"(Lewin,1943)。"解冻"了之后,在生活空间领域内要发生"移动"、改变,要改变人们的行为。当推动变革的力量大于抵制变革的力量时就会发生"移动"。当然"移动"的过程有时比较复杂,因此行动研究具有迭代性和探索性,需要不断地修正、探索,创造出"流动性",期望的变化才能够发生。第三步就是"冻结"。发生改变的行为需要稳定下来,不然的话极有可能会出现"退化"现象。新的平衡需要持久性,要确保其安全,不受退化的影响。因此,就必须有新的"冻结","冻结"被用来描述建立一个新的准平稳平衡的回归过程。

虽说这个模型说明了行动模型构成的复杂、迭代和参与性过程,但是有不少学者批评它过于简单、线性和规定性,认为它不包含自然发生的序列,也缺乏认知维度。但是更多的学者认为勒温的理论是一个非常好的理论。首先,这个模型并不简单,也不缺乏认知维度,它基于多年来对人类心理和行为的深刻理解;其次,勒温的"生活空间"是一个系统,一个格式塔,这个模型也不是线性的,勒温的"生活空间"和新的研究是一个事实发现、行动和更高层次事实发现的迭代过程;再次,三步模型是十分规范的,因为"有计划的社会行动一般产生于一个或多或少的模糊的观念"(Lewin,1947)。除了以上三点之外,还有更为重要的是,有很多学者的研究支持了勒温的理论,比如埃尔罗德(Elrod)和蒂皮特(Tippett)在2002年的研究中比较了来自不同领域的15个成熟的变化模型,均支持了勒温的观点。所以说"三步模型既不是'简单模型',也不是'未开发模型',而是一种理解人们行为的复杂性以及如何改变行为的稳健方法"(Burnes,2020)。

心理学研究表明,群体对一个人的成长与发展影响重大。人有社会性,是群体的一分子,任何一个人都不能长期脱离人群而健康生存。在群体中人的需要和期望才能得到满足。群体动力学理论为心理健康教育中的团体心理咨询(group counseling)提供了理论依据。近20年来,团体心理咨询在我国日益兴起。国内以清华大学樊富珉教授为代表的心理学专家们已将团体心理咨询带到了全国各地。团体心理咨询和个体心理咨询已成为心理咨询的两种重要形式。这么多年的实践证明,团体心理咨询对于那些有类似问题或困扰的人来说,是一种经济而且很有效的辅导方式。樊富珉(2005)教授在她的专著《团体心理咨询》一书中概括了团体心理咨询有12方面的益处:了解和体验支持与被支持、从相互帮助中获益、鉴别需要特别予以帮助的学生、增进个别的咨询、有益于发展社会性、获得治疗的效果、咨询员可以与更多的学生接触、使学生获得安全感并增强信心、提供接近咨询员的机会、综合各种教育经验以获得最大的利益、松弛学生的紧张和不安、咨询员和教师的工作将更加有效。

高校学困生有着学业上共同不利处境,都是处在多学分不合格,退、休学边缘的学生。很多高校特别是重点高校有不少这样状况的学生,个别干预成本和精力都显示严重不足,而团体心理干预与调适将可以更加经济有效。

四、合理情绪疗法

合理情绪疗法(rational emotive therapy,简称"RET")是20世纪50年代由美国临床心理学家阿尔伯特·埃利斯(Albert Ellis)在美国创立的。阿尔伯特·埃利斯是合理情绪行为疗法的创始人,也是20世纪60年代美国性解放运动的先驱。合理情绪疗法属于认知疗法的一种,由于采用了行为治疗的一些方法,所以又被称为认知行为疗法。在一些翻译中也常常被译为"理性情绪行为疗法",这是因为该疗法有一个历史发展过程。埃利斯于1955年创立理性治疗,他最初所用的名称为理性治疗(rational therapy,简称"RT"),到了1961年改为理性情绪疗法,而到了1993年埃利斯又将理性情绪疗法更改为理性情绪行为疗法。为什么会又改为理性情绪行为疗法?这是因为埃利斯认为理性情绪疗法会误导人们以为该疗法不重视行为的概念,因而他需要特别强调认知、行为、情绪之间的关联性,而合理情绪疗法治疗的整个过程和所使用的技术均包含着认知、行为和情绪三方面的内容。目前国内业界已经形成共识:几种叫法的具体内涵是一致的。但是目前我们习惯上用得最多的仍然是合理情绪疗法或理性情绪疗法。

该理论认为引起人们情绪困扰的并不是外界发生的事件,而是人对外界事件的态度、看法、评价等,也就是人的认知。人若是要改变自身的情绪困扰不应致力于改变外界事件,而是应该将精力用于改变自己的认知。如果认识发生改变,人的所谓情绪也就会发生变化。合理情绪疗法的基本理论主要是 ABC 理论,这一理论是建立在埃利斯对人的基本看法之上的。埃利斯认为外部事件是诱发事件 A(activating events),对事件的认知也就是信念是 B(beliefs),事件 A 发生后,人对它有了认知 B,进而导致情绪行为的结果 C(consequences)的产生。不同的认知会产生不同的情绪体验。当诱发事件 A 发生后,个体对其做出积极、正面的解释和评价,就会产生诸如快乐、热情、自信等积极的情绪体验(positive emotions);而当诱发事件 A 发生后,个体对其做出消极、负面的解释和评价,就会产生诸如生气、抑郁、焦虑等消极的情绪体验(negative emotions)。认知 B 才是情绪产生的直接原因,而非诱发事件 A 直接导致了情绪的发生。这种观点与新行为主义提出的刺激 S(stimulate)-机体 O(organism)-反应 R(response)公式是基本一致的。ABC 理论的工作原理如图 4-4 所示。

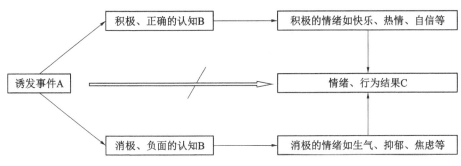

图 4-4　ABC 理论流程图

合理情绪疗法的基本人性观认为人既是理性的，也是非理性的。因此人们一旦有严重的情绪障碍时，往往会陷入非常痛苦的境地，难以自拔，那么这就可以用合理情绪疗法的理论和技术对他们进行有效的治疗。合理情绪疗法的主要目标是降低来访者的消极负面的情绪体验，使他们在治疗结束后能以比较低的焦虑、抑郁、敌意等不良情绪去对待生活，进而帮助他们拥有一个比较现实、理性、宽容的人生态度。这个目标有两个水平：减少不合理信念所造成的情绪困扰与不良行为只是初级水平，这是短期目标；而要使来访者具有更长远、更深刻的变化，则不仅要帮助他们暂时消除现有的一些不良症状，而且还要尽可能地帮助他们减少其情绪困扰和行为障碍在长期生活中所造成的消极影响，这是高级目标。

合理情绪疗法是一种认知取向的治疗方法。它需要来访者有一定的文化水平，领悟能力比较强的年轻人效果会更好。高校学困生正在接受高等教育，他们是智力水平、领悟能力均比较高的群体，该理论比较适合应用到他们身上。

五、归因理论

我们知道，世界上绝大多数事情并不是偶然、随机发生的，它们的发生总是有原因的。归因现象在我们生活中普遍存在，但是不同的归因方式会带来不同的结果，会影响一个人的情绪以及今后的行为倾向。人们为了有效地控制和适应环境，往往从自身的角度出发对发生于周围环境中的各种社会行为有意或无意地做出一定的解释，也就是在认知事件过程中，根据他人或自身某种特定的人格特征或某种行为特点推论出其他未知的特点，以寻求各种特点之间的因果关系，归因理论（attribution theory）应运而生。

最早研究归因理论的是学者弗里茨·海德（Fritz Heider），1958 年他在专著

《人际关系心理学》中提出了该理论。他认为一个人之所以产生这样那样的行为,其背后一定有其原因。在对引起特定行为和事件的原因进行推测的时候,一般要么将原因推测为由运气、任务难度、自然环境、他人的奖赏或惩罚等外界环境所引起(外在属性),要么推测为由行为者的动机、情绪、能力、态度等个人内在原因所引起(内在属性)。

可是在实际生活中,人们的行为往往并不是由一种因素所导致的,而常常是由多种因素共同作用所造成的。一般既有外部环境因素,也有内部主观原因。但是在某个阶段或某个特定时刻,决定行为的可能有一个主要原因。这也符合人们的一种习惯性思维:更倾向于将行为的原因归结为单个原因而非多个原因。为此,海德提出了一个著名的原则:共变原则(principle of covariation)。共变原则的含义是指如果在多数情况下某个原因和某个结果存在紧密联系,也就是说只要该原因出现,某结果就会出现;该原因未出现,则某结果也就不存在。这就说明该原因和结果之间存在着共变关系,那么我们就可以说某结果就是由该原因引起的。

在归因理论中,哈罗德·凯利(Harold H. Kelley)的三维理论影响也是比较大的。他于1967年和1972年提出了协变模型和方差分析模型,以用来对同一或相似被观察行为的多重信息进行归因的过程描述。凯利认为,人的行为原因是很复杂的,要想推断人的行为原因,应该要在类似的情境中多次观察,观察因变量如何随自变量的改变而改变,然后做出归因,即协变模型要建立在方差分析统计技术上。

凯利提出人们对归因进行研究时,应从三个维度去收集加工信息:一致性、区别性和一贯性。一致性(consensus)是指不仅是行为人,其他人也会用同样的方式对刺激来源做出反应。区别性(distinctiveness)是指行为仅仅是对特定刺激来源的反应,而不是其他刺激的反应。一贯性(consistency)是指行为是否在其他情境中也曾经常发生过。例如,班主任对某位学生发火,我们去分析原因就可以从三个维度出发收集信息。从一致性的角度来看,其他老师也对这位学生发过火(高一致性),班主任过去就对这位学生发过火(高一贯性),而且班主任只对这位学生发火(高区别性),那么我们说可以将这个行为归因于这位学生,这位学生可能经常调皮、违反学校班级规定等。低一致性、低区别性和高一贯性,则更多地归因于班主任方面,可能该班主任对这位学生有成见。但是其他的情况比如高一致性、高区别性和低一贯性则归因起来不是那么容易。有可能归因于情境因素,即可能是学生做了什么不合规矩的事情让班主任发火,也有可能是班主任心情不好,带着情绪来上班。

凯利的三维归因理论是对海德内外两类归因理论的发展。对某一特定事件判断归因要依据一致性(他人在同样情境中是否有该行为)、区别性(行为者是否随不同的对象而有不同的行为反应)、一贯性(行为者在其他场合是否也出现过这样的行为)三个方面的信息具体分析而定。凯利对人们的归因过程做了比较细致、合理的分析和解释,用科学严密的逻辑分析方法来分析归因过程,得到了很多学者的肯定和支持。在他提出三维协变理论后,有很多学者也展开了一系列研究,证实该理论结论的可行性(Zuckerman,1978;McArthur,1976)。但是,凯利的三维归因理论也遭到了一些人的批评。他们认为凯利的归因理论过于强调归因的逻辑性,因而使得该理论过于理想化,脱离了人们归因活动的实际。人们在实际生活中其实很难得到凯利所要求的全部信息。行为者以前同样情境中的行为和其他人在同样情境中的行为均很难得知。实践告诉我们,在大多情况下,人们对于周围所发生的事件,并不是通过全方位的观察,收集到足够多的信息之后才进行归因的。事实上,人们往往是利用自身的生活经验,利用已知的有限信息,根据个人的期望、需要和动机等,对行为结果快速做出归因。实际归因过程中并没有像凯利三维归因理论那样有严密的逻辑推导过程。

美国当代著名教育心理学家、认知心理学家伯纳德·韦纳(Bernard Weiner)研究的动机情绪和归因理论突破了过去归因理论的局限性,他将海德、凯利等人的归因理论和约翰·威廉·阿特金森(John William Atkinson)等人的成就动机理论有机地结合起来,发展完善了前人的归因理论。他曾发表了有关情绪动机和归因理论方面享誉世界的诸多学术文章和15本著作。他的研究成果对当代社会心理学和教育心理学等领域的发展影响巨大。为此,韦纳多次获得"卓越贡献奖"。韦纳的动机归因理论目前仍然是教育心理学和社会心理学领域的研究热点之一。

韦纳于1974年提出,人们对行为成败的原因分析可以归纳为以下六个方面:

(1) 能力高低:评估自己是否胜任所做的事情。
(2) 努力程度:个体反省、思考工作过程中是否已经尽力而为。
(3) 任务难度:凭个人经验来判断需要完成该项任务的困难程度。
(4) 运气好坏:个体自己认为事情成败是否与运气有关。
(5) 身心状态:工作过程中个体当时的身体及心理状况是否影响工作成效。
(6) 外界因素:个体认为成败因素中,还有其他事关人与事的影响因素(如他人的帮助或评分不公正等等)。

韦纳不仅提出以上六个因素是人们对成败归因的通常解释及推论,还按各因素的不同特性,将它们分为三个维度:控制点(原因来源)、稳定性和可控性。

(1) 控制点是指行为者自己认为影响其成败的因素来源。影响其成败的因素来自个人条件(内控),或者来自外在环境(外控)。从这个维度考虑,能力高低、努力程度以及身心状态三个方面属于内控因素来源,而其他几项则属于外控因素来源。

(2) 稳定性是指行为者自己认为影响其成败的因素,在性质上是否具有稳定的特点,在相类似的情境下是否具有一致性。从这个维度考虑,六个因素中能力高低与任务难度两项是比较稳定的,它不随着情境改变而变化。而其他几项则均具有不稳定性。

(3) 可控性是指行为者自己认为影响其成败的各个因素,是否可由个人意愿所决定。从这个维度考虑,六个因素中只有努力程度一项是可以受个人意愿所控制,其他五项均非个人意愿所能控制,如表 4-2 所示。

表 4-2 韦纳归因表

因素	成败归因维度					
	原因来源		稳定性		可控性	
	内部	外部	稳定	不稳定	可控	不可控
能力高低	√		√			√
努力程度	√			√	√	
任务难度		√	√			√
运气好坏		√		√		√
身心状态	√			√		√
外界因素		√		√		√

韦纳从认知心理学的角度提出"三维度六因素"成败归因理论,发展了海德的归因思想。该理论有助于人们对成败行为的原因进行深入分析。依据韦纳的观点,对成功和失败的不同归因方式,必然会对个体之后的行为倾向产生巨大影响。依据韦纳的归因思想,我们可以知道如果一个人把考试失败的原因归结于自身能力比较低下,那么在以后的考试前或考试中还会预期失败的可能,这是因为能力的高低是一个比较稳定的因素。但是,如果把考试失败的原因归结于运气不佳,那么在以后的考试前或考试中就不大可能预期失败,这是因为运气好坏

是一个不稳定的因素。另一方面,有成就需要的人常常会把取得的成就归因于自身的努力勤奋,而把行为失败归因于自身不够努力。只要努力就一定会成功,事在人为,这样就会相信自己有能力应对失败,就会增强今后努力行为的坚持性。相反,对于那些低成就需要的个体,他们常常认为成就与努力程度没多大关系。他们习惯把行为的失败归因于其他方面的因素,常常是归因于自身能力的不足,这样的话自身努力行为的坚持性也会随之降低。他们常常把成功看成是外界环境的影响。比如认为成功是由于任务本身难度不大、"天上掉馅饼"运气好、别人没投入等外界因素。运气好坏和任务难度是不稳定的外部因素,片面地将成功与失败归因于这些方面因素常常会使人产生自欺欺人或侥幸的心理,被动地等待一些机会的出现而不去主动努力奋斗,这样长期下去就很难取得比较大的进步和成就。

根据韦纳归因理论的观点,教育者在教育教学过程中应有意识地让受教育者相信自己努力与不努力是完全不相同的。当受教育者失败的时候归因于努力程度不够才不至于丧失信心,才会有动力去战胜困难,才可能积极改变不利的状况,不断地发展和完善自己。教育者的教育与培训也才会在受教育者的成就取得方面起着激励作用,我们的教育也才更有意义。

六、需要层次理论

需要(needs)是指有机体内部生理与心理的某些匮乏而产生的不平衡状态。人的需要是生理和社会的客观需求在人脑中的反映,是个体心理活动与行为的基本动力。

国内外关于需要理论的研究非常丰实,涉及哲学、心理学、社会学、经济学等诸多领域。马克思从历史唯物主义的观点来研究人的需要,对需要的相关问题进行了科学论述,他认识到个体需要和人的切身利益是密切相关的,而利益正是人的需要在社会关系中的具体呈现。马克思在其《1844年经济学哲学手稿》中,首次对需要的相关问题进行了全面论述。他提出了需要的基本概念,并对需要的层次、需要的异化、需要与人的本质等问题进行了深入探讨。他认为:其一,人的需要具有社会性。正是这种社会性把人的需要构建成一个所谓的自然体系。其二,人的需要具有变动性。人的需要体系表现为不断地由低向高发展的趋势。其三,人的需要体系以社会生产的体系为基础,并随后者的发展而变化。

亚伯拉罕·哈罗德·马斯洛(Abraham Harold Maslow,1908—1970年),是美国社会心理学家、比较心理学家,人本主义心理学(humanistic psychology)流派的主要代表人物。他于1954年出版的专著《动机与人格》一书中指出动机是人性本质中的善根。动机像一棵大树的种子,在长成大树之前,种子之内已蕴藏了将来成长为一棵大树的一切内在潜力。人的动机也就是个体自出生后促其一生成长发展的内在潜力。需要、动机、兴趣和价值观等是心理现象中的动力部分,是人格系统的重要组成部分,因而马斯洛的动机理论又被称之为人格发展理论。马斯洛将动机看作由多种不同性质的需求所组成,这就是著名的需求层次理论(need-hierarchy theory),国内学者习惯翻译成需要层次理论。需要是指有机体内部由于生理或心理上的某种匮乏而产生的不平衡状态。马斯洛最初是将需要分为五个层次:生理需要(physiological needs)、安全需要(safety needs)、爱与归属的需要(love and belonging needs)、尊重需要(esteem needs)、自我实现的需要(self-actualization needs)。

1970年版书内,又改为如下七个层次(见表4-3):

表4-3 马斯洛需要层次

需要层次 (由低到高)	英文名称	内　容
生理需要	physiological needs	维持生存及延续种族的需要
安全需要	safety needs	希望受到保护与免于遭受威胁从而获得安全的需要
爱与归属的需要	love and belonging needs	被人接纳、爱护、关注、鼓励及支持等的需要
尊重需要	esteem needs	获取并维护个人自尊心或他人自尊心的需要
求知的需要	need to know	对自己、他人、事物的变化有所了解、理解的需要
审美的需要	aesthetic needs	对美好事物欣赏并希望周围事物有秩序、有结构、顺自然、循真理等的心理需要
自我实现的需要	self-actualization needs	在精神上臻于真善美合一的人生境界的需要,即个人所有需要或理想全部实现的需要

根据马斯洛的观点,各层次需要之间不光有高低之分,而且需要有更替,人只有满足了低层次需要之后,高一层次的需求才会产生,但是也有可能出现特殊情况。比如:创造性强的人对创造驱力比任何其他需要都更为强烈;也有一些人特别看重价值观和理想,以至于他们宁愿放弃生命也不愿意丢弃它们。

马斯洛的七层次需要基本分为两大类:较低的前四层称为基本需要(basic needs),较高的后三层称为成长需要(growth needs)。基本需要有一个共同特性,均由于生理上或心理上有某些欠缺而产生,因而又称匮乏性需要(deficiency needs)。匮乏性需要处在需要层次结构中的低层,是所谓的低级需要。其中处于最底层的是生理需要,这是人的最基本的生理生存需要,包括对食物、水、空气、休息和性等的需要,是人的本能需要。生理需要是人类和动物都具有的部分。其他的基本需要依次是安全需要、爱与归属的需要和尊重需要。而成长需要则处于需要层次结构的顶层,也称高级需要。越是高级的需要,就越为人类所特有。成长需要包括求知的需要、审美的需要和自我实现的需要,其中最高级的是自我实现的需要。

在所有需要中"越是高级的需要,对于维持人类的生存就越不迫切,其满足也就越能长久地推迟,并且这种需要也就越容易永远消失"(马斯洛,1987b)[201]。但是马斯洛也指出:"高级需要与低级需要有着不同的特性,但有一点是相同的:两者都必须属于基本、天定的人的本性,它们不会异于或违背人性,它们是人性的一部分。处于高层次需要水平上的人,意味着其物质性的事物较富足,有更长的寿命、较少的疾病、更好的睡眠和胃口,而这些的实现就需要有更好的外部环境。也就是当个人的环境,诸如家庭、经济、政治和教育等环境较好的时候,个人越倾向于满足高层次的需要。"(马斯洛,1987b)[71]

高级需要"较不易被察觉,容易被误解,容易由于暗示、模仿或者错误的信念和习惯而与其他需要相混淆。能够辨清自己的需要(即知道自己真正想要什么),是一个重要的心理成就"(马斯洛,1987b)[71]。"高级需要的满足能引起更合意的主观效果,即更深刻的幸福感、宁静感以及内心生活的丰富感,这是人的迫切需要,人的精神健全有赖于这种需要的满足,这种需要存在于人们所有亲密关系以及在最宽泛的意义上被称为爱的感情的后面"(弗洛姆,2011)[23];"人对超越的需要是爱、艺术、宗教以及物质生产的根源之一";"创造的先决条件是活力与关心,人要创造,必须对所要创造的东西有爱"(弗洛姆,2011)[29];人"只有当他找到新的人类的根时,他才不再需要自然的根,只有在他找到它们之后,他在这个世界上才感到安全和自在"(弗洛姆,2011)[30];"对身份感的需要源于人类存在的状况,也是人类最强烈的追求的源泉……这种需要驱使人们竭尽全力去争取社会地位,求得与社会协调一致;有时这一需要比肉体生存的需要还要来得强烈"(弗洛姆,2011)[50-51]。弗洛姆还认为人要有对定位坐标系与信仰体系的需要,"人具有理性和想象力这一事实不仅使他有寻求自我身份感的需要,也使他感到,在这个世界上,他需要理智地确定自己的位置","能走路,会说话,仅仅是获取定位坐标系的第一步"(弗洛姆,2011)[51]。人的"理性愈发展,他的定位坐标系就愈完善,也就是说,愈接近现实。但是,即使人的定位坐标系完全是虚妄的,也满足了他对一幅他认为有意义的图画的需要。无论他信仰的是图腾动物的力量、雨神的力量,还是他所在的种族的优越性和命运,他对于定位坐标系的需要都得到了满足"(弗洛姆,2011)[51]。

第五章
高校学困生短程团体心理干预与调适方案设计及实施效果分析

从本章开始的后面几章所呈现的就是笔者这些年所做的短程和长程学困生团体心理干预与调适以及个案的干预过程和效果评估。

第一节 短程高校学困生团体心理干预与调适方案实施前准备

一、短程高校学困生团体心理干预与调适对象的选取

学困生团体心理干预与调适是行动研究,主要目的是设计帮扶高校学困生摆脱困境之行动方案并实施。高校学困生是具有发展潜能及发展需要的个体,他们是基础教育的成功者,但却是高校教育帮扶的重点对象。高校学困生学习困难的原因更多的是其内在心理调节能力较差,他们只是暂时的落后,通过特别的教育和心理干预与调适,极有可能变"学困"为"非学困"甚至"学优"的学生。他们具有与一般学生同样发展的智力和潜能,但由于在认知、动机、兴趣、性格、意志、情绪与情感等非智力因素方面存在一些不足,进入大学后在学业上陷入困境。

笔者对高校学困生的帮扶研究历时多年。高校学困生问题一直是困扰高校学生工作的大事,也是高校安全稳定的一个潜在隐患。高校学困生主要集中在理工科专业,文科专业基本没有。笔者所在高校的理工科专业学困生主要涉及6个学院,研究和干预对象也即是这6个学院的学困生。从6个学院中的4个学院各随机抽取5位学困生,另2个人数比较多的学院各随机抽取6位共32名学困生组成一个团体心理干预与调适小组。对32名学困生在正式团体心理干

预与调适前做了"再现优秀的你"问卷调查(见附录 A);每个学院随机抽取部分学困生进行访谈(团体成员访谈提纲见附录 B)。

二、短程高校学困生团体心理干预与调适方案实施时间、地点的安排

短程的团体心理干预与调适方案一共设计了四次团体活动,每周一次,每次约150分钟。团体成员共同商定一个大家都有空的时间,经过协商,最终定于2018年5月5日(周六上午8:30—11:00)开始,连续四周,其余三次时间分别是:5月12日、5月19日和5月26日。地点安排在学校心理健康教育中心团体咨询室。

三、团体规范和活动协议的订立

高校学困生心理干预与调适团体,不是随便组织起来的组织,而是一种结构性组织,在团体心理干预与调适开始之前需要订立团体规范(团体规范见附录C)。团体成员是稳定而有序的,不可以随意迟到、早退,更不可以缺席。团体领导者要特别强调这一点要求,因为如若团体成员有迟到、早退、缺席的情况将对团体造成极大破坏,团体心理干预与调适的各个阶段目标也就很难实现。因而会就这些要求在开始团体心理干预与调适之前与所有成员达成一致意见,并签订团体心理干预与调适合约书,每个团体成员都需要非常郑重地签下自己的名字(合约书见第六章第一节)。

第二节　短程高校学困生团体心理干预与调适方案设计及实施效果分析

一、短程高校学困生团体心理干预与调适方案设计

短程高校学困生团体心理干预与调适共设计了四次团体活动,着重从相互认识、自我接纳及自信心提升、情绪压力管理和学习动机激发四个主题展开。具体设计方案如表5-1所示。

表 5-1　短程高校学困生团体心理干预与调适方案设计

团体阶段	团体目标	活动主要内容	活动用品准备	团体期望效果
第一单元	① 让团体成员清楚团体的目标、意义及一些规范 ② 促进团体成员相互认识、培养亲密感、融入团体 ③ 团体活动前测问卷调查	① 每人抽写着规范的小纸条并写到海报纸上 ② 破冰活动 ③ 相识接龙 ④ "无家可归"并谈感受 ⑤ 连环自我介绍 ⑥ 爱心小天使 ⑦ 歌曲《相识》	① 一张大的海报纸 ② 写着团体规范词语的小纸条 ③ "再现优秀的你"调查问卷 ④ 一次性纸杯若干、32支笔、A4纸若干、点心、水壶等	团体氛围轻松舒适，成员心情愉快，乐于与其他成员交谈
第二单元	① 使团体成员认识自我，了解他人 ② 能够客观地评价自我、接纳自我 ③ 达到自强、自立、自信、自爱	① 量表测试 ② 互相放松练习 ③ 我的核桃 ④ 自画像 ⑤ 独特的我（长处与局限） ⑥ 优点轰炸 ⑦ 歌曲《自信》	① 自我认知量表 ② 一些生的核桃（每人一个） ③ 一次性纸杯若干、32支笔、A4纸若干、点心、水壶等	① 学会肯定自己，接纳自己，自信心明显提升 ② 勇敢面对自己的局限；客观评价他人，给予团体其他成员支持与鼓励
第三单元	① 认识情绪 ② 了解自己的压力源 ③ 合理宣泄不良情绪 ④ 保持情绪的相对稳定	① 量表测试 ② 情绪是什么 ③ 我的压力源 ④ 情绪遥控器 ⑤ 头脑风暴 ⑥ 催眠放松训练 ⑦ 歌曲《明天会更好》	① 焦虑自评量表（SAS）、抑郁自评量表（SDS） ② 情绪管理练习表 ③ 一次性纸杯若干、32支笔、A4纸若干、点心、水壶等	① 感知到自己的不良情绪及对自己的负面影响 ② 清楚自身的压力源 ③ 明白情绪与认知的关系 ④ 情绪压力管理能力得到增强
第四单元	① 了解自己的学习动机强弱 ② 澄清个人的价值观、人生观、世界观 ③ 重新制定人生目标、分目标及计划 ④ 结束团体咨询	① 量表测试 ② 成长三部曲 ③ 耶尔克斯-道德森定律 ④ 我以往的学习经验分享 ⑤ 我的墓志铭 ⑥ 我的比萨（时间管理） ⑦ 我的收获 ⑧ 歌曲《永远是朋友》《祝福》	① 匹兹堡睡眠质量指数（PSQI） ② 时间管理练习表 ③ 团体效果评估表 ④ 一次性纸杯若干、32支笔、A4纸若干、点心、水壶等	① 澄清学困生的价值观、人生观和世界观 ② 学困生的学习动机得到激发，他们的自我效能感也得到一定程度的提升 ③ 能比较好地处理离别的情绪

二、短程高校学困生团体心理干预与调适方案实施效果分析

（一）短程学困生团体心理干预与调适方案实施效果分析

笔者对学困生的团体心理干预与调适已进行了若干年，以往基本上都是一次性的。短程的团体心理干预与调适是比较完整的系列团体辅导，共设计了四次活动，团体心理干预与调适结束后通过调查、访谈等形式对团体成员进行了团体心理干预与调适效果评估，评估结果显示总体上学困生的心理状况得到了初步优化，学业也有了一些提升。

1. 在学业方面

笔者通过对一些辅导员及学困生的访谈，了解到一些原本就有改变动机的学困生的团体心理干预与调适效果比较明显。他们的学习态度有了比较大的改变，自信心也得到了比较大的提升，能够积极面对自己的困难，克服困难的意志力也变强了。整个团体成员的平均学分绩点由 1.49 上升到 2.16，有 21 位同学成绩取得了进步，顺利通过考核的学困生达到 65.63%。有个别学困生不仅改变了自己的学习困难状况，而且一跃成为学优生。

2. 在人际互动方面

因为性格、学业困难等因素的影响，很多高校学困生的人际关系也出现了一些问题。在原先的生活中，他们渐渐地和身边的同学步调变得不一致，迟到、早退、旷课现象已成家常便饭。有的学困生因为未在规定时间取得相应的学分，已经留级。他们既融不进原来班级、宿舍，也融不进后来的班级，越来越被边缘化，性格也变得越来越孤僻。因为现实中他们找不到自己的"攻击点"，他们中的很多人沉迷于网络暴力游戏中无法自拔。长期缺乏正常的同学交流，甚至个别学困生的基本交流功能出现退化。经过短程的四次团体心理干预与调适，团体成员的人际互动能力得到明显提升。令人惊讶的是原本担心会出现的冷场情况，不仅没有出现，而且一些话题出现领导者预留的时间竟然不够用的情况。因为时间的关系，领导者不得不匆匆结束了话题。短程团体心理干预与调适实施后，所有团体成员均积极参与其中，现场观察和团体心理干预与调适结束阶段的成员自我评估得出的结论是一致的。

3. 在自我认知方面

高校特别是重点高校的学困生是基础教育的学优生，他们在基础教育阶段学业成绩非常优秀，基本上都是原来学校的尖子生，平常也是学校老师表扬的榜样。中小学阶段，教育工作者评价一个学生基本上还是以学业成绩为主要指标。

因学业成绩优秀,这些学生的自信心还是比较强的。但是到了高校,面对一个全新的环境,很多学生没有了新的目标,没有及时给自己重新定位,再加上学习成绩的相对改变,他们的自我评价出现了问题。不少同学从大一开始就出现了自卑心理,对于困难不能积极应对,而是采取自我否定、逃避的心态,觉得自己就是比不上别的同学,甚至有同学怀疑自己的智商有问题。很多学生没有学会正确的归因,导致越来越缺乏努力学习的动力。

经过四次团体心理干预与调适,团体成员通过"自画像"促进了自我认识、自我觉察;通过对"独特的我"、对自己的长处与局限进行客观理性的分析,学会了肯定自己,接纳自己,勇敢面对自己的局限;通过"优点轰炸"客观评价他人,给予团体其他成员支持与鼓励。团体心理干预与调适后团体成员的自信心得到了明显提升。

4. 在情绪压力管理方面

人类在不断地认识和改造客观世界时,会产生高兴、愤怒、悲哀等一系列复杂的心理体验。我们把这种人对客观事物是否满足自己的需要而产生的态度体验及相应的行为反应叫作情绪。情绪是人对客观事物是否符合自己的需要、愿望和观点而产生的主观体验,它反映的是客观现实与主观需要的一种关系。提到情绪,我们会想到七情六欲:喜、怒、哀、惧、爱、恶、欲。其中 2/7 是快乐的情绪;5/7 是不愉快的情绪。生活中情绪的起伏与变化,一定是有原因的,是人行为或心理活动的后果。人的任何行为或心理活动的产生,均有其内在的动机或外在的诱因。根据人本主义心理学家马斯洛的需要层次理论,当人的低层次需要得到满足之后,需要满足的层次就会提高。比如当一个人获得了维持生活的职业之后,他又要求生活安全保障;有了安全保障,他还要职位升迁等等。正是由于人的需要太多,而实际生活不可能样样都得到满足,人就会有压力感,而当人的压力过大的时候,那么人的情绪自然而然就会产生。

在进入大学之后,高校学困生一开始也对大学充满积极期待,他们希望自己在大学有个好的开始,并且希望自己的才华能在大学得到充分的展示,可是很短的时间他们便受到重创。不光自己的其他方面得不到展示,就连自己一向引以为傲的学业成就也一去不复返了。他们不光是内心的自我实现需要得不到满足,就连尊重的需要和寻求爱与归属的需要也感觉得不到满足。他们感觉别人看不起他们,也融不进班级、宿舍等集体。不良的情绪应运而生,焦虑、抑郁、恐惧、神经衰弱等长期与他们相伴。有些学困生还反映觉得自己好像就要绷不住了,要崩溃了,觉得人生没有意义,产生厌世的感觉。

经过短程四次团体心理干预与调适,团体成员能感知到自己的不良情绪及其对自己产生的负面影响,他们能比较清楚地了解到自身的压力源所在。同时学困生也逐渐明白了客观事件并不是不良情绪产生的直接原因。人的情绪与个体的认知有关。当人面对同样的事件,主观上认知为没什么大不了的或者能看到积极的意义,就会产生愉快的情绪体验;而主观上认知为非常失败和不幸,则会产生不良的情绪体验,会感觉压得自己喘不上气。短程团体心理干预与调适之后,团体成员明白了认知和情绪的关系并能努力从积极的视角看待问题,情绪压力管理能力得到了增强。

(二)短程学困生团体心理干预与调适方案实施不足

短程的四次团体心理干预与调适后,团体成员取得的这些变化,说明了团体心理干预与调适是有成效的,团体心理干预与调适方式实践证明是可行的。但是短程团体心理干预与调适也反映出诸多不足。

1. 学业方面,部分学困生进步,但还有不少学困生停滞不前或略有下降

学业方面有一半多一点的学困生成绩进步了,到年底年度考核时,通过考核的同学达到65.63%,未通过考核的达到34.37%。尽管有同学进步非常明显,学年拿到学分达到68.5学分,但大部分学困生进步程度有限,所有团体心理干预与调适学困生年平均学分31.49学分,另外有7位同学基本保持原有状况,没有进步也没有倒退,还有4位同学不但没有进步,还略有下降。其中下降学生中有1位被退学。

2. 学困生的认知能力虽有提高,但还有较大提升空间

认知是指人脑通过感觉、知觉、注意、记忆、思维等形式反映客观事物的特性、联系或关系的心理过程。认知一般包括认知过程、认知策略、认知风格和元认知四个部分。瑞士心理学家让·皮亚杰(2015)则是将认知过程定义为通过原有的认知结构对刺激物进行同化、顺应而达到平衡的过程。他认为认知是一种主动积极和不断的建构过程。认知策略是指人在完成任务过程中,用什么样的策略去完成目标任务。认知风格是指人在理解、储存、转换和使用信息过程中所习惯的方式方法。元认知则是指对认知的认知,包括元认知认知、元认知体验和元认知监控。元认知过程是有意识调节自己的认知过程。

到了大学阶段,大学生的认知能力得到了一定的发展。感知觉越来越成熟,有明确的目的性、敏感性、系统性、深刻性和稳定性。思维也由形式逻辑思维向辩证逻辑思维过渡,创造性思维也得到了一些发展。但是大学生的认知能力还有待提高。他们对事物的认知往往比较简单和片面,在看似成熟的思维背后却

有很多不合逻辑和不切实际的思想。"只考虑感觉到的现象,而不去或不懂得如何透过表面现象去认识和分析事物的本质,如何横向地联系现实背景和社会实践来分析所面对的人或事物,最终影响了对事物的深层次认识。"(肖水源,2005)

经过短程四次团体心理干预与调适,团体成员的认知水平有了一些提升,但是还有很大提升空间。一个人的认知能力的提高需要一个过程,不是一朝一夕就可达到的。基础教育时过度地强调知识的传授、题海战术,应试教育的弊端直接导致学生缺乏发散思维和创新精神,学生的学习兴趣受到了打压。不少同学完全是被动学习,思考问题和解决问题的能力较差。另外,大学生从小学到中学再到大学的十多年时间基本在学校度过,对社会了解甚少,社会经验严重不足。很多大学生说,进入高校之前几乎对高校所有的专业和其他的情况一无所知,即便是知道的一些信息常常也是错误的,比如一些高中老师会告诉同学们到了大学就"解放"了,大学的学习很轻松,等等。想要根本上扭转高校学困生的认知偏差,提升他们的认知能力,需要一个比较长程的引导和教育。

3. 学困生的自信心虽有提升,但离阳光自信还有差距

笔者从高校普通大学生的调查中了解到,很多大学生的自信心在进入高校之后,有明显下降的趋势。不少大学生表达,感觉进入高校之后突然之间自信消失,强烈的自卑感涌上心头,有时甚至感觉自己一无是处。能考入"211"以上高校的学生其实都是原来中学的尖子生、佼佼者,但到了高校大部分同学就会失去这种优势。不仅如此,高校对学生的评价常常是综合素养的测评,既要看成绩,也要看文体特长、社会工作、参加各种竞赛获奖等内容,这就要求大学生要全面发展。在这个过程中,众多大学生很容易拿自己和别人比较,而常常会强烈地感受到自己的弱点。当然大部分大学生会通过各种方法,经过一段时间的自我重新定位,积极适应环境而能比较顺利度过这种危机,也就是艾里克森(Erikson)所说的"自我同一性危机"。但是也会有不少同学长期不能很好地自我定位,就像研究中的高校学困生,总是看到自己的缺陷,看不到优点,长期地否定自我。他们非常自卑,情绪低落,有的甚至已经有各种神经症,心理状况堪忧。

经过短程四次的团体心理干预与调适,团体成员的自信心得到了部分提升,他们的自卑心理明显减轻了,自信心在逐渐恢复。但是从团体心理干预与调适之后的访谈和评估中笔者也发现,团体成员普遍觉得自己的信心在增长,但是克服学业方面困难的信心还有动摇,不少同学还在怀疑自己是否一定可以最终扔掉学困生的"帽子"。

4. 人际互动方面，学困生基本上已不再孤立自己，能与团体其他成员互动，积极交流，但在团体之外的人际互动方面还有一些障碍

在团体心理干预与调适之前，因为在高校里没有很好地适应高校的学习、生活，不少学困生性格上也变得孤僻起来，不愿与他人主动交往。甚至有个别学困生的基本交际功能正在逐步退化，无法进行正常的人际沟通。而团体心理干预与调适在开始的时候就订立了团体规范，要求大家都自觉遵守，给他们营造了非常和谐的氛围。在这样良好的氛围中团体成员可以自我开放并被他人所接纳、信任。和谐的氛围促使他们以更积极地心态与同学交往。但是由于短程的团体心理干预与调适方案设计的次数只有四次，虽然在团体心理干预与调适过程中，团体成员都能积极互动，但是到了现实生活中，周围的人际交流对象、环境和团体心理干预与调适中的情况不一样，发生了诸多变化；再加上无法对团体之外其他的学生给予一定的约束，所以学困生与他们的互动还尚有困扰。学困生的人际互动能力还有待进一步加强。

5. 学困生的焦虑、抑郁等不良情绪得到缓解，但依然感觉压力过重，有情绪困扰

情绪与人的身心健康关系紧密。经常过度的不良情绪反应会导致大脑皮层及皮下中枢神经的失调，机体内分泌功能紊乱，人体免疫力下降。各种疾病也常常随之不期而遇，如肠胃道疾病、心血管疾病和癌症等。不良的情绪不仅对人的身体造成伤害，更会影响心理。过度的不良情绪体验会严重影响人的感知觉、意识、记忆和思维。当人面对刺激的时候，如不能理性对待而是失去控制，常常会做出异常行为，甚至会出现无法挽回的错误举动。短程团体心理干预与调适中的学困生基本上都常常有比较过度的不良情绪，持久的消极情绪使他们烦躁不安、兴趣减退、记忆力和思维力受阻、学习效率低下。躯体上反应是食欲下降、乏力、胸闷等。这些不良的情绪还会导致个体失眠情况的发生，长期的失眠、食欲低下又反过来导致不良情绪的升级，造成恶性循环。高校学困生中很多学生已经有比较严重的神经症（主要有焦虑症、抑郁症、恐惧症和神经衰弱）。

经过短程四次团体心理干预与调适，团体成员能感知到自己的不良情绪及其对自己产生的负面影响，清楚自身的压力源，明白情绪和认知之间的关系，情绪压力管理能力也增强了，他们的焦虑、抑郁等不良情绪得到了缓解。但是学困生依然感觉到压力过重，有超负荷的感觉，不良情绪困扰也依然存在。团体心理干预与调适过程中，大家普遍感觉沉重的、胸闷的感觉得到了一些释放，但没有彻底消除消极情绪体验。当他们生活学习中遇到阻碍的时候，消极情绪时不时

地还会反复出现。

（三）短程团体心理干预与调适方案实施后的思考

短程学困生团体心理干预与调适方案的实施效果有突出成绩，也有不足，但也充分地表明了团体心理干预与调适这种干预形式切实可行。团体心理干预与调适的成效应得到充分肯定。多年的工作实践中，笔者每年都会对全校的学困生进行统计分析，数据显示每年的学困生总数约有五六百人之多，基本上都是男生。他们中的80%以上会发展到留级，而留级之后又会有约80%以上的学生留两级，留两级的学困生中绝大部分学生最终被退学，被淘汰出大学。也就是说，如果不对学困生做一些特别的干预措施，他们中大部分学生的学习成绩会继续下滑，留级、退学会紧随其后。而通过参加短程团体心理干预与调适，学困生中大部分同学都取得了进步。尽管有几位学困生看似没进步，但其实也有进步，他们保持住原有水平，停止了下滑趋势，也反映出他们的努力是有成效的，只是要想看到这部分同学的更大进步还需要一个更长一点的过程。

通过短程学困生心理干预与调适方案的实施，学困生们的心理和行为已经发生了"解冻"，他们的自信心、认知水平、人际沟通能力、情绪压力管理能力以及学习动机均得到了提升。不仅是"解冻"，他们的很多心理和行为也发生了部分"移动"，但是因为"移动"的过程非常复杂，会遇到了各种力量的纠缠，学困生的一些心理和行为"移动"得还不够充分，需要进一步的"移动"。当然在方案实施过程中也有一些心理和行为已经得到充分的"移动"，有了良性的发展变化，但是还没有"固化"下来，就像勒温所说的要再一次"冻结"。学困生的心理干预与调适行动方案具有迭代性和探索性，因此需要不断地修正、探索，不仅要进一步创造出"流动性"，而且要使已经发生改变的心理和行为稳定下来，避免其出现"退化"现象。新的平衡需要持久性，要确保其安全，不受退化的影响。

第六章
解冻——高校学困生长程团体心理干预与调适初级阶段方案设计、实施及评估

高校学困生转化问题一直是困扰从事学生工作的一线辅导员的"老大难"问题。尽管多年来高校也加强了对这方面的研究和干预,但是收效甚微。如何解决这一难题?笔者多年来也在不断地探索和修正学困生心理干预方案。笔者几年前就已经对众多的学困生分批地进行短程的团体心理干预与调适活动,有成效,但难以持久。短程的团体心理干预与调适活动结束后大多数学困生都有一些改变,他们的自信心和学习动力等方面均有了一些提升。但是团体心理干预与调适活动一旦停止一段时间后,他们中的大多数人又"回归"到以前的那种"不成熟"状态。这也是为什么说学困生转化问题是"老大难"问题的根本所在。究其原因,就像勒温在他的著作中所提到的:"更高水平的团队绩效往往是比较短暂的,'后强心剂'团队生活很快会恢复到以前的水平。这表明将计划中的团队绩效变化的目标定义为达到一个不同的水平是远远不够的。应将新水平的持久性列入目标。"(Lewin,1947)

修正后的长程高校学困生团体心理优化方案实施依然采用团体心理干预与调适的方式,而团体心理干预与调适的目标、原则等内容则和短程的团体心理干预与调适保持不变,无须调整。但是须重新修正和调整团体心理干预与调适的具体实施方案内容。修正后的方案实施分成三个阶段,分别为初级阶段、中间阶段和结束阶段,对应勒温的三步行动模式,即解冻、移动和冻结三步行动模式。

第一节 高校学困生长程团体心理干预与调适方案实施前准备

一、高校学困生长程团体心理干预与调适对象的选取

本书研究的这所工科高校,多年前就建立了特殊同学档案库,其中就有学困生的档案库。学生处有全校的学困生具体信息,各个学院的学生辅导员那里均有自己学院学困生的详细名单。修正后的学困生团体心理干预与调适对象依然从该校理工科 6 个学院学困生档案库中选取(前期短程团体心理干预与调适的学困生除外),从 6 个学院中的 4 个学院各随机抽取 5 位学困生,另 2 个人数比较多的学院各随机抽取 6 位共 32 名学困生组成一个团体心理干预与调适小组。抽中的学困生,在团体心理干预与调适领导者说明活动目的之后,有的自愿参加团体活动,有的学困生在辅导员做了工作后答应参加,也有个别学困生因各种原因不愿意参加团体心理干预与调适活动,笔者再次抽取,进行了增补。

二、高校学困生长程团体心理干预与调适方案实施时间、地点的安排

修正后的长程学困生团体心理干预与调适方案共设计 15 次团体活动,每周一次,每次 150 分钟左右。经过与团体成员协商,时间定于每周六上午 8:30—11:00,连续 15 周,其中因中秋、国庆放假,9 月 22 日和 9 月 29 日的团体心理干预与调适活动分别改到 9 月 21 日和 29 日晚上进行。此次团体心理干预与调适活动贯穿一个学期,一直到 2019 年 1 月 5 日结束。不仅如此,本团体小组在团体心理干预与调适活动结束后依然保持着联系。团体成员每月进行一次团体聚会活动,在后续的活动中主要让所有的同学相互交流自己的生活学习情况。解冻阶段的团体心理干预与调适共设置两次,具体时间是 2018 年 9 月 15 日上午 8:30—11:00 和 9 月 21 日晚 19:00—21:30。15 次的团体心理干预与调适活动地点依然安排在学校心理健康教育中心团体咨询室。

三、团体规范和活动协议的订立

高校学困生心理干预与调适团体,是一种结构性组织,系列团体心理干预与调适时间更长,内容更丰富完整,需要团体成员们长期的投入。在团体心理干预与调适开始之前,领导者与所有团体成员逐个进行了一次正式的会谈。一方面

让成员了解团体咨询系列活动开展的具体方案和预期目标,使成员对团体心理干预与调适充满积极期待,相信自己付出得越多收获也会越多;另一方面对他们进行了相关问题的访谈(具体访谈内容见附录 B)。对于一个团体来说,团体成员的积极参与尤其重要,因此为了保证团体心理干预与调适活动的顺利开展,达到预期的心理干预与调适目标和效果,必须在团体开始之前商定团体心理干预与调适活动规范。团体成员需要郑重地承诺:不随意迟到、早退,更不会缺席。在签订协议之前,领导者要清楚地向成员阐述团体规范并与所有团体成员达成一致意见,每个人都需要慎重地签下自己的名字。具体协议如下:

<h2 style="text-align:center">"再现优秀的你"素质拓展团体活动小组合约书</h2>

请相信:投入越多,收获就越多!

理　念:

　　本团体活动是为寻求个人成长素质拓展的同学搭建一个交流和成长的平台,希望你能在团体活动中表现真正的自我。经过专业领导者的带领,通过成员相互的鼓励和支持,在团体中的每一位成员都能学会接受现实、悦纳自我,以自强、自立、自信、自爱的态度面对大学的学习和生活,用我们的坚强信念和双手为自己和同伴擎起一片晴空!

目　标:

1. 接受现实,悦纳自我。
2. 自强、自立、自信、自爱。
3. 去除不合理的信念,提升认知水平。
4. 人际沟通能力得到提升。
5. 学会情绪管理,增强压力应对能力。
6. 激发学习动机,从学习困境中走出来。
7. 增强克服困难的意志力。
8. 拥有持续的发展动力。

参　与:

　　加入团体享有获得成长的权利,同时也对每一位成员有承诺的义务。

　　一旦加入,请务必出席每一次的团体活动,团体需要你提供意见和示范。只有每位成员都积极参与,团体活动才能有效地进行。如果不能参加,请事先和领导者说明情况。一旦加入团体,团体活动时不能无故退出。

　　每位同学都要主动参与团体的活动与讨论。团体成员以坦率、真诚、信任的态度相待,不掩饰自己的真情实感。对他人的表露,提供反馈,同时坦诚地表达自己。

保　密:

对所有成员在团体中所说的话都应绝对保密,也就是说,在团体中呈现的任何信息都不能拿到团体活动之外讨论。每个成员都有隐私权,你完全可以不透露任何你不想和别人分享的内容。团体活动时有可能会拍照,这份合约也是允许你拍照作为团体留念的书面同意书。

准　时:

请大家务必准时参加,避免错过团体中重要的活动或讨论,同时也让团体因你的参与而获益。如果有特殊情况,请事先通知领导者。

时间:于____年____月____日____时开始,每周一次,每次150分钟左右,共15次。

地点:_____楼_____团体咨询室。

本人已仔细阅读并充分了解本合约的内容。本合约在领导者和本人彼此同意下亦可修正。

_____	_____	_____
成员签名	电　　话	日　　期

_____	_____	_____
领导者签名	电　　话	日　　期

第二节　解冻阶段高校学困生长程团体心理干预与调适方案设计

一、解冻阶段高校学困生团体心理干预与调适目标

解冻阶段是整个学困生长程团体心理干预与调适方案实施的首要阶段,一个好的开始对于后期整个方案的实施效果是至关重要的。在团体心理干预与调适活动开始之前,领导者需要精心准备各个环节、具体的实施方案以及预估可能

在团体心理干预与调适过程中遇到的突发情况并积极准备详细的应对措施。

经过短程的调查和访谈,笔者了解到高校学困生的心理问题较为突出。强烈的自卑感、学习动力明显不足、人际关系紧张、睡眠障碍、焦虑抑郁等不良情绪等长期与学困生为伴,严重地影响到他们正常的学习、生活。学困生心理优化的团体心理干预与调适总目标就是要让高校学困生身上的这一系列的问题得到根本解决,让他们回归到正常的学习生活轨道,成为一名充满自信、热爱学习、情绪稳定的当代大学生。

当然,高校学困生三个阶段的团体心理干预与调适目标又有不同。解冻阶段的团体心理干预与调适目标是:一方面要让团体所有成员清楚团体的整体目标、意义及一些团体心理干预与调适活动规范;另一方面要促进团体成员尽快相互认识,增进彼此之间的了解,培养成员间的亲密感,建立安全和信任的关系,从而为后面各项活动的开展奠定基础。

二、解冻阶段高校学困生团体心理干预与调适方案设计

解冻阶段高校学困生团体心理干预与调适方案见表6-1。

表6-1 解冻阶段高校学困生团体心理干预与调适方案

解冻阶段	活动目标	主要活动项目	活动用品准备	团体期望效果
第一单元 初相识	① 让团体成员清楚团体的目标、意义及一些规范 ② 促进团体成员相互认识和了解 ③ 培养亲密感,融入团体	① 团体规范订立 ② 量表测试 ③ 破冰活动 ④ 相识接龙 ⑤ 有家可归,并谈感受 ⑥ 连环自我介绍之大挑战 ⑦ 我是你的爱心天使 ⑧ 歌曲《相识》	① 一张大的海报纸 ② 写着团体规范(见附录C)词语的小纸条 ③ 症状自评量表(SCL-90)和艾森克人格问卷(EPQ) ④ 32张空白小纸条 ⑤《相识》歌词 ⑥ 播放器 ⑦ 一次性纸杯若干、32支笔、A4纸若干、点心、水壶等	① 清楚并共同遵守团体的规范 ② 成员间彼此的陌生感消失,尽快认识并熟悉起来 ③ 每位成员都能融入这个团体
第二单元 信任之旅	① 营造轻松的团体氛围,增强团体凝聚力 ② 增强人际信任感 ③ 积极地倾听并与他人沟通	① 社会支持情况调查 ② 互相放松练习与体会交流 ③ 盲人与拐杖 ④ 解开千千结 ⑤ 秘密分享 ⑥ 信任圈 ⑦ 歌曲《永远是朋友》	① 写有团体规范的海报纸 ② 社会支持系统测试问卷 ③ 眼罩16个 ④ 秘密分享表 ⑤《永远是朋友》歌词 ⑥ 播放器 ⑦ 一次性纸杯若干、32支笔、A4纸若干、点心、水壶等	① 交流团体氛围轻松舒适,成员们心情愉快,乐于与他人交谈 ② 每个人都乐于成为别人好的倾听者 ③ 成员的沟通能力得到提升,对他人的信任感提升

第三节 解冻阶段高校学困生团体心理干预与调适方案实施

一、引导语

团体心理干预与调适活动领导者的个人工作风格不同,团体心理干预与调适的引导语也会有所不同。但是总的方向应该是要大致介绍团体心理干预与调适的主要形式、内容以及所能达到的效果,激发团体成员的参与热情,引导成员积极投入团体心理干预与调适活动中。整个活动开始时的引导语举例如下:

各位同学,大家早上好!非常高兴和大家相聚在这里,我们这次的"再现优秀的你"素质拓展训练营就要正式开始了。我们将在这里一起度过15个两个半小时(始终面带微笑,语速较慢,有亲和力)。……心理学研究证明,团体对一个人的成长与发展影响非常大。当我们遇到困难和挫折的时候,有的时候我们会感觉自己的力量很薄弱,难以对抗,但是如果我们可以获得团体的其他成员的支持,我们就可能会尽快地调整好自己,这是有理论和实践依据的(可简单介绍群体动力学有关理论以及国内外实践开展情况)。团体辅导就是领导者运用群体动力学的原理,通过团体辅导使我们在开放性的团体情境中获得内在需求的满足和认知能力的提升;通过相互交流和思想的碰撞,使我们的认知、情绪情感、意志、行为等方面在团体氛围中相互影响,促使我们共同成长,并成为彼此的"社会支持力量"。作为团体领导者的我,已经做过若干场的团体辅导,效果都非常好。相信我们的团体辅导活动大家一定会很喜欢的,我们会一起进行一些有趣的活动,也会进行一些问题的探讨。在上次的会谈中我们大家都已经约定好了,我们会共同遵守一些约定,请大家相信我们付出的越多收获的就会越多!……非常好!下面请大家在前面玻璃墙贴的大海报纸上庄重地写上我们觉得非常重要的团体活动规范(前期会谈时团体成员共同商议确定的规范,事先准备好小纸条,每张上面有一条,团体规范内容见附录C),每位成员从中抽取一张,看一下你抽到的是什么,将它写到海报纸上(领导者可在成员书写过程中稍微解释一下每条规范的重要性)。好,我们现在已经将我们认为很重要和必要的规范写到了海报纸上,我们每次活动都会将它放在这儿,我们需要共同去遵守这些规范。下面我们就开始今天的解冻环节……

二、解冻阶段具体主要活动内容解释

活动一：破冰活动

目的：由于团体成员来自不同的学院和不同班级，彼此之间并不认识，再加上成员中的大多数学生平时就不太主动与其他同学沟通与交流，团体心理干预与调适尚处于开始解冻阶段。领导者会发现第一次团体活动时，成员都非常拘谨、放不开，彼此也不怎么说话，因此要尽快地让他们打破这种僵局，领导者设计了一系列的"游戏式"活动环节。

时间：约 20 分钟。

具体操作：活动开始，领导者让全体成员围成一个大圈，坐在椅子上，领导者站在中间，所有成员面向领导者。领导者演示活动的要领并让大家模仿。"同学们，现在我们想象一下，寒冷的北方有一股强冷空气一路南下，吹到了我们的校园，风很大，我们在原地都待不住了。一会儿老师说北风吹，你们就问我，吹什么？我就说，吹我们一部分拥有共同特点的同学，比如所有穿白色上衣的同学、省外的同学等等，尽可能说不一样的内容。那么具有这样特点的同学就必须离开自己现在的位置，找其他的空位，我将加入进来，因此，必将有一位成员没有座位，他就和我现在一样站在中间，按我刚才说的步骤循环下去。请大家注意安全，我们这是游戏式的活动，抢不到位置也没有关系，我们将会获得在中间展示自己的机会，而且同学们都会听从你的指挥，积极投入活动中。好的，我们现在就开始。"

这项活动可以让素不相识的陌生人很快地将紧张情绪放下，以一种放松、自然的状态快速融入团体。

活动二：相识接龙

目的：让团体成员在活跃的气氛中尽快认识并表达自己的心情。

时间：约 15 分钟。

具体操作：这项活动主要是让同学们就近和身边的同学先握手，然后相互自我介绍，介绍的内容主要包括姓名、学院和家乡所在地等，并勇敢地表达见到对方很高兴的心情。然后两人可以以"石头剪子布"的方式分出输赢，胜者作为龙头，输者作为龙尾巴，后者拉着前者的上衣后边，然后去找另一组的龙头。循环刚才的步骤。最后全体成员接成了一条大龙。领导者给龙头一个表现的机会，他可以随意做一个动作或其他，其他成员都必须去模仿他。

活动三：有家可归

目的：让团体成员体会被团体孤立和融入团体的不同心理感受，进而体会团体的重要性，增强团体的凝聚力。

时间：约20分钟。

具体操作：32位团体成员围成一个大圈，大家手拉着手，团体领导者站在中间，先介绍一下活动规则。现在是一个"大家"，一会儿领导者会要求形成"小家"，比如7个人一个"小家"、6个人一个"小家"等等。"小家"的规模会变化，可能会有成员找不到"家"，无论是找到"家"还是没有找到"家"，都可以谈谈自己的体会和感受，真实地体会回不了家、没有家依靠的感受或在家的温暖感觉。领导者特别要关注那些没有融入"小家"成员的感受，并且让成员想想身边班级其他的同学，有没有平时比较独来独往的同学，体会他们的感受。领导者会多次变换"小家"的人数，让所有成员都有机会重新融入团体，感受有家的感觉。这项活动过程中，可能会出现一些特殊的状况，比如原来7个人一个"小家"要变成6个人一个"小家"的时候，会有人主动退出原来的"小家"，而由6个人"小家"变成7个人"小家"的时候，有的"小家"所有成员坚决不离开，从别的"小家"去拉人，有的"小家"里的成员会主动离开自己的"小家"去成全别的"小家"。作为领导者，要注意合理解释，不可批评，应从积极的视角去解释，并提醒成员体会活动中和真实情境中可能的区别。

活动四：连环自我介绍之大挑战

目的：用最短的时间了解团体成员更多的信息，进一步熟悉彼此。

时间：20分钟。

具体操作：上一个项目"有家可归"变换到最后的时候，领导者要求8个人一组，一共4个小组。每个小组的8位成员围成圈坐在椅子上，尽量靠拢。领导者介绍"连环自我介绍"的规则。每组第一个介绍的成员可以由小组推选，然后可以按顺时针或逆时针顺序进行，也可以以"石头剪子布"的方式让最终胜利者第一个介绍。每个人介绍的内容包括四个方面的信息：姓名、学院、来自什么地方、自己的性格特征和爱好。但是第一个人说过之后，第二个人要复述完第一个人的所有信息后再说自己的四个方面的信息，第三个人则要说前两个人的信息后再介绍自己的信息……第八个人要说前七个人的信息后才说自己的信息。在连环自我介绍过程中，领导者要强调：付出越多，收获也会越多。在活动过程中，小组所有成员都非常集中注意力，当别人介绍遇到困难的时候，成员也会相互协助。每个人都会不断地重复别人的信息。这样就可以用很短的时间了解成员更多的信息,进一步熟悉彼此。

活动五:我是你的爱心天使

目的: 让每个团体成员都被关怀与呵护,体会到爱与被爱的感觉,培养爱的品质。

时间: 10分钟。

具体操作: 在第一次活动的过程中,为了让每个成员体会被关怀和呵护的感觉,设计了这样一个内容:每一位成员都会有自己的爱心天使,但是并没有明说,要求成员们注意保密,等到第15次活动的时候再揭晓结果。这样可以培养他们的觉察能力,让他们体会爱与被爱的感觉,培养爱的品质(加入名人关于爱的品质培养的重要论述)。领导者须事先准备32张空白小纸条,让所有成员写上自己的名字,然后折叠起来,放在自己小组的中间地面上。将纸条打乱,然后每位成员从中抽取一张,小心地看一下自己抽到的是谁的名字,不动声色地将纸条放入自己衣袋里,带回宿舍存放好。如果抽到的是别的同学的名字,那么在以后的活动中,就要给予对方更大的支持,从小的细节方面给予对方一定的关注,但是不能太明显,不能让对方一眼就能看出。只有敏锐地观察、体会才会最终清楚自己的爱心天使是谁。如果抽取到的是自己的名字,那么今后的生活中就要对自己更加好一点,关爱自己,激励自己,为自己的进步而喝彩。

活动六:盲人与拐杖

目的: 让团体成员体会无助和助人的感觉,增强人际信任度。

时间: 约60分钟。

具体操作: 领导者要事先安排好路线,并请两位助理协助整个活动过程。设置的路线是从楼上的团体咨询室下楼到外面的区域,尽量设置一些障碍。团体成员两两配对,一个人扮演"盲人",戴上眼罩,一个是帮助"盲人"的"拐杖"。全程两个人都不可以交流,但是可以有各种动作。按照事先规划好的路线两人合作完成。盲行完成后,两两先交流自己活动的体会,然后领导者可以让部分同学代表在整个团体里发言,领导者给予支持与评述。之后让他们交换角色,"盲人"成为"拐杖","拐杖"成为"盲人",再走一遍之前的线路。活动结束后再两两交流两个角色的不同体会,并再一次选出代表成员在大团体中发言。领导者要进行归纳小结。

活动七：解开千千结

目的：激起团体成员的好奇心，让团体成员积极投入地去解决问题并体会解决问题后愉悦的心情。

时间：约20分钟。

具体操作：在8人小组里，所有成员围成圈，彼此手拉手，领导者强调他们要准确地记住自己左右手的同学分别是谁，不可以有任何的失误。然后让小组成员往不同方向随意走动，但不要分散太开。领导者叫停的时候，所有人保持原有姿势不动，然后找刚才开始时的左右手的同学，手拉手后会形成很多"结"，团体成员要积极开动脑筋将此"结"打开，所有成员的手不能中途松开。人越多，难度越大。8人小组一般可以比较容易解开"结"，这时领导者让两个8人小组合并，再重复之前的步骤。每个人都非常投入，当他们解开"结"的时候，会发出愉悦的欢呼声。领导者再一次增加挑战难度，让全体32位成员一起去做。尽管难度很大，但是经过全体成员同心协力的努力，最终他们成功地解开了复杂的"结"。在这个活动过程中，经常会出现个别学生将左右手的同学搞错的情况，这样就解不开"结"。领导者在总结的时候，可以说："同学们，生活中我们也会遇到很多结，就像这个活动带给我们的感受一样，无论有多少结，缠绕得多么复杂，只要我们有耐心，方法对，积极去面对，一定可以解开这个结。"

活动八：信任圈

目的：培养团体成员自身的责任意识，促进合作，建立人际信任感。

时间：约20分钟。

具体操作：以8人小组为单位，大家围成圈站好，成员中的一位同学站在圈的中间，其余7人手拉手或胳膊挽胳膊，尽量扣紧。中间成员闭上眼睛，放心大胆地倒向一方，而7人围成的坚固圈给予他绝对的安全保护。中间成员可以多次倒向不同的方向，团体其他成员均能给予保护，这使得中间成员慢慢放松下来，体验这种变化给人的感受。然后再换小组其他成员以同样的方法去体验。直到小组每个成员都完成这项活动。

这项活动能够充分培养成员自身的责任意识——要对每个成员负责，而且是团体7位成员一起形成保护圈；同时可以让成员感受到团体的力量之大，增强团体的凝聚力。中间的成员刚开始会比较紧张，不太敢直接倒向保护圈，但随着不断地被安全接住，逐渐放松下来，人际信任感得到增强。

三、解冻阶段主要技术及举例

在团体心理干预与调适的解冻阶段,因为团体成员都还比较陌生,有更多的紧张情绪,所以在方案的设计上多以带有游戏特征的活动为主,目的是让所有成员在尽量短的时间里尽快熟悉起来,彼此接纳,从而使团体的凝聚力得到提升。每位成员都乐于成为别人好的倾听者,成员的沟通能力和对他人的信任感得到明显提升。每位成员都愿意去表达自己的心情,他们在表达的时候,别的成员都在支持性地倾听并给予积极的回应。这些活动的顺利进行将为移动阶段的方案实施奠定坚实的基础。为达此目的,领导者在解冻阶段主要采用的技术有:

(一)建立关系技术

团体领导者和团体成员之间的关系建立在整个团体心理干预与调适中的意义非常重要,是团体心理干预与调适活动顺利开展的前提条件。团体领导者在团体心理干预与调适中始终起着组织与指导的核心作用。在团体心理干预与调适活动的开始阶段,团体的领导者应着力建立起与团体成员相互信任、相互理解、相互接纳的良好关系。

为了建立良好的关系,领导者应做到以下五个方面:第一,领导者要无条件地尊重所有成员。无论成员积极、正确的方面还是消极、错误的方面,都要无条件接纳;领导者不可高高在上,和团体所有成员都应是平等的关系;领导者对团体成员要有礼貌;领导者要相信团体成员有改变自己的主观愿望;领导者要保护好团体成员的隐私;领导者还要真诚地对待每一位成员。第二,领导者对待团体成员要热情。领导者可以通过语言和非语言的行为去表达对团体成员的热情和关心;要认真、耐心地倾听成员的倾诉,坚决做到不批评指责;领导者应认真、热情地帮助成员们去积极表达;当成员在团体心理干预与调适过程中遇到阻碍、困扰的时候要更加有耐心,要心平气和、不厌其烦地帮助成员顺利进行下去。第三,领导者需要真诚地对待团体成员。当然真诚不代表完全实话实说,表达真诚要适度,不能过度;不能脱离实际,也不能为表达真诚,随意宣泄自己的情绪;不光语言上要表达出真诚,在非语言上,比如身体姿态、目光、眼神、语气语调等方面也要表达出真诚。第四,领导者要与团体成员共情。领导者要从团体成员的视角而不是自己的视角去看待他们的问题;领导者应设身处地地体会成员的感受;共情不是对团体所有成员都一样,要因人而异、因事而异、因情境而异;共情要适度,要把握好时机;领导者要善于使用非语言来表达共情;另外还要注意成员的一些个性特征等方面。第五,领导者要积极关注所有成员。领导者既要关注到团体成员的消极、负性的一面,更要关注成员的积极、正性的一面,不断地发现成员的闪光点并予以强化;领导者既要关注到在团体里积极、活跃的成员,也要关注到那些比较沉默、内敛的成员;领导者不仅要积极关注团体成员,而且还要引导团体成员自己积极关注自己。

举例:在"有家可归"的活动中,"小家"的人数在不断地变化。这期间就会有成员由于各种原因"无家可归"。领导者可以说:"这两位同学,请说一下是什么原因使你们到了'小家'外面了呢?"(面带微笑,语气听上去非常亲切、自然,眼神柔和地看着他们)其中一位成员说自己动作慢了,而另一位成员说:"老师,我是主动从原来的'小家'出来的,我想总得有人落单,我可以成全他们。"领导者可以说:"同学们,我们先给这两位同学掌声好吗?因为两位同学成全了我们5个完整的'小家'。我们每个人的气质和性格会有所不同,有的人动作会快一些,有的人动作会慢一些,没有好坏之分哟!各有优缺点!这个活动中,慢了一步,'无家可归'了,但是生活中慢有慢的好处,这就是我们的一个独特的特点(强调一下慢有慢的好处,以免因动作慢而没有进入'小家'的同学情绪低落)。另一位同学主动离开自己的'小家',我们每个人的想法都有合理性。我们在大一第一学期的时候学过马斯洛的需要层次理论,我们知道我们每个人都有寻求爱与归属的基本需要,我们会积极寻求自己的'小家',这位同学也想融入'小家',但是我们的规则却有人要被排除在外。在这种情况下,他选择了主动离开,我们所有同学都要谢谢他们俩。当然,现在他们还有机会重新融入'小家'。"

(二)分组技术

在团体心理干预与调适活动中,分组的技术非常重要。在确定团体成员的总数时,团体领导者并不是随意确定总人数的,而是在充分考虑后面的分组以及活动场所、团体心理干预与调适需要等众多因素的情况下确定的。本次团体最终确定了32名成员,团体领导者考虑到后面活动的开展,需要将团体成员分成4个小组,而每个小组以8人为宜。一般团体的分组,每个小组6~8人为佳,组数最好是双数,这样有利于接下来的一系列活动的顺利开展。领导者如若没有重视分组技术的问题,随意分组就可能会给团体心理干预与调适的效果带来较大的负面影响。

举例:在"解开千千结"的活动中,先是在8人小组内解开复杂的"结",开始非常容易就可以解开,为了增强成员克服困难、解决问题的能力,领导者让两两小组组合,16人一组,再去解开"结",这时成员的兴奋度明显提高,每个成员都在积极想着解决问题,跃跃欲试,专注而充满活力;接着16人两组又可以组合成

32人大组,当大组的"千千结"解开的时候,所有成员的成就感剧增,他们体会到的是通过努力、共同协作而解开复杂问题的愉悦心情。如果不是分成了4个小组,而是单数组,则会出现当别的组在活动的时候,有小组落单的情况,团体成员参与活动的积极性就会大打折扣,现场也容易出现混乱,同时领导者的引领难度也会增加。

(三)解释技术

团体成员的思想、情感和行为都会有自己的特点,成员往往在评价自己或他人的时候,会带上自己主观的认知。当团体成员出现了一些抽象、复杂的心理现象或行为时,领导者需要运用自身的心理学专业知识和工作经验来作合理而有益的解释,引导成员们用一个全新的视角来理解自己及他人的心理和行为。解释技术对领导者的要求比较高,它要求领导者既要有坚实的理论功底,又要有实践经验。要在团体活动中结合实践经验灵活地运用各种心理学理论,而不是死搬硬套去解释问题。解释的时候要注意对象的文化水平、性格特征等,要因人而异,不可千篇一律。领导者还要注意的是不能将解释的内容强加给团体成员。

举例:互相放松练习中,团体领导者让所有32名成员围成一个圈,尽量向内收缩,然后全体先向右转,所有成员都用自己的双手去拍前面成员的后背和两个胳膊,手掌稍握成空心,帮助前面的成员放松身体,然后再向后转,同样再按刚才的步骤去放松。领导者事先可以邀请一位成员做演示。相互放松后,领导者请成员谈谈体会。成员通常会说自己感觉身体很舒适、放松,心情也很快乐之类的体会。领导者会进一步解释活动的意义。"同学们,你们刚才注意到了吗?我们每个人都在为别人付出,为他人放松,而我们自己也在收获着别人的付出,我们付出的同时也会有很多的收获。"这时候有同学说:"老师,可是生活中有的时候付出不一定有回报哟!"领导者可以这样应答:"这位同学的疑虑可能不少同学也会有,在平时的生活中可能看上去有时我们的付出不一定能得到及时的回报,但是我们大家要相信一定会有收获的。只不过我们有时得到的是适时受益,有时得到的是延迟受益。而且我们能帮助别人证明我们是有价值的,我们是有能量的,我们自己就是最大的受益者。因为我们每一个人都会有寻求爱与归属的基本需要(简单介绍马斯洛的需要层次理论),我们如若是别人的社会支持系统里面的重要力量,我们将会非常快乐而觉得自己有价值。"

(四)阻止技术

团体中的每个成员都是不同的,在团体活动中,难免会出现个别成员的一些不当的行为或言论,那么团体活动的领导者,就需要适时地阻止部分成员的不当行为或言论,但是一定注意语气要比较温和,不可生硬或带有丝毫不良情绪。

举例:在相互放松的环节中,有个别成员突然非常兴奋,在拍前面同学的时候,过于用力,让对方有疼痛的感觉,这时领导者要适时制止,请同学们注意力道要合适,以达到最佳的放松效果。再如,在"连环自我介绍之大挑战"活动中,有个别同学没有按照领导者要求的程序进行介绍,或者漏掉一些信息,领导者要全程高度关注4个小组的进展情况,并加以调整。

(五)保护技术

团体活动成员来自各个学院,彼此并不熟悉,甚至根本不相识。因此,在解冻阶段团体心理干预与调适活动刚开始的时候,尽管共同约定了一些团体活动规范——成员要真诚、信任彼此,但是成员间的信任感还不是很强。领导者不能让成员去进行不必要的心理冒险,要及时地觉察到团体成员间可能潜在的安全性问题,并适时予以保护。

举例:在"盲人和拐杖"的活动中,一般扮演盲人的成员在刚开始的时候会比较紧张,不太敢迈步,但是随着活动的顺利展开,"盲人"成员的紧张感会大大减轻,越来越相信自己的"拐杖"会保护好自己。但是也有个别"盲人"成员一直不太信任自己的"拐杖"。为什么会这样?往往是和成员个人童年的成长经历有关。有些成员会自然地说出过去的一些经历,但是也有个别成员因涉及个人的一些创伤性事件,不愿让他人知道自己的隐私。不过在团体活动过程中团体其他成员往往会比较好奇他人的过往,这时领导者一定要适时地制止其他成员的提问,保护好这样的团体成员。

(六)角色扮演技术

角色扮演技术是常用的社会心理学技术,最初是由精神病学者莫雷诺提出的。当初的目的是运用角色表演的方法,发现来访者的问题,找到症结所在,进而来治疗病人。现在此种技术得到了广泛的运用,经常用于人际关系培训或一些心理咨询、治疗中。目的是化解矛盾和冲突,增进对他人的理解,学会换位思考问题。

举例:解冻阶段的"盲人和拐杖"活动就是一种角色扮演技术的应用。"助人者"和"受助者"的内心体会往往是有较大差异的。"助人者"要体会"受助者"的心理,"受助者"也要体会"助人者"的内心。这种角色扮演技术应用让团体所有成员都体会到了无助和助人的不同感觉,从而增强了人与人之间的信任感。

四、解冻阶段特殊情况的处理

解冻阶段是学困生团体心理干预与调适活动的开始阶段,设计的方案内容以游戏式活动为主,还没有涉及很多的讨论话题,因而呈现的问题并不多。但是也会有一些问题出现,领导者要敏锐地发现问题并加以解决。

(一)对于游离在团体之外的成员如何处理

团体32位成员刚开始彼此之间基本上都很陌生,成员各自的性格特征、行为习惯等方面差异也较大,参加团体活动的意愿程度也有所不同,因此在团体活动刚开始的时候会出现个别学生游离在团体之外的现象。个别成员好像是局外人,参加活动的热情不高。

领导者要分析具体原因是什么。如果是因为性格内向、不善言谈,领导者就要多给他们一些机会,鼓励他们发言,并且给予支持性倾听。如果是因为不太愿意参加活动,那么领导者就要分别与其谈心,对他们要有一定的期待,并说明他们对团体的重要性,以帮助其尽快融入团体。

(二)对于有攻击性的成员如何处理

一些成员在某些团体活动中会出现攻击性的行为或言语。比如在"盲人与拐杖"活动中,有的两人配合非常默契,较顺利完成整个行程。但是有的扮演盲人的成员由于缺乏安全感,速度非常缓慢,不愿挪步。作为"拐杖"的个别成员会拖拽着对方前行,结果使得"盲人"成员非常抵触,更加不信任对方。还出现因有个别成员不理解对方而说出责备语言等的情况。

领导者要分析了解团体成员出现攻击性行为或语言的具体原因。如果在活动过程中发现了问题,可用手势、眼神等阻止这样的行为。如果是在谈体会的时候发现有不当言语,可以及时地进行制止,并注意缓和气氛,让双方都能体谅对方、理解对方的行为。

(三)对于表现欲强的成员如何处理

在团体活动中,有的成员比较内敛,不善言谈,但也会有成员过于活跃,总喜欢抢别人的话题,随便插话、打断别人的发言。这样的行为往往会引起别的成员的反感,对于团体目标的达成也是一种阻碍和破坏。

团体领导者,要及时地发现并加以有效处理。比如提醒大家所有成员机会是均等的,让过于活跃的同学注意一下时间,也可以让其他同学先发言。但是注意态度要温和,不要批评成员。领导者可以这样说:"同学们,刚才这位同学非常踊跃地发表了自己的见解,我们大家给他掌声,好吗?现在我们其他成员可以继续发表一下自己的看法,人人都有机会哟!"

(四) 对于团体领导者既是领导者,又是参与者,但不是所有活动都能参与其中如何处理

在解冻阶段的活动中,有不少活动领导者可以参与其中,比如"破冰活动""相识接龙""有家可归""解开千千结"等活动及放松环节。领导者参与到具体活动中可以尽快和团体成员建立和谐信任的关系,有利于团体活动的顺利进行,并最终达成既定目标。但是由于团体人数比较多,有些活动是分成四个小组进行的,领导者这时只能选择其中一组,成为参与者。比如"连环自我介绍之大挑战"活动中,如果领导者参与其中一组,那么其他三组的情况观察方面就会受到影响。这时领导者可以安排助理注意观察,活动结束后可以与助理进行交流,了解整个情况。这项活动时间比较长,领导者为了能与成员尽快建立良好的关系,最好不要游离在外,应积极参与其中一组。

第四节 解冻阶段量表测试

一、SCL‐90 测试

症状自评量表(SCL‐90,见附录 D)是目前国内外使用比较多的心理健康测试量表。量表的最初编制者是莱纳得·德若伽提斯(Leonard R. Derogatis),1983 年,我国一些心理学工作者在此基础上进行了改编,形成了现在的 SCL‐90 量表。此量表适用于具有中等以上文化程度的心理健康受测者。该量表一共有 90 道题,完成时间一般在半小时以内。量表内部一致性与重测信度均比较高,每个维度均超过 77。量表中隐含着 9 个因子,即躯体化、强迫、人际关系敏感、抑郁、焦虑、敌对、恐怖、偏执和精神病性。在评分规则方面,一般采用 5 级评分制,即 1~5 分,大于等于 2 分的项目为阳性项目。该量表主要用于评定一个人是否具有某种心理问题及严重程度,它是目前我国筛查群体心理卫生状况最常用的量表之一。

在正式团体活动之前对 32 名学困生进行心理健康状况测试,数据收集上来后用 SPSS 21.0 软件进行统计分析,并将结果与全国 1 388 名正常人的常模数据进行比较。学困生 SCL‐90 的 9 个因子数据与常模都有显著的差异。具体的数据统计分析结果如表 6-2 所示。

表6-2　学困生心理健康状况与全国常模比较（$\bar{x}\pm s$）

	人数	因子				
		躯体化	强迫	人际关系敏感	抑郁	焦虑
学困生	32	2.47±0.53	2.31±0.64	2.56±0.43	2.29±0.61	3.02±0.57
全国常模	1 388	1.37±0.48	1.62±0.58	1.65±0.51	1.50±0.59	1.39±0.43
t 值		11.57	6.01	11.79	7.21	15.93
P 值		<0.001	<0.001	<0.001	<0.001	<0.001
	人数	因子				
		敌对	恐怖	偏执	精神病性	阳性项目数
学困生	32	1.95±0.50	1.97±0.41	2.22±0.51	1.98±0.44	51.44±20.75
全国常模	1 388	1.48±0.56	1.23±0.41	1.43±0.57	1.29±0.42	24.92±18.41
t 值		5.23	10.05	8.08	8.74	7.19
P 值		<0.001	<0.001	<0.001	<0.001	<0.001

二、艾森克人格问卷（EPQ）测试

艾森克人格问卷（Eysenck Personality Questionnaire，简称"EPQ"，见附录E）由英国伦敦大学心理系和精神病学研究所汉斯·艾森克（Hans J. Eysenck）教授及其夫人编制并不断修订，于1975年正式命名。EPQ分为成人和儿童两套问卷，包括精神质（P）、内外向（E）、神经质（N）和说谎（L）4个维度。EPQ成人问卷用于调查16岁以上年龄的成人个性类型。每个项目答"是"或"不是"，按规定有的题目答"是"记"1"分，答"不是"记"0"分，有的题目答"不是"记"1"分，答"是"记"0"分。先算出初分，然后换算出标准T分。按标准差的面积分布，M±0.67SD所占面积约占全部的50%，M±1.15SD约占全部的75%，因而规定各量表的T分在43.3~56.7分之间为中间型；T分在38.5~43.3分或56.7~61.5分之间为倾向型；T分在38.5分之下和61.5分之上为典型型。对高校学困生的测试主要关注E和N 2个维度。

对32位学困生测试出的结果进行统计分析发现，有不少学生的人格是典型的内向型或倾向内向型，而且很多学困生的情绪属于不稳定型。他们的具体EPQ测试E与N关系图如图6-1所示。

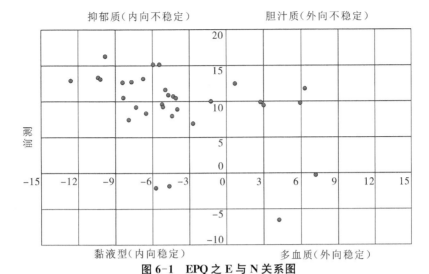

图 6-1　EPQ 之 E 与 N 关系图

说明：图中圆点坐标实际数值为(50,50)，用实际数据减去 50 来建立坐标系。

三、社会支持系统练习

本练习的目的是了解高校学困生的社会支持系统情况。社会实践经验告诉我们，一个人在生活学习中常会遇到困难或挫折，这是非常正常的事情，但是当这种时刻来临的时候，有不少同学却没有倾诉的对象，没有完备的社会支持系统。一个完备的社会支持系统，将极大地有利于当事人不良状态的快速恢复。本练习要求每一位同学写出自己现实生活中遇到困难挫折、心情不好的时候会求助什么人(具体到每个个体)。求助的对象越多，结构越合理，说明当事人的社会支持系统越完备。

32 名学困生社会支持系统练习中反映出的问题比较明显。其中有三分之一的学生反映自己遇到问题，都是自己消化，从不会向任何人倾诉。比较理想的结果是能写出 5 个以上的求助对象，并且是可以经常联系的对象。结果显示比较理想的只有不到 5 人，不少同学只写了一两个。具体数据见表 6-3。

表 6-3　社会支持情况统计　　　　　　　　　　　　　　单位：人

社会支持人数	0	1	2	3	4	5
填写人数	11	4	7	6	2	2

第五节 解冻阶段高校学困生团体心理干预与调适效果评估

一、团体领导者自评

高校学困生团体心理干预与调适每次活动结束后,领导者需要对本次活动的状况进行评估,总结得失,以便于在后面的团体活动中优化方案及实施环节。评估包括对自己领导团体活动能力的评估,也包括对团体活动过程状况及团体成员参与情况的评估。具体解冻阶段的团体领导者评估问卷如表6-4所示。

表6-4 团体领导者解冻阶段团体活动评估表

1. 我的领导风格是:(1)民主式 (2)权威式 (3)放任式 (4)其他
2. 我是否严格执行了自己的团体活动计划?(1)完全执行 (2)基本执行 (3)部分执行 (2)未严格执行
3. 我能驾驭整个团体活动吗?(1)完全可以 (2)基本可以 (3)较难驾驭 (4)很难驾驭
4. 我对本次团体活动的满意度如何?(1)很满意 (2)比较满意 (3)不太满意 (4)很不满意
5. 团体心理干预与调适活动的气氛融洽吗?(1)非常融洽 (2)比较融洽 (3)不太融洽 (4)非常不融洽
6. 团体成员参与活动情况:(1)全体积极参与 (2)全体较积极参与 (3)大多数参与 (4)少部分成员参与
7. 对于团体活动中出现的未曾计划和预期到的事情我能快速应对吗?(1)完全可以 (2)基本可以 (3)比较困难 (4)很困难
8. 团体的阶段目标达成情况:(1)完全达成预期目标 (2)完成大部分目标 (3)完成小部分目标 (4)未完成目标
9. 本次团体活动有哪些不足:
_____

解冻阶段两个单元的团体心理干预与调适结束后,领导者对自己的整个领导活动过程进行了简单评估。领导风格主要是民主式的,也兼具了一点权威式。采用民主式的风格,可以创设一种和谐温暖的氛围,尽快地建立起信任的关系,可以尽快地让团体成员由拘谨、紧张、放不开解冻为放松、相互接纳、彼此信任,促使团体凝聚力增强,进而有助于团体活动的顺利开展。但是光有民主不够,在某些环节领导者也需一些权威式风格,这样可以对团体成员起到一定的心理暗示作用,使得团体成员更加敬畏并信服团体会对自己有帮助,更加乐于参加长程的团体活动。解冻阶段完全执行了事先制订的团体心理干预与调适活动计划,领导者对自己领导的整个活动过程是基本满意的,认为是完全可以驾驭的。能达到这样的效果主要是因为领导者在此之前已经做过十几年的短程团体咨询活动,积累了许多经验,对于解冻阶段的活动已经驾轻就熟。解冻阶段团体心理干预与调适氛围是非常融洽的。游戏式活动不光能吸引孩子,对于年轻人同样具有吸引力,团体成员很快便能积极投入到活动中。解冻阶段可能出现的情况基本上在领导者之前的很多次团体咨询中曾出现过,领导者完全可以快速做出反应。

解冻阶段的团体心理干预与调适不足主要体现在:团体成员人数比较多,团体领导者在特定的时间、空间里要观察到所有的细节是有难度的。如果驾驭一个 8 人左右的小组会更加得心应手。作为团体心理干预与调适方案的设计者,团体领导者需慎重考虑样本的选择,同时还要考虑到收益面的问题,要利益最大化,平衡各方面因素。在解冻阶段有些活动人数多一点影响不大,但有个别活动会导致观察成员方面略显不足。领导者也尽量弥补不足,安排了两位助理帮助观察成员。只有达到这些要求,团体活动才能比较好地进行下去。如若团体领导者自我评估的结果不理想,对他后面带团体的自信心将会产生较大影响,同时也影响团体活动的最终效果。

二、团体成员评估

团体成员对团体解冻阶段活动的评估尤为重要,因为他们是整个团体活动的对象,他们的评估对后面的移动和冻结阶段的团体活动的顺利开展起着至关重要的作用。具体评估问题如表 6-5 所示。

团体成员的评估总的来说是基本肯定的。他们非常喜欢这样的方式,除个别成员之外,他们对领导者是非常满意的,且认为领导者安排的活动非常合理。在这个团体里他们比较放松,很安全,所以也更愿意和其他同学沟通交流。全体成员都非常愿意继续下一阶段的团体活动。32 位同学中有 31 位成员提的建议都是期待下一阶段能带给自己更大的收获的相关内容,只有 1 位成员提到要对所有成员再强调一些规范。成员的具体评估数据如表 6-6 所示。

表 6-5　团体成员解冻阶段团体活动评估表

1. 你喜欢团体活动的方式吗？(1)非常喜欢　(2)比较喜欢　(3)不太喜欢　(4)很不喜欢
2. 你能很快投入团体氛围吗？(1)很快　(2)比较快　(3)较难　(4)很难
3. 你对团体领导者的满意度如何？(1)很满意　(2)比较满意　(3)不太满意　(4)很不满意
4. 你认为团体活动内容安排得合理吗？(1)非常合理　(2)比较合理　(3)不太合理　(4)很不合理
5. 你感觉团体给你的安全感如何？(1)很安全　(2)比较安全　(3)不太安全　(4)很不安全
6. 你愿意和其他同学沟通吗？(1)非常愿意　(2)比较愿意　(3)不太愿意　(4)很不愿意
7. 你继续参加下一阶段团体活动的意愿如何？(1)非常愿意　(2)比较愿意　(3)不太愿意　(4)很不愿意
8. 对于团体活动你还有什么建议？

表 6-6　解冻阶段团体成员评估结果

题号	选项			
	(1)	(2)	(3)	(4)
1	31人	1人	0人	0人
2	25人	7人	0人	0人
3	31人	1人	0人	0人
4	29人	3人	0人	0人
5	29人	2人	1人	0人
6	31人	1人	0人	0人
7	31人	1人	0人	0人
8	期待下一阶段能带给自己更大的收获，一位成员提到要对所有成员再强调一些规范			

三、团体观察员评估

为了更加客观地反映团体活动过程的具体情形，团体活动过程中须安排两名助手。一方面两名助手能帮助团体领导者做一些辅助性的工作,比如准备一些物品,收发测试量表、纸笔等工作;另一方面两名助手又是整个活动的观察员,对团体活动现场的状况进行观察记录。担任助手的观察员可以是心理协会会员或心理中心有相关心理知识背景的助理。解冻阶段现场团体观察员评估表如表6-7所示。

表6-7 解冻阶段现场团体观察员评估表

请不要有任何声音或随意走动,以免干扰团体成员。请仔细观察团体活动现场的整个过程,然后在本反馈表的对应选项上打"√"。请认真填写第6项内容。

1. 团体领导者的领导方式是:(1)民主式 (2)权威式 (3)放任式 (4)其他
2. 领导过程的效果:(1)优良 (2)一般 (3)较差 (4)极差
3. 成员参与咨询活动情况:(1)全体积极参与 (2)全体较积极参与 (3)大多数参与 (4)少部分成员参与
4. 团体的阶段目标达成情况:(1)完全达成预期目标 (2)完成大部分目标 (3)完成小部分目标 (4)未完成目标
5. 团体进程中的活动状况如何?请在相应的表格内打"√"。

时间段	状况					
	杂乱无章	嘻嘻哈哈	气氛沉闷	表现一般	整个进程有序	发言踊跃
活动前10分钟						
1小时左右						
结束前10分钟						

6. 小组成员在本次活动中的具体表现情况(包括发言情况、面部表情、身体姿态、其他同学的反应等):

两位助理观察员均认为团体领导者的领导方式是民主式的,其中一位助理观察员认为领导者有些时候也采用权威的领导方式;两位助理观察员均认为领导过程的效果"优良";全体成员都能积极参与团体活动;完全达成预期的团体阶段目标;两位助理观察员认为第一次的团体活动刚开始10分钟是"气氛沉闷"和"表现一般"的,但紧接着之后就是"整个进程有序"和"发言踊跃"的,第二次团体活动的整个过程都是"整个进程有序"和"发言踊跃"的。

在记录活动中的具体情况方面,第一次的团体活动中,一位助理观察员观察内容是:"在'破冰活动'中,当×××站在中间的时候,他的脸部包括耳朵瞬时全红了,口吃了,但是其他同学表现很自然,没有取笑他,很快这位同学就放松下来了;在连环自我介绍活动中,小组成员围成的圈越来越小,彼此距离越来越近,成员表情越来越放松,也越来越投入。"另一位助理观察员写道:"无论现场什么情况,老师都从容不迫,且能完全化解同学们的所有状况;老师分析的时候,所有成员都在认真地听,并伴有点头、赞许的表情;在'有家可归'的活动中,当×××、×××和×××三位同学'无家可归'的时候,神情特别沮丧,但是老师说还有机会,当他们再次回到小组里面的时候,显得特别开心,而且积极地谈前后的体会之不同。"在第二次团体活动过程中,第一位助理观察员写道:"做背部放松,×××在为前面同学放松的时候,过于用力并嘻嘻哈哈,前面同学表情略显痛苦,好在经过领导者的提醒,双方均很快和其他同学保持一致;在'解开千千结'的活动中,×××和×××缺少信心,遇到困难的时候,想放弃,但是组里其他同学没有放弃,他俩也被带动起来,最终将'结'解开了。"另一位助理观察员写道:"在'盲人与拐杖'活动分享过程中,×××同学表情非常不自然,语无伦次,紧张,老师阻止进一步提问的时候,(他的)表情顿时放松下来;在'信任圈'活动中,×××和×××同学比较紧张,可能缺乏安全感,但最终在小组成员的鼓励下也顺利地完成了项目;在歌唱环节,×××、×××、×××、×××和×××几位成员特别投入,声音洪亮,×××和×××两位同学不太放得开,嘴巴只是微微张开。"

第七章

移动——高校学困生长程团体心理干预与调适中间阶段方案设计、实施及评估

第一节 移动阶段高校学困生团体心理干预与调适方案设计及实施

一、移动阶段高校学困生团体心理干预与调适方案设计

高校学困生团体心理干预与调适经过解冻阶段两个单元的活动顺利完成，阶段性目标已经达成，这为后续的移动阶段和冻结阶段的活动相继开展打下了坚实的基础。

移动阶段的方案可按照11个单元进行设计，主要包括人生观和价值观、压力管理、遥控情绪、人际互动技巧、自我新认知、爱的表达及爱的品质提升、学习心理调适、意志力提升、潜能激发等内容。具体设计框架如表7-1所示。

表7-1 移动阶段高校学困生团体心理干预与调适方案

移动阶段	活动目标	主要活动项目	活动用品准备	团体期望效果
第三单元 我的人生观和价值观	① 觉察、澄清自己的人生观、价值观 ② 尊重和理解他人的人生观和价值观 ③ 鼓励大胆发表自己的思想、观点 ④ 培养团体成员多角度思考问题	① 暖心问候/热身活动 ② 猜猜我是谁 ③ 生存危机之幸存者 ④ "泰坦尼克号" ⑤ 成长三部曲 ⑥ 拥有与丧失练习 ⑦ 歌曲《风雨无阻》	① 写有团体规范的海报纸 ② 32张小白纸条 ③ 事先准备好的"生存危机之幸存者"练习表 ④ 事先准备好的"泰坦尼克号"顺序选择表 ⑤ "拥有与丧失"练习表 ⑥ 《风雨无阻》歌词 ⑦ 播放器 ⑧ 一次性纸杯若干、32支笔、A4纸若干、点心、水壶等	① 体验人生观、价值观的建立过程 ② 通过与他人人生观、价值观的碰撞进而建立自己的、正确的人生观和价值观

（续表）

移动阶段	活动目标	主要活动项目	活动用品准备	团体期望效果
第四单元 你我的压力源	① 探究每个成员自身的压力源是什么 ② 体验过度压力带给人的负面影响 ③ 了解塞利（Selye）的压力理论 ④ 引导成员换角度思考适度压力的积极意义	① 暖心问候/热身活动 ② 压力测试与压力状况评估 ③ 我的压力源 ④ 觉察自身的压力反应 ⑤ 讨论过度压力导致的负面效应（负面情绪）⑥ 催眠减压放松 ⑦ 对压力的再认知及缓解方法 ⑧ 歌曲《阳光总在风雨后》	① 写有团体规范的海报纸 ② 大学生压力量表 ③《阳光总在风雨后》歌词 ④ 播放器 ⑤ 一次性纸杯若干、32 支笔、A4 纸若干、点心、水壶等	① 不仅觉察自己而且也了解他人的压力分别来自哪些方面 ② 明白压力的相关理论以及压力与动力的关系 ③ 关注压力的积极意义 ④ 生活学习中有意识地去调控自身的压力
第五单元 遥控情绪	① 认识情绪 ② 明白情绪产生的原因 ③ 清楚情绪与认知、行为的关系 ④ 合理宣泄不良情绪 ⑤ 保持情绪的相对稳定	① 暖心问候/热身活动 ② 量表测试 ③ 认识情绪 ④ 埃利斯的合理情绪理论简介 ⑤ 探讨情绪与认知、行为的关系 ⑥ 分析 11 种不合理的信念 ⑦ 遥控情绪练习 ⑧ 头脑风暴 ⑨ 歌曲《朋友别哭》	① 写有团体规范的海报纸 ② 焦虑自评量表（SAS）、抑郁自评量表（SDS）③ 32 份打印的 11 种不合理的信念表 ④ 遥控情绪练习表 ⑤《朋友别哭》歌词 ⑥ 播放器 ⑦ 一次性纸杯若干、32 支笔、A4 纸若干、点心、水壶等	① 感知到自己的不良情绪及对自己的负面影响 ② 明白情绪与认知、行为的关系 ③ 用合理的认知、信念代替不合理的认知、信念 ④ 明显增强情绪压力管理能力
第六单元 自我新认知之独特的我	① 使团体成员认识自我，了解他人 ② 能够客观、理性地评价自我、接纳自我	① 暖心问候/热身活动 ② 自我认知量表测试 ③ 生命的奇迹 ④ 乔哈里视窗（Johari Window）之自我分析 ⑤ 独特的我（长处与局限）⑥ 我的核桃 ⑦ 歌曲《我们不一样》	① 写有团体规范的海报纸 ② 自我认知量表 ③ 32 个生核桃 ④ "独特的我（长处与局限）"练习表 ⑤ 乔哈里视窗之自我分析表 ⑥ 大的果盘 ⑦ 播放器 ⑧《我们不一样》歌词 ⑨ 一次性纸杯若干、32 支笔、A4 纸若干、点心、水壶等	① 觉察到自我认知的状况 ② 改变不合理的自我认知，建立正确的自我认知 ③ 意识到自己的与众不同，接纳自我

(续表)

移动阶段	活动目标	主要活动项目	活动用品准备	团体期望效果
第七单元 自我新认知之自信的我	① 学会用发展的、全面的、辩证的视角来认识自己及他人 ② 达到自强、自立、自信、自爱	① 暖心问候/热身活动 ② 心理自卑度量表测试 ③ 五种感觉体验练习 ④ 我的光荣史 ⑤ 天生我材必有用 ⑥ 优点轰炸 ⑦ 自信心提升行为训练 ⑧ 歌曲《相信自己》	① 写有团体规范的海报纸 ② 心理自卑度量表 ③ 五种感觉体验练习表 ④ 若干葡萄干 ⑤ "天生我材必有用"练习表 ⑥ "葬礼"悼词 ⑦《相信自己》歌词 ⑧ 播放器 ⑨ 一次性纸杯若干、32支笔、A4纸若干、小纸条若干、点心、水壶等	① 学会肯定自己,接纳自己,自信心明显提升 ② 勇敢面对自己的局限 ③ 客观评价他人,给予团体其他成员支持与鼓励
第八单元 爱的表达及爱的品质提升	① 明白不同的爱的意义和重要性及它们之间的关系 ② 学会表达爱、感受爱 ③ 提升爱的品质 ④ 拥有感恩之心	① 暖心问候/热身活动 ② 他人眼中的我 ③ 讨论爱的意义 ④ 爱的表达(父母/同学)及感受 ⑤ 沙盘治疗技术应用小组体验 ⑥ 歌曲《感恩的心》	① 写有团体规范的海报纸 ② "他人眼中的我"练习表 ③ 6个小沙盘及相关用具 ④ 播放器 ⑤《感恩的心》歌词 ⑥ 一次性纸杯若干、32支笔、A4纸若干、点心、水壶等	① 明白爱对于个体、家庭、社会的意义 ② 生活中恰当地表达爱,并敏锐地感受到爱 ③ 努力做到既爱自己,也爱父母、同学、国家、中国共产党 ④ 心存感恩之情
第九单元 人际互动技巧及和谐关系构建	① 掌握人际沟通的基本原则和基本要素 ② 体验人际沟通中的理解、认同、支持、鼓励 ③ 体会不同的语气语调、非语言沟通的效果 ④ 提升人际沟通的能力 ⑤ 建立和谐的人际关系	① 暖心问候/热身活动 ② 人际信任量表(ITS)测试 ③ 阿维安卡52航班空难原因分析 ④ 信息传达与接受 ⑤ 沟通6H ⑥ "背对背"与"面对面" ⑦ 五层次"听"练习及感受 ⑧ 非言语沟通练习(眼神、手势等) ⑨ 歌曲《让世界充满爱》	① 写有团体规范的海报纸 ② 人际信任量表(ITS) ③ 五层次"听"练习及感受表 ④《让世界充满爱》歌词 ⑤ 播放器 ⑥ 一次性纸杯若干、32支笔、A4纸若干、点心、水壶等	① 团体氛围轻松舒适,成员们心情愉快,乐于与其他成员交谈 ② 每个人都乐于成为别人好的倾听者 ③ 提升沟通能力,提升对他人的信任度,拥有和谐的人际关系

（续表）

移动阶段	活动目标	主要活动项目	活动用品准备	团体期望效果
第十单元 学习心理调适（一）	① 明白自己真正想要的是什么 ② 了解目前的学习现状及问题产生的原因 ③ 清楚学习动机与学习效率的倒U形关系，学会控制自己的学习焦虑水平 ④ 培养时间管理能力	① 暖心问候/热身活动 ② 匹兹堡睡眠质量指数（PSQI）测试 ③ 我的需要层次 ④ 我的学习现状及学习动机水平的调控 ⑤ 学习困难归因分析 ⑥ 我的学习比萨 ⑦ 建立学习共同体（学习联盟） ⑧ 歌曲《改变自己》	① 写有团体规范的海报纸 ② 匹兹堡睡眠质量指数测试量表 ③ 马斯洛需要层次理论、韦纳归因理论及耶尔克斯-道德森定律相关资料 ④ "我的学习比萨"表 ⑤ 学习共同体签约单 ⑥《改变自己》歌词 ⑦ 播放器 ⑧ 一次性纸杯若干、32支笔、A4纸若干、点心、水壶等	① 明确自己的深层次需要，自己真正想要的是什么 ② 对学习问题能合理地进行归因 ③ 控制自己的学习动机水平在中等程度 ④ 合理、科学地管理好自己的时间
第十一单元 学习心理调适（二）	① 客观地分析自己的专业特色及发展前景，坚定专业思想 ② 了解自己的职业兴趣，并对自己的职业生涯做出科学规划 ③ 初步拟定学习目标及具体行动计划	① 暖心问候/热身活动 ② 职业兴趣量表测试 ③ 探讨专业前景及专业思想问题 ④ 学习目标的确立和计划的制订 ⑤ 头脑风暴（好的学习方法及策略） ⑥ 自我效能感的提升 ⑦ 歌曲《我的未来不是梦》	① 写有团体规范的海报纸 ② 职业兴趣量表 ③《我的未来不是梦》歌词 ④ 播放器 ⑤ 一次性纸杯若干、32支笔、A4纸若干、点心、水壶等	① 时间管理能力 ② 对自己所学的专业特色及发展前景有清晰的认识，坚定专业思想 ③ 了解自己的职业兴趣 ④ 明确学习的远期目标、近期目标及学习计划，并使执行力提升
第十二单元 意志力提升	① 明白意志力对于成功的意义 ② 清楚意志力提升的基本方法 ③ 实践中提升自己的意志力水平，特别是在学习方面	① 暖心问候/热身活动 ② 意志力测试 ③ 意志力培养要素 ④ 感知力训练 ⑤ 专注力训练 ⑥ 公开你的挑战 ⑦ 布置作业（冥想、运动训练、抵制游戏诱惑、延迟满足等） ⑧ 歌曲《爱拼才会赢》	① 写有团体规范的海报纸 ② 意志力量表 ③ 意志力培养要素图 ④ 挑战认领书 ⑤《爱拼才会赢》歌词 ⑥ 播放器 ⑦ 一次性纸杯若干、32支笔、A4纸若干、点心、水壶等	① 清楚自己要从哪些方面着手锻炼自己的意志力 ② 将团体活动中的感知力、专注力等训练在自己的学习生活中不断强化运用 ③ 提升个人的意志力

(续表)

移动阶段	活动目标	主要活动项目	活动用品准备	团体期望效果
第十三单元 潜能的激发	① 了解潜意识及其相关理论 ② 体验记忆力、想象力等潜能的激发 ③ 生活、学习中积极开发自己的潜能	① 暖心问候/热身活动 ② 受暗示性测试 ③ 汪洋中的一条船 ④ 意念（心理暗示）移动练习 ⑤ 短时记忆力提升训练 ⑥ 带有预见性的想象力训练 ⑦ 歌曲 I believe I can fly	① 写有团体规范的海报纸 ② 4张大的报纸 ③ 20个词语 ④ I believe I can fly 歌词 ⑤ 播放器 ⑥ 一次性纸杯若干、32支笔、A4纸若干、点心、水壶等	① 相信自己有巨大的潜能并且有意识去开发它 ② 在学习中不断激发记忆力、想象力以提高学习效率

二、移动阶段具体活动内容解释

第三单元　我的人生观和价值观

活动一：猜猜我是谁

目的：经过前面两个单元的活动，成员彼此初步相识。本活动的目的是进一步认识自己，并体会被人接纳、理解的感受。这是从解冻到移动的过渡活动。

时间：20分钟。

具体操作：领导者给每个成员发一张事先准备好的小纸条，请每位成员写上自己的一些特征，但不要出现名字。要求成员完成后不能交流，将纸条折叠起来，放在自己小组中间，搅乱。然后每位成员从中抽一张，根据内容去猜这张纸条写得是谁。若是有抽到自己的，大家重新再放中间，直到所有成员抽到的都不是自己的为止。猜中的成员要谈一下理由，双方都要谈谈自己的感受。

活动二：生存危机之幸存者

目的：探讨并澄清自己的人生观、价值观，了解他人的人生观、价值观。

时间：30分钟。

具体操作：领导者向团体成员发放"生存危机之幸存者"练习表（表7-2），然后进行一些讲解，告诉每位成员拥有绝对的权利可以决定谁可以活下来，谁必须面临死亡，而且要排出先后次序，并说出这样选择和排序的理由。

说明：地球上将要发生核战争，人类就要灭亡。但是有一位科学家发明了一种非常特别的核保护装置。只要进入这个装置，就能幸存下来。可是这个装置空间有限，需要保护的人却很多。现在一共有10个人，核保护装置里的水和食品、空间有限，只能容纳7人。请从下列人员中选择7个人生存下来，排序并说出理由。

表7-2　生存危机之幸存者

人物	顺序	理由	人物	顺序	理由
小学老师			职业棒球运动员		
著名小说家			年长的僧侣		
流行男歌手			12岁的少女		
优秀的警官			小学老师怀孕妻子		
慢性病住院患者			外国游客		

活动三："泰坦尼克号"

目的：探讨并澄清自己的人生观、价值观，了解他人的人生观、价值观。

时间：30分钟。

具体操作：领导者向团体成员发放"泰坦尼克号"顺序选择表（表7-3）。在一次海洋旅行中，乘坐的"泰坦尼克号"撞上了冰山，船将沉没。因距离海岸较远，救援人员无法在船沉没前到达。而船上只准备了一艘救生艇，只能容纳6个人。船上共有12位乘客。团体成员拥有绝对的权利，可以决定谁可以登上救生艇，请进行排序，并说明理由。所有成员在小组内彼此分享。

表7-3　"泰坦尼克号"顺序选择

乘客	顺序	理由	乘客	顺序	理由
流浪男青年画家			小女孩		
贵族小姐			中年贵妇		
孕妇			男老船长		
男青年小提琴家			中年女医生		
中年男银行家			小学中年女教师		
男青年探险家			中年男大法官		

活动四：成长三部曲

目的： 体验成长的过程，体会竞争和合作、成功与失败的不同感受。

时间： 20 分钟。

具体操作： 每个团体成员一开始都是"小鸡"，蹲在地上，就近找到同伴，用"石头剪子布"的方式决定输赢，获胜者成长为"中鸡"，半蹲着。失败者需要和别的"小鸡"竞争，"中鸡"与"中鸡"展开竞争，获胜者成长为"大鸡"，这时可以完全站立起来，"大鸡"之间继续竞争并排队。最后会有一只"小鸡"蹲在地上，另有一只"中鸡"半蹲着。然后第一只"大鸡"去拉起最后那只"小鸡"和"中鸡"，使他们融入团体，全体成员围成一个圆圈，同时向左转或向右转，每位成员为前面的成员放松、按摩，然后双手搭在前面成员的肩上，半蹲坐在后面成员的大腿上（注意不要完全放松坐在后面成员大腿上）。然后再向后转，同样的方式再做一遍。所有同学都要用心去做，齐心协力，感受团体的力量。整个流程可以重复做几次，活动结束后，请团体成员谈谈自己的体会和感受。

此项活动，成员们感想颇多。有成员表达自己特别渴望尽快成长为"大鸡"，当自己还是"小鸡"的时候，周围已经有不少"中鸡"和"大鸡"，心里特别焦虑，竭力想改变现状。后来终于成为"中鸡"和"大鸡"的时候，就非常开心！当自己是"大鸡"，看到身边"小鸡"的时候，很想去帮助。当"大鸡"向自己伸出援助之手的时候，成员会特别感动，现实生活、学习中也特别希望能获得一些援助。有的时候明白自己应该做什么，但总觉得自己没有意志力，思想上想改变，但行为上往往做不到。有成员表达最后和大家在一个圆圈里的感觉真的很好。也有不少成员由这个练习想到了自己是一名学困生，感觉与这个练习有许多相似之处，并且产生了改变学习困难现状的强烈愿望和动力。

活动五：拥有与丧失练习

目的： 澄清哪些是自己生命中最重要的，体会失去的感受，珍惜所拥有的，并且为之行动。

时间： 30 分钟。

具体操作： 领导者向全体团体成员发放"拥有与丧失练习"表（表7-4），并进行具体解释。让成员闭上眼睛，认真想一想，在自己的生命中什么是最重要的，并排好顺序，说明理由。然后逐一失去，选择先失去的是哪一项？为什么？感受如何？一直到最后一项。仔细思考现实生活中是否珍惜过对自己重要的人或物。接下来，思考应该怎样去做，并在小组内分享。

表 7-4　拥有与丧失练习

生命中最重要的五样(包括单个人或物或某种品质等),请排好序。并说明这样选择的理由是什么。请注意:不要笼统地说如亲人等,一定是一条写一个。

1. _____
2. _____
3. _____
4. _____
5. _____

写好后在小组内分享。

完成之后请闭上眼睛,认真思考。从五样里失去一样,会先去掉哪一个?为什么?如果再从四样里面去掉一样又会是哪一项?以此类推,最后只能保留一样的时候,每位同学保留的是哪一个?为什么会这样选择?请认真体验过程。丧失的顺序是:

1. _____
2. _____
3. _____
4. _____
5. _____

再次在小组内分享,不要压抑情绪。

领导者进行分析:

启发:_____
_____
_____

此项练习,对团体成员的震撼比较大,很多成员在练习的过程中都流泪了。在练习开始的时候成员们还不是特别纠结,到了最后两样还要失去一样的时候,几乎所有的成员都不能顺畅做出选择。如何在爸爸和妈妈中做出选择,使他们陷入深深的思想纠结之中。领导者将自己曾经做练习时的感受与他们分享,并引导他们积极思考。很多成员在分享感受中表示本次活动后要立刻给爸妈打电话,要经常与他们联系,不再任性,惹他们生气;一定要认真努力学习,不断进步,不辜负父母的殷切期望。

第四单元　你我的压力源

活动一:我的压力源

目的: 了解自己和别人的压力来源于哪些方面。

时间: 30 分钟。

具体操作：以小组为单位，领导者给予5分钟时间，让成员认真想想自己近期的主要压力来自哪些方面，并将它们写到纸上，然后每个人都进行陈述，选出一名成员总结本小组的所有观点，并在整个团体中代表小组发言。通过对自己压力源的仔细梳理、倾诉，压力得到一定的释放，并且在倾诉的过程中，得到小组成员的理解和支持，这对于缓解压力也是有积极意义的。

成员的主要压力包括：

* 学习方面：成绩不理想，有多门考试不及格；学不进去，学习效率低；听不懂，作业不会做，作业扎堆；担心会被退学，毕不了业；没有学习目标和计划，即使有，也坚持不了，执行力很差等。

* 人际方面：与父母或其中一方关系紧张，亲密不起来；父母对自己的期望值高，给的压力比较大；没有异性朋友，没有知心朋友；不知道如何与他人沟通交流，常常有插不上话的感觉；与宿舍同学有冲突，感觉被孤立；不被他人理解；与异性或陌生人交谈紧张、焦虑；在人多的地方紧张等。

* 工作方面：没有工作经验；工作与学习冲突，不能很好地平衡；工作强度大、时间紧，常有力不从心之感等。

* 个人方面：体弱多病；个子矮，外形不好看；没有特长；性格内向；睡眠不好，经常入睡困难或早醒。

* 其他方面：社会竞争激烈；想要各种名和利但不能如愿；很多事情存在不确定性；宿舍环境不好，舍友们作息时间不一致；家庭经济困难；对未来的恐惧等。

活动二：觉察自身的压力反应

目的：觉察过度压力带来的生理反应、情绪反应、行为反应和心理反应。

时间：30分钟。

具体操作：当面临过度压力的时候，首先要觉察到压力给自己带来的反应，进而再进行处理。觉察压力反应是缓解压力的第一步。领导者在总结了成员们的压力源之后，引导成员觉察自身的压力反应，告知可以从生理反应、情绪反应、行为反应和心理反应4个方面思考5分钟，然后在小组内进行交流，选出一名成员总结本小组的所有观点，并在整个团体中代表小组所有成员发言。

结合四位代表的发言，压力反应主要有：

* 生理反应：胃部不适、没有食欲、恶心或呕吐、手心冒汗、经常性头痛、呼吸急促、喉咙有异物感、心悸、胸闷、身体发抖、经常感冒、发烧等。

*情绪反应：焦虑、抑郁、易发脾气、紧张、冷漠、恐惧、悲哀、情绪多变、哭泣、急躁、无望、无助、仇恨等。

*行为反应：失眠、说话太快、咬指甲、暴躁、吃得太多、不能坐直、做事拖延、没有其他兴趣、吸烟、酗酒、打架等。

*心理反应：注意力很难集中；记忆力、思维力减退；优柔寡断，心神不宁；原本感兴趣的事情现在没了兴趣；判断力变差，经常出错；对周围环境持消极态度，冷漠对人或事。

活动三：讨论过度压力导致的负面效应（负面情绪）

目的：清楚过度压力对自己情绪的负面影响，体会积极的情绪和不良的情绪对人的不同影响，为下一单元的情绪调节做准备。

时间：30分钟。

具体操作：当人经常处于过度压力状态的时候，他的情绪唤醒水平也会相应升高，"高度的情绪唤醒状态能导致个体有效活动能力的丧失，而长时间处于一种紧张的情绪状态中则会导致各种心身疾病。在各种心身疾病中，症状虽然表现在身体上，但根本原因却是心理的，而且往往是与情绪有关的"（张厚粲，2001）。对高校学困生进行不良情绪的调控非常重要。领导者先对压力导致的四个方面反应进行一些分析，让团体成员了解过度压力导致的生理反应和行为反应与情绪反应的关系。如果管理好情绪，那么生理和行为方面的反应也将随之缓解或消失。领导者要引导成员关注自己的情绪，体会积极的情绪和不良的情绪对人的不同影响。

活动四：催眠减压放松

目的：学会快速呼吸和肌肉自我放松方法，可以做到随时随地放松。

时间：30分钟。

具体操作：领导者用语言的暗示作用来引导成员体验放松的感觉。具体引导语如下：

（声音缓慢而感觉很温暖）请以非常舒服的姿态坐在椅子上，双手放在身体的两侧，轻轻地闭上眼睛，请将注意力完全集中到我说话的声音和音乐声上。先做3个深呼吸，用鼻子吸气，用嘴巴呼气，吸气的时间要保持1秒钟，呼气的时间要保持3秒钟。好，现在我们就开始，请关注自己的呼吸和腹部的起伏，请用鼻子吸气，并保持1秒钟，用嘴巴慢慢地呼出去，并保持3秒钟。再次用鼻子吸气，保持1秒钟,用嘴巴慢慢地呼出去,并保持3秒钟。请继续用鼻子吸气,保持1秒钟,用嘴巴慢慢地呼出去,并保持3秒钟。非常好!当你听到我说话的声音,你的呼吸将会越来越慢;当你听到我说话的声音,你的呼吸将会越来越均匀;当你听到我说话的声音,你的内心将会越来越平静。现在你的全身就要放松了。(呼吸放松)

这种放松的感觉首先体现在你的头皮上,你的头皮很放松,麻麻酥酥的。这种放松的感觉延伸到你的额头,你额头的皮肤非常光滑,想象一下额头的皮肤像丝绸一般,额头放松了。这种放松的感觉延伸到你的两个眉毛和眉毛之间的皮肤,你的眉毛放松了,眉毛之间的皮肤已经完完全全地舒展开了。这种放松的感觉延伸到你的两只眼睛,你的眼睛四周的皮肤和肌肉已经完完全全地放松了,你的眼皮非常沉重,很沉重,很沉重,很沉重,上下眼皮之间像抹上了厚厚的胶水,已经睁不开了,不想睁了。这种放松的感觉延伸到你的鼻子,你的鼻子放松了,大量的氧气通过你的鼻腔进入到你的大脑,你的鼻子放松了。这种放松的感觉延伸到你的耳朵,你的两只耳朵已经完完全全地放松了,你的听力和记忆力都增强了。这种放松的感觉延伸到你的面颊,你的面颊所有的肌肉和皮肤已经完完全全地放松了,面颊的皮肤很光滑。这种放松的感觉延伸到你的嘴巴,你的牙齿放松了,你的嘴唇放松了,上下嘴唇合不拢了,要分开了。这种放松的感觉延伸到你的下巴、你的脖子。非常好!现在,你的整个头部已经完完全全放松了,不想动了,动不了了。这种放松的感觉延伸到你的两个肩膀,你的肩膀放松了,一点压力和负担都没有了,非常轻松(可重复三次)。现在,这种放松的感觉延伸到你的两条手臂,你的大臂放松了,你的肘关节放松了,你的小臂放松了,你的手腕放松了,这种放松的感觉一直延伸到你的十个手指头。非常好!现在你的两条手臂已经完完全全地放松了,不想动了,动不了了。这种放松的感觉延伸到你的胸部,你的胸部的所有肌肉和皮肤已经完完全全地放松了。这种放松的感觉延伸到你的胃部,请你想象你的胃部有黄色的太阳光照在上面,你的胃感觉暖暖的,暖暖的,你的胃部放松了。这种放松的感觉延伸到你的腹部,你的腹部所有的肌肉和皮肤已经完完全全地放松了。这种放松的感觉延伸到你的后背……你的腰部……你的臀部……非常好!现在你的整个上半身已经完完全全地放松了,不想动了,动不了了。现在,这种放松的感觉延伸到你的两条腿,你的大腿放松了,你的膝盖放松了,你的小腿放松了,你的脚踝放松了,这种放松的感觉一直延伸到你的十个脚指头。非常好!现在你的整个全身已经完完全全地放松了,你已经进入催眠状态。但是你依然可以听到我说话的声音和音乐声,并且只要

你听到我说话的声音,你的全身将会更加地放松、更加地放松、更加地放松……(肌肉放松)

活动五:对压力的再认知及缓解方法

目的:了解压力和动力的关系、压力的积极意义,学会管理压力,有意识地变痛苦压力为快乐压力,过度压力为适度压力。

时间:30分钟。

具体操作:领导者发放塞利的压力理论资料,并进行简要的讲解。领导者引导成员看到压力的积极一面,让他们进行头脑风暴,积极发挥每个人的智慧,开动脑筋,想出缓解压力的方法并努力在生活中运用。每个成员积极发言,小组选出一名成员代表大家在整个团体中发言。

缓解压力(头脑风暴)的主要策略有:

* 改变不合理认知、信念,改变对压力的片面看法,看到压力的积极意义。

* 不盲目与人比较,学会客观理性地看待自己。

* 注意时间管理,合理安排作息时间,改变拖延的坏习惯。

* 积极主动与他人沟通交流,避免孤独感。

* 建立自己的社会支持系统,获得更多的支持。

* 加强运动训练,每天锻炼一小时。

* 饮食调节,一日三餐要按时适量,多吃些减压食物,如坚果、谷类食物、水果蔬菜、酸奶等。

* 呼吸、肌肉放松、冥想等。

* 音乐治疗,多唱歌或吹奏乐器等。

第五单元 遥控情绪

活动一:埃利斯的合理情绪理论简介

目的:了解合理情绪理论的基本原理和工作机制。

时间:30分钟。

具体操作:领导者让所有成员用手机在百度上搜索埃利斯合理情绪理论的基本原理和工作机制,了解该理论又被称为 ABCDE 理论以及其中的 A、B、C、D、E 分别代表什么内容。通过无领导小组讨论的形式,每个成员都向小组其他成员解释其中的一小部分内容。具体如何分配内容,由小组自行决定。

活动二：探讨情绪与认知、行为的关系

目的：明白负面情绪不是由诱发事件直接导致的，而是与个人的认知有关，清楚情绪与认知、行为的关系。

时间：30分钟。

具体操作：领导者向全体成员进一步讲解埃利斯合理情绪理论的主要原理及工作机制，并通过举例来说明其中的核心理念和情绪与认知、行为的关系（表7-5）。

表7-5 案例分析：情绪与认知、行为的关系

主要人物	基本情况	她怎么想的	情绪怎样 行为又怎样	正性思维	情绪会怎样
领导者大学舍友	一次因两人走对面，舍友向领导者打招呼，但领导者没有任何回应	认为领导者看着她的方向但是没理她，一定是故意的	舍友非常生气，三天都不理领导者	领导者不可能无缘无故不理她，虽看着她的方向，但是没有看到她	坦然、理性、宽容，无任何不良情绪
领导者	舍友三天不理自己	（假设）你对我不友好，我又没什么错，你不理我，我还不理你呢？你有什么了不起的	情绪上非常生气，行为上与舍友越来越疏远	（实际上领导者的认知）一定有原因的，应该有什么误会	情绪比较放松，无不良情绪；行为上积极与其沟通，再三请求舍友告诉具体原因，才能改正。最终舍友讲出了事情缘由，问题得到解决

活动三：分析11种不合理的信念

目的：了解埃利斯11种具体的不合理信念以及对应的合理信念是什么，并结合自身实际举例说明。

时间：40分钟。

具体操作：领导者向全体成员发放埃利斯11种不合理信念表（见附录J）。以小组为单位，各组自行进行讨论，每位同学都可以结合自己的实际学习生活中存在的不合理信念，进行阐述，并归纳出属于"绝对化要求""过分概括化"还是"糟糕至极"。然后进行分析，找出对应的合理信念是什么。在整个分析过程中，

成员会发现很多情绪障碍都和认知有关系,自己看问题的视角往往比较主观片面,而且还比较消极。不仅如此,成员还会发现很多问题普遍存在。在这样的团体氛围中去探讨一些共同的问题,焦虑感会迅速降低。

活动四:遥控情绪练习

目的: 学会应用合理情绪理论解决自己的实际困扰,降低负面情绪,进而拥有一个比较现实、理性、宽容的人生态度。

时间: 40分钟。

具体操作: 领导者向所有成员发放"遥控情绪练习"表(表7-6),让成员闭上眼睛仔细想:近来最烦恼的事情是什么;心情怎么样;自己是怎么看这件事情的;认知方面有什么不合理的信念;如果换一种正性思维积极地思考又会怎样。成员先努力找出解决办法,将其写在对应的空格处,然后顺时针或逆时针将自己的练习表递送给小组其他成员。每个成员都进行头脑风暴,想出更多的解决办法并写在上面。这样每个成员都将得到不少于8条的建议。最终练习表又回到自己手中,看到同伴们给自己写的密密麻麻的建议时,成员内心除了感动,更多地会产生极大的动力,有一种被支持、呵护的感觉。与此同时,有不少成员最烦恼的事情比较相似,在克服困难的道路上他们感觉并不孤单,这时个人的焦虑感会快速降低。最后每个成员再深深地体会用合理认知代替不合理认知后的情绪变化,每个成员在小组内分享自己的练习内容。

表7-6 遥控情绪练习

近来最烦恼事	表情符	我如何想的	找问题	正性思维(积极的角度。自己先找解决办法,其他成员转圈帮忙出主意)	目标表情符

第六单元 自我新认知之独特的我

活动一：生命的奇迹

目的：了解生命的起源、发展与延续过程，人与其他动物的区别，人的生命历程，感受自己就是生命的奇迹，在世界上是独一无二的。

时间：40分钟。

具体操作：领导者向所有成员抛出几个问题，让成员们以小组为单位在组内进行讨论。成员可以用手机搜索相关资料，并在组内分享。引导主题包括：①地球上生命的起源（单细胞到多细胞、水的形成、丰富多样的物种产生等）；②人的生命历程（人的大脑进化、直立行走、语言的产生、个体从出生到死亡的过程等）；③人与其他动物的区别。经过充分分享，成员们体会到自己就是宇宙生命的最大奇迹，是宇宙中最复杂且独一无二的。可以让小组全体成员将右手叠放在一起，一起喊出："我们就是生命的奇迹！我们是独一无二的！我们爱自己！"（行为训练）

活动二：乔哈里视窗之自我分析

目的：不断地探索自我，更好地认识自我，接纳自我，爱护自己。

时间：30分钟。

具体操作：领导者先发给全体成员乔哈里视窗之自我分析图（图7-1），然后向成员介绍乔哈里视窗的有关理论及其意义。每个人都有这四个区：公开区、盲目区、隐藏区和未知区。公开区是指自己知道、别人也知道的部分，当这个区域变大的时候，说明自己是善于交际的人，比较受他人欢迎，平时能与他人进行沟通交流。盲目区是别人知道但自己不知道的部分，如果这个区域过大，说明自己可能是个不拘小节的人，说得太多，而别人的反馈较少，应该多真诚地寻求别人对自己的看法。隐藏区是自己知道但别人不知道的部分，这个部分太大不好，说明自己是一个比较孤僻的人，缺乏人际信任，需要多和别人沟通交流。但该区域也不能太小，那样也缺乏安全感，没有了任何秘密是不安全的。未知区是自己和别人都不知道的部分，这个部分太大说明自己和别人交往太少，自己对自己的认知也比较缺乏。很少和别人交流不利于自己的成长与发展。领导者引导成员作自我分析，并根据自己的情况进行积极的调整。

	自己知道的	自己不知道的
别人知道的	公开区(Open)	盲目区(Blind)
别人不知道的	隐藏区(Hidden)	未知区(Unknown)

图 7-1　乔哈里视窗之自我分析

活动三：独特的我（长处与局限）

目的：了解团体成员对自我的评价是否客观、理性。

时间：30 分钟。

具体操作：领导者先向所有团体成员总结一下前面活动的意义，说明每个人都很独特，有自己的特点，每个人都会有长处也有局限，任何人都不例外，就连美神——维纳斯也不完美（是断臂的）。然后向成员发放"独特的我（长处与局限）"练习表（表 7-7），请成员仔细想想自己的长处与局限，然后将思考的内容写到表格的相应地方。在成员书写的过程中，领导者和两位观察员在外围注意观察他们的书写过程及最终呈现出来的结果。然后请团体成员在自己小组内分享。最后由领导者进行分析并总结。

表 7-7　独特的我（长处与局限）

请认真考虑自己的长处与局限分别是什么，并填写在下面的空白处。	
我的长处	我的局限

(续表)

仔细对比左右,你有什么发现？你是自信的,还是自卑的,抑或是比较客观合理的？
启示：

"察觉到自己的资源和成功,也察觉到自己的问题和失败,这是很重要的。如果将问题放在资源和成功的更广阔的背景下来考察,它们就会变得容易处理得多。"(Egan,1975)在给所有成员做这项练习的过程中,领导者观察到有半数以上的成员拿到练习表,先写的是自己的局限,后写长处。近九成的成员写局限的条目比长处的条目多得多。很多成员的长处写得又慢又少,有的只有两三条。这些都说明团体成员对自己的评价比较低,内心比较自卑,缺乏自信心。领导者可以将自己观察到的情况向团体成员说明,并请他们在自己的长处方面再仔细考虑补充,其他成员也可以将自己几次观察到的长处告诉他。在做这项练习的过程中,有的成员经过再思考之后,将原来写在局限里面的部分内容放到了长处里面。比如:"我比较固执"改成了"我很有主见"、"我感情用事"变成"我很有同情心"、"我内向"变成"我很内敛,适合学习工科专业"等。

活动四：我的核桃

目的：进一步强化我们每个个体都是世界上独一无二的,意识到自己与众不同,学会肯定、接纳自己。

时间：30分钟。

具体操作：领导者发给每个团体成员一个生核桃,让成员花3分钟仔仔细细地观察自己手中的核桃,充分调动自己的所有感觉器官。用眼睛看它的形状、颜色、纹理；用手去触摸它,感受它的坚硬；用手将核桃拿到耳边摇晃,听听里面核桃仁与壳碰撞发出的声音；用鼻子去闻闻它的味道；想象如果吃它会是一种什么味道。观察3分钟之后,所有成员将手中的核桃放到事先准备的大果盘里,领导者搅拌几下,然后再让所有成员从32个核桃中找到属于自己的那个核桃。这项活动给成员造成的震撼也比较大,32位成员均准确无误地找到了自己的核桃。领导者让他们谈体会并分享。本单元活动全部结束后,成员将这个象征着

"独特的我"的核桃带回宿舍,放在比较显眼的地方。早上醒来就去看看它,想想自己就是那么独特的。每当困难或情绪低迷的时候就想想它、看看它。

第七单元　自我新认知之自信的我

活动一：五种感觉体验练习

目的： 调动所有团体成员的五种感官,使他们的神经系统的不同部分协调整合工作,使个体与环境相适应且自信心得到提升。

时间： 40分钟。

具体操作： 领导者先向所有成员每人发放一颗葡萄干,让他们吃掉并谈感受,而后在小组分享。然后领导者讲解人的五种感官的功能后,再发给每个成员一颗葡萄干,请所有成员放慢吃葡萄干的速度,让他们充分调动自己的五种感官,具体过程见表7-8。做完之后,所有成员仔细体会前后两次品尝葡萄干有什么不同的感受。然后领导者进行总结。

表7-8　五种感觉体验练习

人的大脑是神奇而又复杂的。它虽然只有1.36千克左右的重量,但是含有的细胞数却多于天上的星星。超过一千亿个细胞,以惊人的效率存储和交换信息。也就是说大脑实际上完全可以超越任何一台计算机。生活中很多我们感觉很平常的事情,其实它运行的过程却是非常复杂的。比如当我们看到一幅美丽的风景画,嘴巴惊叹地说出："好美!"前后只需要零点几秒的时间。看似简单的过程,但其实有许多个步骤。首先是眼睛的视网膜里的神经细胞检测这幅画面,将神经冲动通过下丘脑传送到视皮层。紧接着视皮层将神经冲动送到颞叶后面一个称之为角回的地方。在这里视觉编码与听觉编码进行比较,然后传送到被称为韦尼克区(Wernicke's area)的听皮层并在那里解码为："真是太美了!好想去看看哟!"然后神经冲动被送到布洛卡区(Broca's area),再被送到运动皮层,刺激嘴巴、舌头和喉咙发出"好美"这个词。大多数人都有五种基本而又十分重要的感觉器官：眼、耳、鼻、舌和身。人通过这五官来领略世界的美丽容貌,听各种美妙的声音,品天下之美食……虽然大部分人都拥有这些感官,但是人群中也有不少人并不是五种感官均健全。我们每一个健全的人都要为拥有它而庆幸,我们应该倍感珍惜。

引导语：请仔细地运用你的眼睛去看老师分发的一粒葡萄干,观察它的形状、纹理、颜色;用鼻子细嗅它的味道;用手慢慢触摸它;用手轻轻地捏一捏它并放到耳边听听有什么声音;最后小心翼翼地放到嘴里,用你的舌头慢慢地咀嚼它,品味它的味道。请尽量放慢速度,仔细感受,写不少于500字的品尝过程与感受。

(续表)

此项活动结束后,成员感受比较深刻。绝大部分成员第一次吃葡萄干的时候,没有什么太多感受,但是等领导者让他们放慢节奏,充分调动五种感官的时候,他们普遍表达从来没有这样吃过葡萄干,有非常奇妙的感觉。有成员写道:"当我拿第一颗葡萄干的时候,我什么都没有想,就吃下了它,味道也不浓烈,很快就消失在口腔里了。但老师讲解过怎么吃之后,当我再次拿起葡萄干的时候,忽然想起了我的妈妈。小时候我喜欢吃甜的东西,其中,葡萄干是我的至爱……我一边惊叹着它的好吃,一边看着一旁冲着我笑的妈妈……葡萄干的表面坑坑洼洼的,如同人老去后脸上的皮肤状态,我仔细地看着它,才发现我已经好久没有仔细地注视过我的妈妈……"有成员写道:"……通过这颗葡萄干,我看到了这颗葡萄干的每一部分。我观察它凸起发亮的地方、凹陷阴暗的地方、它的褶皱与背线以及任何不对称的或者特别的形状,想到每个人就像是一颗葡萄干,有着不同的形状,有缺陷但也有属于自己的甜味。从不同的角度看这颗葡萄干,感受它是世界上独一无二的一粒葡萄干,每个人都像是一颗葡萄干,独一无二,可以大放异彩……"

活动二:我的光荣史

目的: 探索人生的意义;明白个体成长过程遇到困难、挫折是非常正常的事情,通过回顾自己的光荣史,建立"再现优秀的我"的自信。

时间：25分钟。

具体操作：所有成员回顾自己的成长史，梳理自己的荣誉、成绩、困难、挫折以及自己过去是如何克服困难，成功踏入重点高校的经历。所有成员将自己的情况在小组内分享。领导者引导成员意识到：一个人成长道路一直一帆风顺本就是小概率事件。人生中出现挫折与困难是非常正常的事情，而困难、挫折本身有其双面性：当我们强大的时候，困难挫折就会变得渺小，而我们越是惧怕、退缩，它们就会变得难以克服，关键是要以什么态度去面对困难与挫折。所有成员一起思考，相互支持、鼓励，形成团体动力。面对现在的困境要坚定信心，活在当下，保持健康生活的激情，才会拥有更好的未来。

活动三：天生我材必有用

目的：进一步明晰自己的长处，不断地自我肯定，学会欣赏自己与他人，进一步提升自信心。

时间：25分钟。

具体操作：领导者向所有团体成员发放"天生我材必有用"练习表（表7-9），让成员仔细思考，将答案写到练习表上。答案的内容可以是已经提供的也可以是自己认可的。每位成员都写好后以小组为单位在组内分享自己的答案。逐条进行，也就是一条内容全部成员叙述完之后再进行下一条。

表7-9 天生我材必有用

请认真思考后完成下列内容：
1. 我很欣赏自己的外在特点是＿＿＿＿＿＿＿＿（身高、体型、眼睛、鼻子、嘴巴、耳朵、脸型、发型、皮肤等）。
2. 我很欣赏自己的内在特点是＿＿＿＿＿＿＿＿（修养、逆商、气质、性格、能力等）。
3. 我很欣赏自己对家人的态度是＿＿＿＿＿＿＿＿（温和、体贴、有分寸、尊重、关心、感恩、孝顺、宽容等）。
4. 我很欣赏自己对朋友的态度是＿＿＿＿＿＿＿＿（真诚、热情、尊重、倾听、关心、理解、帮助、包容、支持、接纳等）。
5. 我很欣赏自己对待困难挫折的态度是＿＿＿＿＿＿＿＿（冷静、积极合理宣泄、移情、升华、勇往直前、幽默、心理咨询等）。
6. 我很欣赏自己的性格是＿＿＿＿＿＿＿＿（内向平和、外向热情、沉着冷静、谨慎、开朗乐观、耐心细致、直爽、有自制力、活泼好动、反应敏捷等）。
7. 我很欣赏自己对待学习的态度是＿＿＿＿＿＿＿＿（踏实勤奋、主动学习、有目标计划、做笔记、好的学习习惯、能管理好时间、不耻下问、经常反思等）。

此项练习中,有的成员写得比较多,有的写得比较少,但总会有内容可写。领导者引导他们:可以写过去某段时间的状态,也可以写现在的状态。提供的积极词汇具有很好的心理暗示的效果,即便是有些成员现在没有达到这种状态,也可以将之作为未来的目标状态而不断去努力。

活动四:优点轰炸

目的:通过发现别人的优点去接纳别人,加深同学之间的友谊;通过别人对自己的肯定和表扬,自己的长处得到确认和肯定,自信心得到进一步提升。

时间:30分钟。

具体操作:所有成员以小组为单位,围成小圈,轮流请一位同学坐在中间,头上戴上事先做好的彩色高帽,其余七位成员先轮流说出这位成员的优点。说完一轮之后,还可以继续补充,直到全部说完为止。然后中间的成员给予反馈,告诉其他成员,哪些是他已经觉察到的优点,哪些是他之前未觉察到的优点,现在听到同学说自己的优点时有什么感受,心情如何。别人对自己的表扬,具有很好的激励作用。成员要习惯被他人接纳、赞赏和期待,从而产生前进的动力。这也就是我们经常说的皮格马利翁效应,即罗森塔尔效应。

活动五:自信心提升行为训练

目的:除了从语言和心理方面提升自信心,还可从行为上进行自信心训练。

时间:50分钟。

具体操作:领导者先向团体成员介绍提升自信心的一些主要行为训练方法,主要从以下几个方面着重练习:

* 眼睛接触:眼神要温暖而坚定,看着对方,眼神不要躲闪,可以多练习几次,逐步延长时间。

* 面部表情:表情放松自然,微笑,要表现出与自信相一致的神态。

* 音速音量:口齿清晰,讲话速度适中,不宜过快也不宜过慢。过快或过慢都可能表明比较紧张、不自信。音量也要适中,过高显示有情绪或缺乏礼貌,而过低则显示羞涩、紧张。

* 身体姿态:如果是站着交流,抬头挺胸,身体站直,落落大方,面对对方,距离要稍微近点,不能将手插在口袋里,也不能随意乱放;如果坐着,身体略微前倾,距离适度,不要乱动有小动作;如果走路,试着将步幅加大,并且频率也稍快一点,眼睛要看着前方。

* 握手：握手的时候要非常沉稳有力，但不宜太用力；而且握手的掌心向上，时间大概3秒一次；握手的部位大概是对方指尖向上手的三分之二处，不要只是碰触到手指就算握手了。

领导者在讲了行为训练注意事项之后引导成员依次做练习，并要求在本次团体活动结束后将其作为平时作业加强相关练习。

* 先让小组内成员两两配对做一分钟的对视练习，可不断地换配对人员加强练习。

* 以小组为单位，小组成员围成圈，每个人轮流站在圈中间，以顺时针或逆时针地顺序对所有人微笑，然后去握手、拥抱，并且用适当语速语调与对方做简短沟通。

* 然后32个成员围成一个大圈，所有人昂首挺胸，快步走动，见人就微笑打招呼，去拥抱对方，然后再找下一位，尽量多找自己小组外的成员练习。

* 所有成员围成大圈坐着，领导者请一名助理担任"葬礼主持"，每位成员想一下前一单元写到的自己的局限、缺点，并写在小纸条上，每个小纸条写一条。在圈中间放上一个大的容器，可以是投票箱。所有成员很慎重地将小纸条一个一个地投到票箱里面。采用"火葬"和"土葬"两种"葬礼"形式。在"葬礼主持"念完"悼词"后，所有成员通过想象将自己的局限和缺点一个一个地全部"安葬"。在"葬礼"进行过程中，助理轻轻地将票箱拿到隔壁房间。

"葬礼"悼词如下：

亲爱的朋友们！今天我们齐聚在这里，将举行一个公共的"葬礼"。每当遇到困难和挫折的时候，我们经常会受到一些因素的干扰，比如"我不能"先生和"我害怕"女士，今天它们就要离我们而去了，我们不需要悲伤，而应该庆幸，因为它们将要去它们该去的地方了。现在请大家闭上眼睛，想象你正在校外一块墓地旁，面前有一个比较大的土坑（停顿1分钟），现在请大家将你们手上拿着的所有写着局限和缺点的小纸条一个一个地放在坑里，并将它们点燃烧尽，然后再用土将它们深深地埋在里面（停顿1到2分钟）。朋友们，虽然"我不能"先生和"我害怕"女士它们永远地离开我们了，但我们并不孤单，我们还有很多兄弟姐妹，"我能行""我自信"等兄弟姐妹们将会一直陪伴我们。愿"我不能"先生和"我害怕"女士等永远地安息吧！它们的死将鼓励我们更加勇敢自信地面对困难挫折。今后的我将是一个全新的我，一个充满自信的我！

第八单元 爱的表达及爱的品质提升

活动一：他人眼中的我

目的：梳理自己的人际关系，了解自己在他人眼中的形象及其对自己的生活、学习、心理的影响。

时间：30分钟。

具体操作：所有成员以小组为单位围成圈坐好，发给所有成员一张事先准备好的"他人眼中的我"练习表(表7-10)和笔。领导者给成员5分钟时间认真思考，然后成员将答案写到练习表相对应的空白处。填好后，领导者抛出一些思考的问题给成员。比如：哪些地方比较好写，哪些地方比较难以下笔；写的东西是积极的还是消极的；自己的感受是怎样的。然后成员们在自己小组内彼此交流分享。无论成员分享的是什么，所有其他成员都要以包容支持的态度去接纳，鼓励他。

表7-10 他人眼中的我

父亲眼中的我：	母亲眼中的我：
兄弟姐妹眼中的我：	异性(恋人)眼中的我：
老师眼中的我：	同学眼中的我：
现实中的我：	理想中(期望)的我：

活动二：讨论爱的意义

目的：明白不同的爱的意义和重要性及它们之间的关系。

时间：30分钟。

具体操作：所有成员用手机搜索马斯洛的需要层次模型。领导者向所有成员讲解马斯洛的需要层次理论具体内容及其重要理论价值，其中特别要强调的是由低级向高级过渡的第三个层次的需要，即寻求爱与归属的需要。爱与归属的需要也是人的基本需要。马斯洛(2011)认为："在我们的社会中，爱的需要的威胁是最普遍的基础核心……在顺应不良的情况下,爱的需要的威胁是贯穿在全过程的基础。"爱的关系是有意义的。有人认为"饮食+运动+睡眠充足"也比不上人与人之间的亲密关系。领导者举例说明爱是有重要意义的,然后让所有团体成员认真思考:过去的经历里面有哪些有爱的场景或爱的表达,自己当时的感受是什么;又有哪些是被忽视的、缺少爱的情况并谈谈当时的感受,对现在的自己是否还有影响(不用强迫成员,愿意分享的可以)。当成员在表达的时候,所有其他成员要接纳、呵护这位成员。

活动三:爱的表达(父母/同学)及感受

目的:学会感受爱、表达爱;懂得感恩父母的养育,感谢同学的一路相伴;提升爱的品质。

时间:40分钟。

具体操作:在前一个练习中,领导者让团体成员回想过去一些同学之间、与父母之间和朋友之间的有爱的场景,并体会自己的感受是怎样的,当所有成员分享了自己的爱的故事之后,会有些新的感悟。接下来的练习更多地让成员去表达爱,培养成员爱的品质。领导者先让成员两两配对去相互表达对对方的喜欢,感谢成员的一路相伴!表达的时候要真诚而自然,若是出现不太自然的情况,多练习几次。接着让成员各自想象自己对面坐着的是自己的父母,要对父亲说什么,对母亲说什么。表达的内容要有生活中的一些素材做铺垫,要大胆地将自己平时说不出口的话勇敢地说出来。领导者建议所有成员结束本次团体活动之后的24小时内向自己的父母去表达这份爱。领导者对成员父母可能出现的反应做一些预告性的提示:可能有些成员的父母也是不太善于表达爱的人,当他们听到子女表达爱的时候,内心一定会有温暖的感觉,但是可能一下子不太适应,没有及时给予适度的行为反馈,这时需要继续抱有积极的"期待"。由不自然到自然地表达爱需要一个过程。

活动四:沙盘治疗技术应用小组体验

目的:通过沙盘游戏处理心理上的一些"情结",在团体成员的呵护中不断探索自我,健康成长。

时间:40分钟。

具体操作:领导者将32位成员分成6个小组,有2组每组6人,其余4组各5人。所有成员围坐成一圈,中间放置一个小沙盘。领导者先向所有成员介绍沙盘治疗技术的简单历史、效果及主要应用要领,然后请成员将双手放在沙子里,闭上眼睛,体验沙与手之间碰触的感觉。接着请成员回想最近自己的心情是怎样的,想好后走到沙具架子那儿,寻找四样沙具,然后回到位置上。成员以"石头剪刀布"的方式决定各自的出场顺序。然后由第一个成员从自己的四样沙具中选出第一个放到自己前方的沙盘上,接着第二个成员放上自己的第一件沙具,一直到最后一位;然后循环放第二件、第三件、第四件沙具。所有成员均放好后,在组内分享自己为什么选择这四样沙具,先后的顺序又有什么深意。当所有成员全部分享了之后,领导者让成员将自己的四样沙具全部拿走,将沙重新抚平,然后再依次选择第一件沙具放在沙盘的某一个位置(自己想放的位置),接下来放第二件、第三件、第四件。所有成员放好后依次解释为什么要这样放并谈感受。

这项活动可以通过团体沙盘游戏的方式,大大激发团体成员的动力,达到一种心理治疗的良好效果。成员的感受非常深!选择的四种沙具,能够体现出自己目前的状态。在练习中当有成员选择一个小人站在那儿,就会有另一个成员也将自己选择的小人放在他的旁边;当有成员放置了一栋房子的时候,有其他成员就在房子周围种上了花……成员瞬间觉得自己被治愈了。然后领导者可以让每组留下一位成员,其他成员到其他组,听各组留下的组员讲讲本组的练习情况,最后再回到自己组内听那位"留守"成员讲解本组的沙盘游戏情况。成员再次体验被呵护的美好感觉并给予讲解的成员以积极的肯定和赞美。

活动五:歌曲《感恩的心》

目的: 用音乐疗法去进行感恩教育,进一步寻求爱的链接,使成员懂得珍惜人与人之间真情的重要。

时间: 20分钟。

具体操作: 这首歌是欧阳菲菲演唱的,网上也有很多的手语视频。领导者先教大家唱这首歌,一边唱一边做手语,让成员学会基本动作,然后跟着音乐大家一起唱这首手语歌。好的音乐可以起到积极心理暗示的作用,可以帮助调节人的情绪和行为,甚至可以植入人的潜意识。唱这首歌的同时,还做手语,成员们都非常兴奋、开心,他们也全身心投入在其中,很快便学会了。成员一起唱完之后,没有人提醒,领导者发现他们自动地相互拥抱。

第九单元　人际互动技巧及和谐关系构建

活动一：阿维安卡 52 航班空难原因分析

目的：通过案例分析，明白有效沟通的重要性。

时间：20 分钟。

具体操作：领导者在投影上放案例资料，给所有成员阅读。阅读完之后让所有成员以小组为单位在小组内分析并讨论交流。然后每个小组推选一名成员面对全体成员对本组的观点进行陈述，然后领导者进行总结。

案例：阿维安卡 52 航班空难

1990 年 1 月 25 日晚 7 点 40 分，美国某航空公司阿维安卡 52 航班飞行在南新泽西州海岸一万多米的高空。机上油量可维持约两小时航程。正常情况下飞机降落到纽约肯尼迪机场仅需不足半小时，可以说飞机应该是十分安全的。然此后发生了一系列耽搁：晚 8 点整，肯尼迪机场管理人员通知 52 航班，由于严重交通问题，他们必须在机场上空盘旋待命。晚 8 点 45 分，航班副驾驶向机场报告飞机"燃料快用完了"。地面管理员虽收到信息，但在晚 9 点 24 分前，并没有批准飞机降落。此间，机组成员再没有向机场传递过其他任何情况极其危急的信息，但机组成员间却相互非常紧张。晚 9 点 24 分，因能见度太差，根本无法安全着陆，航班第一次试降失败。在航班进行第二次试降时，虽然飞机燃料将要用尽，但飞行员却告诉机场管理员分配的跑道"不行"。晚 9 点 32 分，飞机的两个引擎失灵，一分钟后，另两个也停止工作，燃料耗尽的飞机于晚 9 点 34 分坠毁于长岛。机上有 73 名人员遇难。

活动二：信息传达与接受

目的：了解信息传递的过程，学会有效沟通。

时间：30 分钟。

具体操作：领导者讲解将要进行的信息传递游戏规则：一是数字信息游戏。以小组为单位，8 位成员前后站成一队，最后一个人领数字卡片，4 个小组的卡片数字不同。整个游戏过程中不能说话，只能用手拍前方的成员。拍头代表"0"，拍左肩代表"1"，后颈代表"2"，右肩代表"3"，左后背代表"4"，中后背代表"5"，右后背代表"6"，左腰代表"7"，中腰代表"8"，右腰代表"9"。传到前面第一位成员之后，请第一位成员将传递过来的数字写到空白卡片上。两张卡片对照一下，看是否完全一样。二是语言传递信息游戏。将32位成员分成两组,每组16人,站成一排,两排尽量分开远一点,不要互相干扰。每组的第一位成员看一下事先写好的话,这时卡片被收回。他只能说一遍,成员依次通过耳语(不能让其他成员听到)将信息传递下去。如果发现他说错,前面的成员不要有任何提醒或其他表情、动作。最后一位成员将所接收到的话写到另一张卡片上,进行对照,看看有什么不同。成员可以分享一下自己的感受,接着领导者进行总结,最后成员再进行交流。

卡片上的原话分别是"爸爸很帅,妈妈很嗲,老师很穷""男生洒脱,女生凄美,老师装酷"。等到做完此游戏后,已经变成"爸爸很帅,妈妈很大,老师很怂""男生耍泼,女生奇美,老师装哭"。每位成员都非常投入此项活动,他们非常快乐。活动也带给他们很多启示:平时同学、朋友之间的传话经常会失真,不能完全听信,可能会产生很多误会、冲突。另外,有效沟通应该是发送者凭借一定渠道将信息发送给既定对象(接受者),并寻求反馈以达到相互理解。这个练习对自己平时与同学的相处会有很多帮助。当有些误会的时候要加强交流沟通,不能偏听偏信他人传递的信息,要真诚与同学相处。

活动三:沟通6H

目的:明白沟通是有方法的,有效沟通需掌握一些沟通基本知识和技能。

时间:30分钟。

具体操作:领导者让每个成员想一想自己最近与某位同学或朋友沟通的情境,并按6个方面陈述,与组内其他成员分享,最后领导者做一些总结。

沟通的基本内容(6H)包括:何因(目标、目的)、何人(沟通的对象)、何事(沟通的主题)、何地(沟通的地点)、何时(沟通的时间)及如何(沟通手段)。

活动四:"背对背"与"面对面"

目的:体会不同的身体姿态对谈话效果的影响及人的心理感受的不同。

时间:20分钟。

具体操作:成员在组内自由两两配对进行交谈,交谈的内容由自己决定。但是同样的内容需要交谈两次,第一次以"背对背"的方式交谈,第二次以"面对面"的方式交谈。所有成员谈谈两次的交谈感受有什么不同、哪种感觉好、为什么。双方谈了感受之后也可以在小组内进一步分享。

很多成员经过这个练习,有很多感想。原来生活中很多时候的沟通不畅会和身体姿态有很大关系,而我们平时不太会在意这样的问题。成员反映对沟通对方身体姿态的关注会比对自己身体姿态的关注多得多,往往忽略自己的身体姿态在沟通中的意义,经常会误会对方,看问题比较主观。通过此项练习成员纷纷表示今后沟通中要特别注意身体的姿态调整;同时也要理解和宽容对方的一些不合适的身体姿态,有可能是对方没有意识到这方面,也有可能是对方恐惧社交、自卑等。

活动五:五层次"听"练习及感受

目的:体会不同层次"听"的效果与感受,学会设身处地地倾听他人的倾诉。

时间:30分钟。

具体操作:领导者事先对两位助理进行培训,让他们在本次倾听练习中进行五种层次的倾听练习。一位是倾诉者,一位是听者。假设倾诉者失恋了,情绪很不好,想向舍友倾诉。先从第一层次开始,结束后请团体成员进行讨论,然后逐级进行下去,成员能直观地感受到不同层次的"听"带来的不同感受。

五个层次如下:

* 听而不闻(不做任何听的语言和行为)。

* 假装听(假装做出聆听的样子)。

* 有选择性地听(只听自己感兴趣的内容,比如男生怎么拒绝女生的细节)。

* 专注地听(认真地听讲话,并与亲身经历做比较)。

* 设身处地地听,即倾听(用心和脑来倾听并做出适度反应,并且理解对方讲话的内容、目的和情感)。

与人沟通相处过程中倾听是拉近彼此关系的重要技巧。因为"在人类的交流中,人们要求的不仅仅是躯体的呈现,他们还希望看到他人在心理上、交往上和情感上的呈现"(Egan,1975)。而现实生活中真正做到积极地设身处地地倾听是不容易的,需要我们多练习。

活动六:非言语沟通练习(眼神、手势等)

目的:清楚非言语行为在人际沟通中的重要性;实践中注重非言语行为的积极应用。

时间:20分钟。

具体操作:领导者要求成员以小组为单位,两两配对进行交流,这次的交流要着重关注非语言的信息。沟通结束后彼此按下面六个方面进行分析并谈感受。

关注的主要内容有：

* 面部表情：笑容、眉头的变化、嘴巴的状态。
* 躯体行为：身体姿态、身体的移动情况及手势等。
* 眼神：是柔和、紧张、谨慎还是冷漠的，是否躲闪，眼神接触时间和频率等。
* 与嗓音相关的：语气、语调、嗓音大小的变化，语词的停顿、强调，沉默等。
* 生理反应：呼吸是否急促，脸红还是苍白，瞳孔是否扩张等。
* 其他：外在着装、发型和佩戴的装饰品等。

领导者进行总结：人在沟通的时候不仅言语是重要的方式，而且非言语行为也是重要的沟通渠道，不仅如此，非言语沟通有时反而更为重要。当事人的面部表情、躯体的姿态、嗓音的特质及生理反应等都可以传递出比言语更多的内容。梅瑞边(Mehrabian, 1971)研究人如何来判断他人是否喜欢自己，研究发现：7%是通过言语，38%通过嗓音，55%通过面部表情。不仅如此，他还发现当言语与面部表情给出的信息发生冲突的时候，人们更愿意相信面部表情。因而在生活中不仅要注意言语在沟通中的作用，也要关注非言语沟通的积极运用。

第十单元　学习心理调适（一）

活动一：我的需要层次

目的：认清自己真正想要的是什么，直面学习中的问题。

时间：30分钟。

具体操作：领导者给团体成员发放有关马斯洛需要层次理论的资料，请成员仔细阅读。所有成员回顾自己的整个求学史并积极思考自己真正想要的是什么，以小组为单位进行分享和讨论。最后请一位成员代表本组在大组里面进行归纳总结。

此项练习让成员进一步认清了自己真正想要的是什么，反思自己为了真正想要得到的东西做过些什么，哪些有积极意义，哪些是起阻碍作用的。所有成员通过两个多月的团体活动，开始真正面对学习的具体问题。前面的九次团体活动已经使得他们有了面对最大问题的信心和能力。

活动二：我的学习现状及学习动机水平的调控

目的：了解学习动机与学习效率的倒 U 形关系；清楚自己的学习现状；学会控制自己的学习焦虑水平。

时间：30 分钟。

具体操作：领导者向团体成员发放耶尔克斯-道德森定律的相关资料，并进行详细的讲解。然后所有成员以小组为单位，思考五分钟时间，对自己的学习现状做一些梳理，分析一下自己面对高难度、中等难度和低难度的学习任务时的动机水平如何，焦虑水平又如何，在组内进行分享。成员在日后的学习中学会根据任务的难易程度去调控学习动机水平。

心理学家耶尔克斯和道德森的研究证实，动机强度与工作效率之间并不是线性关系，而是倒 U 形的曲线关系（图 7-2）。具体而言：动机水平处于适度中等强度时，这时的工作效率最高；动机水平过低时，参与活动的积极性较低，工作效率自然也比较低；而动机水平超过峰值过强时，工作效率会随动机水平的增加而呈不断下降趋势，这主要是因为过强的动机水平使个体处于过度焦虑和紧张的心理状态中，记忆、思维等心理过程受到严重影响。

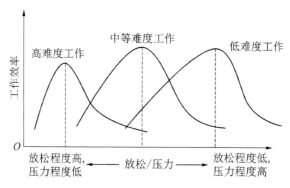

图 7-2 动机与效率关系

活动三：学习困难归因分析

目的：运用韦纳的归因理论对自身学习困难问题进行合理的归因，并在今后学习过程中注意克服不正确归因。

时间：30 分钟。

具体操作：领导者发放韦纳的归因理论有关资料，进行详细讲解。然后所

第七章　移动——高校学困生长程团体心理干预与调适中间阶段方案设计、实施及评估

有成员以小组为单位,思考五分钟时间,对自己学习困难的原因进行深入总结分析。自己进入大学之后学习退步究竟是来自哪些方面的因素导致的?是外在的还是内在的?是稳定的还是不稳定的?是可控的还是不可控的?成员可以将自己思考的要点写在资料纸的空白处,并与小组其他成员分享。

此项归因练习是成员真正开始攻克学习困难问题的非常关键的一步。只有找到问题的真正根源,并对症下药,才有治愈的希望。对成功和失败的不同归因,必然会对个体之后的行为倾向产生巨大影响。对学习困难的错误归因常会使人失去克服困难的信心。有些成员在开始做练习的时候将自己考试失败的原因归结于自身能力比较低下,不适合学习理工科专业。而根据韦纳的归因理论我们知道"能力高低"是一个比较稳定的因素,而且不可控。如果将考试失败归因于自身能力比较低下,那么自然就会失去对改变学习困难现状的信心。而实际上能考入重点工科高校的学生的学习能力不可能低,他们都是中学里的佼佼者,拥有比较强的学习能力才可能踏进重点高校的门槛。在这项练习中,不少成员逐渐改变了自己不正确的归因,对自己的能力不再持怀疑态度,而更多是将学习困难归因为努力程度不够。努力程度是个人内在的、不稳定的但可控的因素。通过归因分析,成员找到了问题的症结在哪儿,克服学习困难的信心被成功激发。

活动四:我的学习比萨

目的: 反思自己的时间管理是否科学、合理,加强时间管理能力。
时间: 30分钟。
具体操作: 领导者先发放事先准备的画有两个"时间比萨"的练习纸(表7-11),然后让成员按自己参加团体活动之前的实际情况填写一天24小时的活动内容安排、所占时间比例。成员填好之后,仔细思考一下哪些项目是必不可少的,哪些项目是可以删除的,哪些项目的比例应该增加,哪些项目的比例应该减少,学习的时间占其中的多少,有效的学习时间又占其中的多少。经过调整之后,成员再进行一次分配,然后完成合理规划后的时间分配表。每位成员完成之后在小组内将自己的前后两个"时间比萨"的情况做分享。针对调整后的时间分配的执行,请小组内成员相互监督。

表7-11　我的学习比萨

团体咨询前的一天24小时时间分配	调整之后的一天24小时时间分配

(续表)

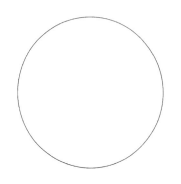 ① 我的"时间比萨"中共有多少项目？ ② 哪些项目是必不可少的？哪些项目可以删除？ ③ 哪些项目的比例应该增加？哪些项目的比例应该减少？ ④ 学习时间占其中的多少？ ⑤ 有效的学习时间又占其中的多少？	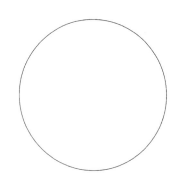 重新进行合理规划，注意所占比例的分配，并将左右两个时间分配比萨进行比较

活动五：建立学习共同体（学习联盟）

目的：建立有共同愿景的学习组织，分享学习中的心得体会，交流学习方法和策略，相互支持走出学习困境。

时间：30分钟。

具体操作：领导者先简单介绍"学习共同体"的相关理论及其现实意义。让成员以博耶的六条关于学习共同体的建议为参考，讨论如何建立自己小组的学习共同体。小组内自行选出小组长，再选出两名监督员，一起讨论和协商确立自己小组的学习共同愿景，并订立一些关于学习的团体规范，需要团员共同遵照执行。然后小组所有成员一起"宣誓"，坚决遵守共同的约定，互相取长补短，互帮互助，通过共同学习更好地解决学习实践中存在的问题，根本地改变目前的学习困难现状。

学习共同体（Learning Community）始于美国的教育改革运动。20世纪90年代，美国开始尝试建立"一个以共同的目标、协作能力和集体责任为特征的专业共同体"（陈晓端 等，2011）。1995年，美国教育家欧内斯特·博耶（Ernest L. Boyer）发表《基础学校：学习的共同体》（*The basic school: a community of* learning)报告。报告中指出,要形成学习共同体,需要以下六条特质:要有明确的使命;成员之间要相互尊重和信任,彼此倾诉与倾听;每个人都受到平等对待;建立明确的规章制度和行为规范;相互关心有安全感;经常一起欢聚,一起活动。

第十一单元 学习心理调适(二)

活动一:探讨专业前景及专业思想问题

目的:稳定专业思想,对所学专业前景进行客观、理性的分析,从而对自己有更好的期待。

时间:30分钟。

具体操作:每位成员在小组内就自己所学专业做一些介绍,并发表自己的看法,而当他陈述完之后,其他成员说出自己心中对于该专业的一些认识。第二步,每位成员谈谈自己当初为什么会选择现在所学的这个专业;如果再次选择,自己又会选择什么专业,为什么,对新选专业了解有多少。

此项练习中成员讨论得非常热烈。有四成以上的成员在当初高考填报志愿时是和父母商量共同决定的;有近三成的成员是自己决定填报的;还有约三成的成员是父母填报的,但是自己也没反对。几乎所有成员都表达对所学专业不感兴趣,其中的绝大部分学生对其他专业也不了解,不知道自己对什么专业感兴趣。少部分成员表达了自己对其他专业有兴趣,除一位成员对感兴趣专业有一定了解之外,大多也只是停留在表面的喜欢。领导者针对他们的讨论进行总结:32位成员的专业都是理工科专业,就业前景是比较好的,但是工科专业的普遍特征就是学起来比较困难,很多的基础性课程难度较大,国外、国内都是这样。但是理工科相对于文科有很多优势,文科的专业好学但学好却不容易,而且就业前景远远不如理工科。文科学生的就业领域常常可以有理工科学生的足迹,但文科生却很难介入理工科的就业市场。大部分学生对专业并不是太了解,包括对自己所学专业和其他专业,而且理工科专业大一、大二的课程基本上相差不大,都是些基础课程,比如高等数学、物理、工程制图、英语、计算机语言等。通过讨论和领导者的分析讲解,成员的专业思想基本稳定下来,也能够客观、理性地看待专业问题。

活动二:学习目标的确立和计划的制订

目的:根据自己的学习现状及自身的各方面情况,制订切实可行的适合自己的学习目标,并制定有效的行动方案,即制订学习计划。

时间:40分钟。

具体操作:领导者首先向成员发放空白A4纸;再引导成员积极思考、设计未来的种种可能性;然后在这些可能性中间去深入思考,选出几种可行的比较理想的可能性作为制定目标的主要参考因素。成员在小组内进行分享,然后根据其他成员的反馈和自己的分析不断地进行调整,最终使学习目标明确下来。目标应具备一些特点:"是成果而不是活动;足够具体,以便得到证实,并驱动行为;有实质意义和挑战性;现实的和持久的;与当事人的价值观相一致;建立在一个合理的时间框架内。"(Egan,1975)学习目标确定下来后,成员还需要制订行动的具体计划。需要考虑几个方面的问题:行动计划的主要步骤有哪些?为实现计划可用的资源有哪些?还可以开发哪些资源?如果在计划实行过程中遇到阻碍怎么办?

在进行此项活动之前,尽管有些成员曾经有过学习目标或制订过学习计划,但是普遍是目标比较笼统而模糊,计划也经常因执行不力而被搁置。但是,这次的目标和计划却是经过深思熟虑的,并且是切实可行、比较科学的目标和计划。有了目标,人才会有前进的动力;目标被分为若干子目标,实现子目标,就会向总目标进发。每个人学习目标和计划的执行又在小组其他成员的监督下。

活动三:头脑风暴(好的学习方法及策略)

目的:相互分享好的学习方法和学习策略,了解六大学习策略,并在学习中积极运用和强化训练。

时间:20分钟。

具体操作:本研究中的学困生在学习上缺少一些认知策略,比如复述策略、精细化策略、记忆策略等。很多学生遇事惯于单向思考,还保留着中学时代的惯性思维。成员习惯"接受学习",由教师指导手把手带领学习知识,缺乏创新性思维和发散性思维。到了大学阶段,课程学习与中学有很大差别,他们不适应这种变化,没有积极地调整自己。而理工科专业的课程难度又比较大,等到他们醒悟过来的时候,却已经难以改变了。领导者先让成员以小组为单位,相互分享以往学习中好的学习方法和学习策略;然后向成员发放关于学习策略的资料并进行讲解;最后请成员在后面的学习中借鉴并使用这些学习策略进行训练(图7-3)。

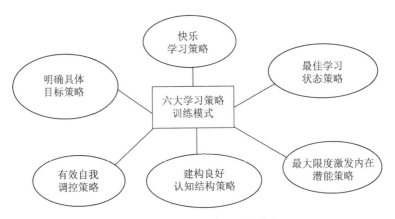

图 7-3　六大学习策略训练模式

* 明确具体目标策略与训练：找准目标就等于成功了一半。成功者善于化大为小，从大处着眼，小处着手，将目标具体化、细化。子目标易于采取行动和完成。从小目标开始一点一点突破，每一步都踏向自己的目标，经常品尝成功的体验，不断激发和积累新的活力和信心，为迎接新挑战积蓄心理的力量。

* 快乐学习策略与训练：孔子说："知之者不如好知者，好之者不如乐之者。"快乐学习的障碍有外在的，比如社会偏见、传统教育的压抑、家长的批评指责等；内在的主要有学习态度和错误的归因方式等。我们要将快乐学习作为第一原则，并且要治好兴趣借口症，以免"兴趣——多少懒惰假你之名而行"（吴武典，2002）；要施加学习是向上的积极心理暗示；要加强自我肯定训练和潜意识训练。

* 最佳学习状态策略与训练：这是一种轻松愉快而又全神贯注的状态；是头脑非常清晰，能控制自己的学习状况，充分发挥自己能力的一种状态。可多进行音乐放松训练、渐进性放松训练、自主训练和保持内心平静的训练等。

* 最大限度激发内在潜能策略与训练：自尊、自信、自我效能感不仅是学习的秘密核心动力，也是人的内在潜能，激发内在潜能对于每个人的成长和发展都是至关重要的。可以用形象转换训练法：先确定要改掉的消极心理图像，接着浮现积极的心理图像，将两种图像快速衔接。而自信、自尊训练见第六、第七单元的训练。

* 建构良好认知结构策略与训练：认知心理学认为：决定学生学习效率和学习成绩好坏的直接因素是学生的认知结构质量和学习策略水平。

* 有效自我调控策略与训练：在学习过程中，有意识设置学习目标，选择适当的学习策略,经常自我激励,自我监控学习进度,评估学习效果,不断反馈学习状况和调整学习计划,也是十分必要的。既要对认知因素进行自我调节,如有效学习过程、建构良好认知结构和学习策略的自我调控,也要对非认知因素,如动机、情感等进行自我调控。

活动四:自我效能感的提升

目的: 提升一些基本技能,并利用这些技能去完成学习任务,进而提高自信程度,也就是自我效能感。

时间: 30分钟。

具体操作: "自我效能感是一个人有能力组织和执行行动来管理预期情况的信念。"(Bandura,1997)。本项活动就是要培养每位团体成员学习方面的自我效能感。领导者向成员提供一些讨论、思考的框架。然后每位成员也可以用手机查阅一些相关的资料进行补充,并做好记录。成员达成共识之后,在接下来的生活、学习中对照执行,不断地提升自身的自我效能感。

框架如下:

＊发展自身所期待目标的各项技能(身体有关技能、学习技能、价值观方面的技能、自我管理的技能和沟通技能)。

＊经常向老师、同伴寻求对自己学业、生活等方面的反馈。

＊将学习目标分解成子目标,将目标具体化,使自己能常体验到成功的感觉。

＊寻找学习上的榜样,在自己班级或年级中找出一位学习优异的学生,以他为榜样,效仿他学习方面好的做法。

＊经常自我激励,减少对学习的焦虑和恐惧感。

经过成员的讨论汇总,发展自身所期待目标的各项技能包括:①身体有关技能。控制体重、按时吃饭并注重营养搭配、运动技能(每天1小时体育锻炼)等。②学习技能。利用好图书馆、大量阅读、提高学习效率、积极寻求有关学习方面的信息、听课认真并记笔记、做好预习复习、保持对知识的好奇和探究的心态、不懂就问等。③价值观方面的技能。明白什么才是主流的价值观,改变"读书无用论"的观念。④自我管理的技能。懂得树立适合自己的目标和制订相应计划,并能执行它;懂得如何缓解学习焦虑情绪;能克制自己玩游戏的欲望;生活学习有规律等。⑤沟通技能。与同学探讨学习问题的能力;学习上向他人挑战的能力;向别人提供学习方面相关信息的能力;积极发言回答问题的能力;等等。

第十二单元　意志力提升

活动一：意志力培养要素

目的：理清从哪些方面入手去培养意志力。

时间：20分钟。

具体操作：首先成员以小组为单位，进行如何培养意志力的讨论，进行头脑风暴，形成小组总的结论，并推选一名成员代表本组在大组内发言（很多活动中会推选成员代表本组发言，尽量让所有成员都有机会）。然后领导者根据成员的结论并结合事先准备的美国新思想运动代表人物弗兰科·哈德克（Frank C. Haddock）的培养意志力的七种要素，得出所有成员共同努力的意志力训练标准。

根据四个小组讨论结果，梳理意志力培养的关键点主要有：坚定信念、增强控制力、养成良好的习惯、建立奖惩制度、请身边同学或组内其他成员监督执行、自我激励、做事要果断。弗兰科·哈德克（2009）的意志力七要素如图7-4所示。

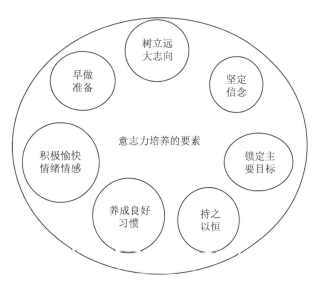

图7-4　意志力七要素

经过讨论与交流，成员表示需要将原先讨论的内容与弗兰科·哈德克的七要素结合起来，中间很多内容在之前的单元中已经严格执行了，比如：树立远大志向、锁定主要目标、早做准备（制订计划，提前行动，不要拖延）、坚定信念等方面。之后在学习生活中不断地强化这些方面，提醒自己以防松懈。除此之外还有一些方面要加强训练,比如专注力、感知力、自控力、记忆力、想象力、果断性等方面。另外还可以进行奖惩,做得好的可以奖励周末看场电影或参加聚会等放松活动,但是若做得不好要惩罚自己,比如多做 50 个俯卧撑或多跑 10 圈步等。

活动二: 感知力训练

目的:提升个人的意志力,从而克服学习困难的状况并不断完善自我,提升生活质量。

时间:30 分钟。

具体操作:领导者先简要介绍感知力训练与意志力提升之间的关系。"对意志力的培养必须从坚持不懈的注意力的培养开始。意志力必须要有力地参与不同感觉器官的运用。"(哈德克,2009)。然后进行三个感知力的训练。

训练一:每位成员依次走到沙盘模具柜前,完全集中注意力,用 20 秒钟去观察柜子里面的各种模具,然后将自己记得的模具名称写到空白纸上。在后面的每周过来活动之前都可以重复一遍这样的练习。也可以绕房间走一圈,用心去记所看到的所有物品,进行记录。每天回到自己宿舍也可以训练一次,坚持 10 天以上。

训练二:闭上眼睛,用 1 分钟时间仔细去听声音,辨别都有哪些声音以及声音的方向、声源、声调、强度、特性等信息,然后在小组内分享。这样的练习也可以多次在不同的场合展开。

训练三:所有成员坐在椅子上,闭上眼睛。将所有的注意力都集中到自己右手或左手的掌心,想象掌心越来越热,1 分钟之后,自己两只手有怎样的感觉?然后再将注意力集中到自己的右脚或左脚脚底,想象它越来越热,1 分钟之后,两只脚的感觉如何?可请成员一起分享。

当做这些练习的时候,敏锐观察力、听力等感知力都得到了提升,而且多次重复的练习,可以使耐力和毅力等均有较大提升。感官的体验也会使成员相信若坚定地去做一些事情,就一定可以有改变,学习困难的状况也一定可以根本改变。

活动三: 专注力训练

目的:通过训练提高成员的专注力,也就是将意识集中或限制在特定的领域。

时间:30 分钟。

具体操作：领导者先让成员回忆一下自己前段时间学习时的状态怎样，效率又怎样，学习时的专注程度与学习效率有没有关系。成员经过讨论，明白学习时专注力的重要性。然后领导者通过一些事例来强化专注力对于个体学习成长的重要性（如陈毅吃墨水、牛顿将手表当鸡蛋煮、本校一位教师专注下围棋时喝烫的热水却没反应）。专注力是很多成功人士的共同特征。甚至有心理学家认为，专注力是意志的唯一力量。能够专注于并不喜欢的事情，一直到逐渐产生兴趣，这样的人一定会取得成功。领导者引导成员做提升专注力的训练，并要求成员在团体活动后的生活、学习中加强练习。

训练一：每位成员安静地坐在椅子上，想象自己就是一个人待在这里，将所有的思绪全部抛到脑后，什么都不用想，让自己的大脑一片空白，并且尽可能保持较长的时间。

训练二：同上。大脑尽量保持一片空白10秒钟，然后考虑一件事情，只专注于这件事情，不用去考虑怎么解决等其他内容。就像专注地看一样东西，只是关注，但不用浮想联翩，然后再放松下来。

训练三：安静地坐在椅子上。想象自己结束本次团体活动之后的大半天时间要做哪些事情。可能有很多想做的事情，但是哪些是重要而又紧急的？现在做出决定，迅速而果断地做出选择，在接下来结束团体活动后立即行动。

活动四：公开你的挑战

目的：努力克服学习过程中遇到的诸多挑战，增强应对挑战的能力。

时间：30分钟。

具体操作：领导者引导成员积极思考自己面临的一些挑战是什么、如何迎接这些挑战，并在小组内彼此分享。然后每位成员向组内其他某位成员发出挑战，公开自己的挑战，形成一种你追我赶的比赛氛围。两两配对，其他成员作为见证人。

成员的挑战主要有：

* 找到自己的问题和机会。找到自己的问题在哪，并积极承担对于摆脱学习困境是非常关键的。成员表示自己往往看不到或看不清自己的问题，所以即使有机会来临，也不能很好把握。因此，找问题是第一位的。

* 用可解决的方式来陈述问题。学习中不要用"我没办法安静下来学习""我努力也没有用"等来陈述问题，可以用可解决的方式来陈述问题，比如"我整天胡思乱想，心神不宁，从而影响了我的心情"。这两种表述是不一样的。后面的陈述是有建设性作用的,只要不再胡思乱想,就可能改变状态。而第一种不断地在强化努力一点用也没有,根本无法改变自己。

* 向逃避挑战。很多时候也知道自己的问题在哪,但是常常会选择逃避问题,比如:听不懂课,为了逃避,不去上课;害怕不及格,而不去考试等。可结果是问题越积越多。所有成员要克服这些问题,不断地向逃避发起挑战。

* 向玩游戏挑战。绝大多数团体成员游戏成瘾。游戏可以使他们的攻击性得到部分宣泄。弗洛伊德认为所有人都有攻击性。有的大学生在学业方面比别人强,有些在社会工作方面比别人强,有些在体育运动方面比别人强……他们的攻击性能得到宣泄。但是在现实生活中有部分大学生的攻击性找不到宣泄通道,他们就会转入暴力游戏中寻求宣泄。抵制游戏的诱惑对于学困生来讲是非常重要的任务。所有成员要向玩游戏发起挑战,要克制住想玩游戏的冲动。

* 向借口挑战。成员反思说自己在学习上经常找借口,比如"我没有学习资料""我没有休息好所以学习效率不高""这门课太难了,我不适合学习这样的课""父母给我的压力太大了""任课教师教得太差,我听不懂"。找借口是个非常普遍的现象,生活中找借口也有积极的意义,但是什么事总找借口,则有着很大的危害性。学习上总给自己找借口,就会停滞不前,甚至倒退。因此,成员要想打翻身仗,从根本上改变学习困难的现状,就必须不给自己找借口,要向借口发起挑战。

* 向自我挫败的内部对话挑战。埃利斯的合理情绪理论(见第四章第四节的理论基础部分)告诉我们:人的负面情绪往往不是由诱发事件(A),而是由我们的不正确的认知(B)所导致。当我们遇到挫折和困难的时候,我们的认知如何决定了会产生怎样的结果。团体成员反映当他们学习上遇到阻碍的时候,常常会产生不合理信念,进而产生负面情绪,最终导致学习动机和自我效能感的降低。因此,要对这些不合理信念进行辩论,去驳斥这些消极的思维、观念,而代之以正确的、合理的认知、信念。

* 向他人挑战。可以让成员下定决心,做出一些承诺。公开向他人挑战可以增强行动力。

活动五:布置作业(冥想、运动训练、抵制游戏诱惑、延迟满足等)

团体活动中的练习有很多需要在生活中不断地加以练习、应用。比如本次团体活动中的感知力训练、专注力训练、运动训练等均需要在实践中强化。

第十三单元　潜能的激发

活动一：汪洋中的一条船

目的：克服困难,挑战不可能;突破思维的僵化模式。

时间：40分钟。

具体操作：领导者事先介绍活动的基本规则。领导者发给4个小组每组一张大的报纸,然后将报纸展开,分散放置在平整的地面上。此外,领导者说明它就象征着大海里的一艘船,暴风雨就要来临,全体成员一个都不能少,要全部登上"船"并安全地离开;要求所有成员的脚不能踩在报纸以外的地方;然后让小组8位成员全部站到报纸上,象征同生死、共命运。成员充分发挥每个人的聪明才智,可以突破一些思维僵化模式,采取各种办法来达成目的。领导者要求一起登上"船",并保持5秒钟时间算成功。成功之后,领导者要求将报纸对折,再重复刚才的练习。成功之后再对折……一直到无法再完成为止。

此项练习带给成员的感受和震撼较大。当一开始报纸展开的时候,全体成员都非常有信心,因为他们觉得8人全部站到上面是完全可以的,并没有太大困难。但是随着难度的加大,成员面对困难的心态也呈现出不同。这时大家七嘴八舌：有的成员信心满满;有的成员表示不确定;有的成员则开始质疑,说"这怎么可能做成功呢!"并打算放弃,但是考虑到在团体中,不能退出;有的成员心里虽没底,但是愿意试一试;有的成员认为完全可以并积极开动脑筋,想方设法,比如选择一个较强壮的男同学一只脚站在上面,脖子上骑着一个小个子同学,其他人像在自行车上玩杂技一样,充分利用背、胳膊等拉、背、拽。最终成员还是集思广益、齐心协力,4个小组都顺利地做到了,成功地挑战了不可能,而此时报纸只能容纳一只脚。这个练习不仅使小组的凝聚力得到了提升,而且突破了很多成员的固有思维模式,挑战了原以为的不可能,也使成员更加相信人有很多潜能。

活动二：意念(心理暗示)移动练习

目的：亲身体验意念(心理暗示)的巨大能量,坚定激发潜能的信念。

时间：30分钟。

具体操作：领导者带领全体成员做两个意念导致变化的练习。练习结束后成员在小组内分享自己的感受。

练习一：请全体成员围成一个大圈坐好。请所有成员将两只手腕处的横纹对齐,双手合十,比较一下中指的长度,心里明白即可。然后选择其中的一只手,这只手半举着放在胸前,手臂可贴在胸前,或者上身微微下弯,将手肘放在大腿上,然后轻轻地闭上眼睛。请将注意力完全集中到这只手上,手自然放松,想象这只手的骨骼被拉伸,血液在涌动,这只手一直在生长,就像如来佛的手掌,冲破了天花板,上顶天,下点地。全神贯注地想象一分钟的时间。(一分钟时间到了之后)请所有成员睁开眼睛,快速地将两只手再进行比较,对比中指的长度,是否有变化。

练习二:请所有成员围成较为宽松的大圈站好,然后轻轻地闭上眼睛,将注意力完全集中到领导者的声音上(语速较慢)。先做三个深呼吸。然后将自己的双手前平举,左手掌心向上,右手握成拳头,大拇指向上。然后将注意力先集中到左手的掌心上,充分发挥自己的想象力,想象左手的掌心上有一个黑色的、篮球大小的铅球,黑色的铅球带动左手臂不断地向下沉、向下沉、向下沉……请所有成员再将注意力集中到右手的大拇指上,充分地发挥想象力,想象大拇指上有一个白色的、直径一米的氢气球。白色的氢气球带动右手臂不断地向上升、向上升、向上升……非常好!请所有成员保持姿势不动,睁开眼睛看看自己的左右手,有什么变化,并谈谈自己的感受。

在练习一结束后,全体成员均反映自己做练习的手中指变长了,而且有的成员反馈可变长半厘米还多。

活动三:短时记忆力提升训练

目的:通过一些记忆的方法提高短时记忆力,进一步激发潜能。

时间:40分钟。

具体操作:领导者先让成员思考平时生活对什么样的事物记忆深刻,不容易忘。成员以小组为单位进行讨论,然后领导者进行总结。我们的大脑倾向于记忆有图像的、有故事情节的、有规律的、能引起情绪反应的等方面的事物。因此,我们在记忆过程中可以赋予一些内容以意义、规律。这样就可以帮助我们提高记忆力。领导者带领成员做两个练习,做完之后请成员讨论。

练习一:领导者给每个成员发一张A4纸和一支笔,接着在投影上给成员一组看似毫无关系的20个词语,即"小鸟""米饭""勺子""菊花""树木""依靠""女孩""难过""高兴""上海""漂流""美国""无畏""气愤""韭菜""衣服""山洞""跳舞""激活""网络"。领导者先让大家用10秒钟时间看一遍,然后关闭投影,要求成员之间不要讲话交流,独立完成,将自己记得的词语写到纸上。成员反馈记得最多的大概有11个词语,大多数都在5~9个词语(米勒认为人短时记忆的容量）。接着领导者请成员再来一遍，这次记忆之前，介绍一些方法，比如在不相关的词语之间建立联系，最好有图像画面感、有故事情节，然后再看10秒钟，将纸反过来重新写一遍，看看能否全部写出。然后领导者也可以重新投影另外20个词语，运用此方法，再做一遍记忆练习。每个人赋予的意义、图像、故事可能都不一样，但是只要能帮助记忆就可以，有时越荒诞、离奇越容易记住。比如：一只"小鸟"吃了"勺子"里的"米饭"，飞到了一棵"树木"上，这棵树上开满了"菊花"。树干旁"依靠"着一个"女孩"，她时而"难过"，时而"高兴"，想到"美国"看看，但不容易。她决定从"上海"出发，"漂流"到"美国"去，当然需要"无畏"的精神才可以。可是一到"美国"，她就非常"气愤"，因为一位美国人满嘴"韭菜"。她快速离开，想到印第安人那儿看看，看到他们穿着奇怪的"衣服"在"山洞"口"跳舞"，于是她"激活"手机，通过无线"网络"将拍的图片发到朋友圈。

练习二：领导者将32位成员分成3个小组，其中2组11人，1组10人。分别叫甲、乙、丙组。甲组留在团体咨询室，另外两组由助手带到隔壁不同房间等待。领导者让甲组成员听录音（关于中国历史上10幅名画的介绍），只听不看，然后将他们带离开，换乙组过来。甲组成员之间不要交流，安心等待，一名助理监督。领导者让乙组看投影上的10张画，但是他们听不到声音。看完后再将他们带离开，换丙组过来。丙组既可以看画也可以听到解说，既看又听。之后将甲组和乙组都请回到团体咨询室，他们之间不交流。发给每个人一张A4纸，请所有成员将自己刚才记忆的内容简要地写到纸上，每个人写上组名，然后由助手收上来并进行统计分析。结果发现：总体而言，甲组成员只听不看的记住的内容最少；乙组只看不听记住的内容稍微多点；又听又看的丙组记住的内容最多，几乎全部记得。

以上两个练习，让成员体会到学习方法带来的记忆力的提升，让他们习得一些学习方法，以提高学习效率。成员再进行讨论，达成一些共识：要在理解的基础上记忆、利用直观形象进行记忆、多通道记忆、联想记忆、谐音记忆、编口诀记忆等。

活动四：带有预见性的想象力训练

目的：提升带有预见性的想象力，更加坚定自己的意志并激发潜能。

时间：50分钟。

具体操作：领导者向全体成员讲解带有预见性的想象力的重要性。"詹姆斯教授说过：'成熟的思考是把可能的要素在大脑里翻来覆去地掂量，考虑做还是不做各有什么利弊和优劣。'带有预见性的想象力比毫无目的的遐想要好得多,它是在意志力引导下的一种理性思维。"(哈德克,2009)带有想象力的学习会激发学习者的学习兴趣,使其提高学习的效率,而且不易遗忘知识。领导者带领成员做两个想象力的练习,让成员在实践学习中加以运用。

练习一:闭上眼睛,回想一下自己某次物理实验课的实验设备。设备的各个零部件以及它们之间的关系是怎样的?用的什么机械原理进行分析?然后想象将它全部拆卸成一个一个零件,再将它们重新组装起来。练习到感觉一眼就可以明白这个设备的工作原理,并且对它的内部结构和各个零部件了如指掌。

练习二:请先对本学期的某门主要课程进行梳理。然后闭上眼睛,在自己的脑中试着去画一个知识结构图。也可以想象昨天刚学的某门课程的主要内容,试着画脑图,即知识结构图。如果对知识之间的逻辑结构很清楚,那么到了考试的时候提取知识点将会变得容易。而我们常常会抱怨好像每个知识点都掌握了,但是等到考试提取的时候却很难,不知道考的是哪个知识点,这往往是由于没有知识结构图、知识是一盘散沙。珍妮特·沃斯(1998)在《学习的革命》一书中说:"几乎可以肯定,如果你不熟悉画脑图,你会发现很难用一个词表示一个要点。但试着这样做,这是非常重要的。然后,就在今天晚上,在你睡觉前不久,放些轻松的音乐,再看一下你的脑图,努力想想你已学的主要内容,尽量将它们形象化。想想各种各样的关联,因为在入睡前几乎出神的状态是学习过程的一个重要的部分。"

三、移动阶段主要技术与举例

(一)解冻阶段的一些技术继续使用(如解释技术、阻止技术、保护技术和角色扮演技术等)

此部分内容在前面章节已有论述,此处不再赘述。

(二)引导技术

引导技术是指团体领导者通过一些语言或非语言的方式引导团体成员积极思考、有效沟通并解决问题的技术。

举例:在"成长三部曲"练习中,成员刚开始大多并没有将游戏活动与学习现状联系起来。这时候领导者可以引导他们进行思考,并谈感受。领导者可以这样引导:"同学们,当你还是一只'小鸡'或'中鸡',却看到有那么多的同伴已经成长为'大鸡'了,是不是特别不甘,也想尽快成长呢?我们是有机会的哟!我们要有强烈的成长愿望,并且可以接受一些帮助,相互支持,共同成长。"在"拥有与丧失"练习中,领导者引导成员从自己内心的需要来选择,而不是从道义等其他方面来做出选择。而当成员艰难做出选择后,着重引导他们思考。一方面,生命中我们最看重或在乎的人也许某一天会离我们而去,我们需要有一定的心理准备,当这样的事情真来临的时候,不至于心理崩溃;另一方面,当知道了我们最重要的是什么之后,庆幸我们现在正拥有他们,我们应该为此做些什么呢?

(三) 关联技术

关联技术是指领导者能够敏锐地洞察到团体成员所表达的内容及相关的人物、事件、情景等,并将之与团体咨询目标进行有效的联结。关联技术的重要性体现在:有利于确认团体成员的一些共同的问题或线索;有利于缓解成员的焦虑、紧张等负面情绪;有利于提升团体的凝聚力;有利于团体成员反省自己的认知和行为;有利于团体成员的互动效果等。

举例:在"拥有与丧失"练习中,除个别学生之外(一位成员是单亲家庭,与父亲关系不好,事后需要单独对他进行心理辅导),几乎所有的成员在最后保留下来的都是父母。领导者敏锐地观察到这种情况后,向全体成员说出观察到的情况。然后让他们思考之所以都选择的是父母,说明父母在他们内心的重要性。父母对他们如此重要,他们又为父母做过些什么呢?有没有珍惜过他们?现在还经常联系父母吗?在总结的时候不要将那位没有将父亲放在首位的成员情况说出来,要注意保护他。当然,这样的活动对那位成员的触动也是比较大的,他会有很多反思。在"独特的我(长处与局限)"练习中,领导者将观察的共同问题进行分析。大多数成员是先写的局限,而且局限的条目远远多于长处。其实这说明成员们的自信心严重缺乏。领导者同时告诉全体成员在非学困生(包括本科生和研究生)的团体辅导中所做的结果和他们的结果非常相似。这些总结分析,一方面让所有成员了解到其他人的基本状况,当发现自己并非个例的时候,他们的焦虑感就会快速降低。另一方面,这些问题的出现必然会引起成员的思考,成员发现问题进而解决问题,才会根本地改变自己。

(四) 处理负面情绪技术

团体成员都积累了很多负面情绪,这些情绪对成员的影响非常大,成员的心理问题较为突出,学习动机、学习效率等方面均受到较大影响。在团体活动过程中当一些话题碰触到某些成员心理一些焦点问题的时候,他们的负面情绪往往会被带出来。领导者应有处理突发负面情绪的能力。

举例:在做"他人眼中的我"练习时,领导者让成员在小组内分享。其中有一位成员说母亲在自己初中的时候就去世了。父亲一直未再婚带着他和妹妹一起生活。可是自己一直很恨父亲,觉得父亲应该为母亲的过早去世负责。在讲到这些事情的时候,这位成员非常激动,出现气息不畅的状况。领导者及时采用截断技术,并且以他为中心进行及时干预。领导者先向成员表达完全理解他的感受,这是共情。然后请他背靠椅子坐好,闭上眼睛,做深呼吸和肌肉放松,这是减压放松,使其迅速平复负面情绪。在做放松的时候,让所有成员一起做放松。但是这位同学的心结并没打开,在团体里讨论并不是很合适,领导者在结束本次团体活动之后和他商定时间,单独进行心理咨询。

（五）截断技术

截断技术是指领导者为使团体向所期望的方向发展,经常会以非惩罚性的方式终止某些成员的谈话。比如出现滔滔不绝的谈话者、不切题的发言者,成员有分歧的时候或者有冲突的时候等。但是领导者一定要注意一些技术应用技巧：时机要掌握好、态度要好(语气语调温和)、要简要介绍理由、要避免使成员感觉尴尬。

举例：在讨论成员的压力源的时候,有成员叙述自己父母的种种不是,开始"追讨"父母给自己造成的巨大压力,讲很多的具体事例且越讲越激动,感觉停不下来。这样下去可能会影响别的成员发言或整个进程,这时领导者可用截断技术。可以这样截断："各位同学,某某同学正在为此事烦恼着,我们大家一会儿要充分发挥我们的聪明才智哟！帮助他一起找到缓解压力的方法。"而之后有一个项目刚好就是头脑风暴,让成员出谋划策寻找缓解压力的方法。

（六）讨论技术

移动阶段的团体活动中有大量的练习需要全体成员积极深入地进行讨论。为了让成员能将讨论深入下去,领导者可以提供一些相关的主题要旨或具体的提纲,并且在成员讨论的各个环节对他们的贡献和表现给予适时的反馈、肯定,从而达到预期的效果。

举例：在探讨情绪与认知、行为的关系时,领导者在讲清楚埃利斯的合理情绪理论基本原理之后,为了让成员更深入地理解这个理论并在生活学习中运用该理论来解决一系列个人的情绪困扰问题,可让成员结合自身实际生活中的事例进行充分讨论。比如埃利斯的 11 条不合理信念里面的第 1 条：我们绝对需要每一位生活中重要的人物的喜欢或赞许。所有成员都可以举出很多自己生活中的例子。过去并没意识到有什么不对,但是现在再想这样的问题,就明白了这样的认知本身就是错的,是不合理的信念。再如,如果遇到与自己希望所不一致的事情,有不如意的地方,就认为很糟糕。其实人生有不如意才是正常的状态,但是我们常常忽略了某些基本的常识,因为生活学习中遇到了一些困难、挫折就感觉糟糕之极,这也是一种不合理的认知。其实道理不难懂,但是成员发现自己常有这样的错误认知。经过充分讨论,成员对很多事情的不合理认知发生了根本改变。在讨论学习方法和学习策略的时候,领导者要激发所有成员将自己过去好的学习方法和策略充分挖掘出来。这样能够唤醒成员过去驾驭学习的美好记忆,强化他们原本就非常优秀的意识——现在只不过是遇到了一些困难,一时没调整好自己而已,"再现优秀的自己"的时候到了!

(七) 行为训练技术

在很多情况下,个体的认知水平已经提高了,知道其中的道理和应该如何去做,但有时就是不能化为行动。那么可以通过行为训练的方式来加速个体的良性改变。行为训练也是非常常见的一种促进个体健康成长的方法。不同年龄的个体都适合用这种方法,行为训练的方法在中小学教育、高等教育乃至成人的教育培训中应用都非常广。常见的行为训练有自信心训练、放松训练、感知力训练、专注力训练、自控力训练、情绪情感表达训练等。行为训练技术运用时应注意一些基本原则:应先易后难,采用渐进的方式进行;在成员感到无所适从或不能很好地进入训练状态的时候,领导者可以先进行示范,让成员去模仿。同时,行为训练不是一次性的,如果没有强化,成员很快会将训练所得退还给领导者。所有行为的训练需要及时、不断强化,这样才可能使习得的行为固化。

举例:①在进行专注力训练的时候一共进行了三个训练,逐渐由易而难。先是让每位成员安静地坐在椅子上,什么都不用想,让自己的大脑一片空白,并且尽可能保持较长的时间。接着让成员大脑尽量保持一片空白10秒钟,然后让成员考虑一件事情,只专注于这件事情,不用去考虑怎么解决、会怎样等其他内容。训练二就比训练一要难一些了。到了训练三又更进一步,不只是一件事情了,而是要想象自己结束本次团体活动之后的大半天时间要做哪些事情,并且要求在团体活动结束后立即行动。领导者要求成员在后面的至少10天时间内要强化这些练习。②在自信心提升的行为训练中,领导者则提供了一些示范,并且也是从容易做的开始,逐步增加难度和挑战,并且也要求成员在自己生活学习中注意随时随地地练习。

四、移动阶段特殊情况的处理

(一) 出现情绪失控的成员如何处理

团体心理干预与调适活动中涉及成员的精神层面的内容比较多,比如价值观、爱的关系、创伤性事件等。每位成员一路走来,可能都会遇到很多的困难与挫折,有些可能有很深层次的原因。而经过一段时间的相处,团体成员彼此之间也建立了比较好的信任关系。当谈到一些敏感的话题时,往往有成员会出现情绪失控的情况。换一种思维方式,成员能在团体里充分地宣泄不良情绪,说明团体心理干预与调适是成功的、有积极意义的。长期压抑导致的负面情绪得到了部分宣泄,这意味着成员良性改变的开始。因此,在团体心理干预与调适中有成员情绪失控,领导者不用惊慌,及时地给予援助。可以让团体其他成员上前去拥抱他、温暖他;领导者要表达对他的理解并给予积极关注;领导者还可以带领成员一起做催眠减压放松练习等。

(二)每个小组进展不一致如何处理

本团体活动中的很多练习常常是以小组为单位进行的,而对于每个活动的时间领导者都有着较严格的规定,时间一般控制在5分钟之内。但是在实际练习的时候,每个小组结束的时间常常不一致。有些小组成员比较快地就讨论完了,有的小组却还有两三位成员没有发言。遇到这种情况,领导者要随时观察具体进展情况并进行必要的调整。比如在制定学习目标和学习计划的环节中,有小组速度比较慢,领导者可以让先结束的小组成员继续思考,对自己的学习目标和计划进行再斟酌、补充或与组内其他成员进行一些分享交流。而对于比较慢的小组则可以提醒成员不一定要将学习计划想得面面俱到,可以先有一些大概的、框架结构性的东西,细致、具体的部分可以在本次团体心理干预与调适结束后再进行补充、细化。

(三)固定团体心理干预与调适时间突然遇个别成员考试如何处理

学困生的团体心理干预与调适共进行15次正式的活动,历时近4个月。虽然之前我们签订了一份约定,但是在具体执行的时候往往会遇到特殊情况。如因个别成员在某次的规定时间有重修课程的考试,无法正常来参加。领导者在微信群里与成员商量办法。所有成员都不愿意丢弃任何一位成员,一致同意换其他时间进行。这个团体是大家的团体,领导者和所有成员是一体的,不可以居高临下地对待成员,有事情需要征求所有成员的同意和支持,事先不用将观点说出,而是充分发挥成员的主体作用,让成员自己决定该怎样,而且充分地信任他们。

(四)有成员平时作业没有保质保量完成如何处理

很多次的团体心理干预与调适都布置了结束后的作业。领导者让全体成员在日常生活中进行强化练习,并且在下一次正式开始前反馈作业情况。领导者发现少数成员作业完成得不是很到位。遇到这种情况,领导者不能置之不理,也不能立刻就批评、说教。领导者可以请这几位成员在全体成员面前进行"才艺表演",并由成员亲自当场邀请一位"监督者"来监督他后面的作业完成情况。这样

第七章 移动——高校学困生长程团体心理干预与调适中间阶段方案设计、实施及评估

做既是对没有保质保量完成作业的成员的"惩罚",又是一种激励。

第二节 移动阶段量表测试

一、大学生压力量表测试

大学生压力量表(stress scale for college student,缩写 SSCS,见附录 F)共有 30 道题,按四级评分。"没有压力"计 0 分,"轻度压力"计 1 分,"中度压力"计 2 分,"重度压力"计 3 分,将所有分数相加得到总分。总分高于 45 分,表示近期的精神压力偏高,分数越高,压力越大。经过测试分数统计:所有成员的得分均高于 45 分。其中有不少成员的分数非常高,已经达到 60 分以上。最高的分数达 74 分,最低分数也达到了 53 分,32 位成员的平均得分为 58.41 分。数据显示团体成员的压力较大,这对成员的学习生活已经造成较大困扰。SSCS 不仅可以测试出成员的压力指数,而且还可以从具体的项目内容体现受测者的压力源有哪些。

二、SAS 和 SDS 测试

SAS(self-rating anxiety scale)是"焦虑自评量表"的英文缩写。由 Zung 于 1971 年编制(见附录 H)。量表共有 20 道题,4 个等级。20 个项目的得分相加后得出原始分,通过公式 $y=\text{int}(1.25x)$ 进行换算,得到标准分。一般认为 SAS 标准分的分界值为 50 分,50~59 分为轻度焦虑,60~69 分为中度焦虑,70 分及以上为重度焦虑。对团体成员的测验数据进行统计分析(表 7-12)发现,团体中大部分成员焦虑感比较强,已达到轻度焦虑症及以上的标准。

表 7-12 焦虑测试结果

分数	例数	总分均值	标准差
50 分以下	2	46	2.83
50~59 分(轻度焦虑)	26	53.69	7.91
60~69 分(中度焦虑)	3	63.33	4.22
70 分及以上(重度焦虑)	1	74	0
总计	32	54.75	5.39

SDS(self-rating depression scale)是"抑郁自评量表"的英文缩写,也是由 Zung 编制(见附录Ⅰ)。共有 20 个项目、4 级评分,得分相加后得出总分。抑郁严重程度指数＝所得总分/80(项目最高分)。指数在 0.25～1.0 之间,指数越高,抑郁程度越严重。指数在 0.5 以下无抑郁;0.50～0.59 为轻微至轻度抑郁;0.6～0.69 为中至重度抑郁;0.70 及以上为重度抑郁。团体成员的 SDS 测试数据显示:大多数成员抑郁指数在 0.4～0.6 之间。以 0.5 为限,23 人小于 0.5,8 人在 0.5～0.6 之间(轻度抑郁),1 人为 0.62(中度抑郁)。重度焦虑和中度抑郁的是同一个成员。在团体活动基础上,领导者对这位成员又安排了每周一次的心理咨询,并建议他到医院进一步检查。

三、自我认知量表测试

自我认知量表(the feeling of inadequacy scale,缩写 FIS)是由 Janis 和 Field 编写(见附录 G)。经过修改,共有 36 道题、7 个等级。每题记 0～6 分。总分在 0～216 分之间,分数越高,说明缺陷感越低,自尊感越强。量表有 5 个分量表,分别是自尊、社交自信、学习能力、外貌和体能。将团体成员的数据与蔡溢等(2006)人做的普通大学生群体的数据进行对比分析发现,学习困难学生在除外貌之外的其他维度上均有显著性差异($P<0.01$)。具体数据见表 7-13。

表 7-13　高校学困生与普通大学生 FIS 测试结果比较

量表		学困生($n=32$)	普通大学生($n=512$)	t 值	P 值
分量表	自尊	23.37±7.92	31.33±6.27	−5.60	$P<0.01$
	社交自信	42.71±12.82	48.23±11.94	−2.40	$P<0.01$
	学习能力	22.59±7.17	27.41±6.81	−3.74	$P<0.01$
	外貌	19.16±4.66	18.71±5.65	0.54	$P>0.1$
	体能	15.25±5.93	19.66±6.32	−4.16	$P<0.01$
总量表		123.08±25.93	145.34±28.46	−4.78	$P<0.01$

四、心理自卑度量表测试

心理自卑度量表共 30 道题,答"是"得 1 分,答"否"得 0 分,然后计算所得总分(见附录 L)。总分在 15 分以上,说明常自责、愧疚与自卑;8～14 分,说明基本上是自信的,偶尔有自卑感,但属正常反应;7分及以下,表明非常自信。表7-14是学困生的数据。

表 7-14 心理自卑度量表测试结果

分数	人数	分数	人数
16 分	2	23 分	2
17 分	1	24 分	3
18 分	2	25 分	1
19 分	2	26 分	1
20 分	3	27 分	1
21 分	4	总平均分:21.34 分	总人数:32
22 分	10		

五、人际信任量表(ITS)测试

人际信任量表(interpersonal trust scale,缩写 ITS)采用五级评分法,1 分为完全同意、5 分为完全不同意(见附录 K)。第 6、8、12、14、16、17、18、20、21、22、23 和 25 题为正序记分;其余的项目为反序记分,如 1 分记成 5 分,5 分记成 1 分。量表总分从 25 分(信赖程度最低)至 125 分(信赖程度最高),中间值为 75 分。量表有两个因子:一是对同伴或其他家庭成员的信任,二是对无直接关系者的信任。测查时间为 10～15 分钟。编制者曾在 20 世纪 60 年代用此量表对 4 605 名大学生进行了测试。领导者曾对所在高校 846 名本科生做过调查,所得分数平均值为 70.46 分,略低于 75 分。但是对 32 名学困生所做的测试数据进行统计,均分则明显低于 75 分,均分为 58.79 分。这说明学困生对他人的信任感比较低,这可能是他们不太喜欢与人交流的重要原因。

六、匹兹堡睡眠质量指数(PSQI)测试

匹兹堡睡眠质量指数(Pittsburgh sleep quality index,简称 PSQI)由匹兹堡大学精神科医生 Buysse 博士等人于 1989 年编写(见附录 M),用于评定被试近一个月的睡眠质量。18 个条目组成 7 个成分,每个成分按 0～3 计分,总分在 0～21 分之间,得分越高,表示睡眠质量越差。一般完成时间在 10 分钟之内。7 个成分分别为:睡眠质量(条目 6)、入睡时间(条目 2、5a)、睡眠时间(条目 4)、

睡眠效率(条目1、3、4)、睡眠障碍(条目5b至5j)、催眠药物(条目7)和日间功能障碍(条目8、9)。当得分大于等于8分,则被认为有睡眠障碍,32位成员只有一位成员在8分以下,其余均大于等于8分。其中最高的同学达到18分。编制者曾对62名有睡眠问题的成年人和54名抑郁症患者做了测试,结果平均值分别为 10.38 ± 4.57 和 11.09 ± 4.31。而学者刘贤臣等(1995)人对我国大学生做的测试结果显示,男大学生平均值为 5.62 ± 2.48。团体成员测试结果为 9.07 ± 4.91,明显高于普通大学男生,但低于睡眠障碍者和抑郁症患者。大多数团体成员睡眠有些问题,主要体现在入睡时间较长,且因为种种原因,睡眠时间不足,睡眠质量不高。

七、职业兴趣量表测试

本书用的职业兴趣量表共有108道题,共6个类型,分别为技能型(R)、研究型(I)、艺术型(A)、社会型(S)、经营型(E)和常规型(C)(见附录N)。每个类型有18道题,与实际相符的得2分,不相符的得0分,难以回答的得1分,然后分类统计总分。

经过测试,绝大多数团体成员得分排在前两位的是技能型和研究型,有少部分成员在选项里选到经营型和常规型。比较多的是研究技能型(13例)、技能研究型(15例)。还有研究经营型(2例)、研究常规型(1例)和常规经营型(1例)。

针对这样的数据结果,领导者应把握时机,对团体成员进行稳定专业思想的引导教育工作。从技术上分析指出他们目前所学的专业就是比较适合自己的好专业。接着进行专业前景的大讨论环节。

八、意志力量表测试

本书用的意志力量表(见附录O)是由北京师范大学编制,共20道题,5级记分,所有单号题答案分值分别为5、4、3、2、1;双号题答案分值为1、2、3、4、5。将20道题的分值相加得出总分。总分在81~100分,表明意志非常坚强;61~80分,表明意志较坚强;41~60分,表明意志力较薄弱;21~40分,表明意志很薄弱。

团体成员的测试结果显示:有27人的得分在21~40分之间,有5人在41~60分之间。其中最高分46分,最低分20分,平均分31.69分,标准差为6.90。数据说明团体成员的意志力还是令人担忧的,他们需要在日常的生活学习中加强对自身意志力的训练与提升。

第七章 移动——高校学困生长程团体心理干预与调适中间阶段方案设计、实施及评估

第三节 移动阶段高校学困生团体心理干预与调适效果评估

一、移动阶段过程性评估

移动阶段共进行了 11 个单元的团体心理干预与调适活动。在每一次结束团体活动前 10 分钟,领导者均安排了让全体成员对本次活动进行简单评估的环节,具体评估内容见表 7-15。

表 7-15 团体成员本次团体活动评估表

1. 你认为本次团体活动氛围如何?(1)非常融洽 (2)比较融洽 (3)不太融洽 (4)很不融洽
2. 你在本次活动中的投入情况如何?(1)非常投入 (2)比较投入 (3)不太投入 (4)没有投入
3. 你对本次团体活动的效果感觉如何?(1)非常满意 (2)比较满意 (3)不太满意 (4)很不满意
4. 你认为本次团体活动内容安排得合理吗?(1)非常合理 (2)比较合理 (3)不太合理 (4)很不合理
5. 本次团体活动对你的启发怎样?(1)非常大 (2)比较大 (3)基本没有 (4)完全没有
6. 你继续参加下一次团体活动的意愿如何?(1)非常愿意 (2)比较愿意 (3)不太愿意 (4)很不愿意
7. 本次团体活动中你印象最深刻的是什么活动?_____
8. 对于本次团体活动你有什么建议?_____

移动阶段的 11 个单元的团体活动都进行得非常顺利。在每一次的结束成员评估中,所有成员均认为团体氛围非常融洽,对活动效果非常满意,内容安排得也非常合理并表示非常愿意参加下一次团体活动。在评估自己投入问题上有个别成员在个别单元(如爱的表达及爱的品质提升单元)回答为比较投入,这可能是因为平常的生活中缺少爱的表达,个别成员感觉突然地说出爱,进行爱的表达确实不是很自然。对于每次团体活动中印象最深的活动,成员的观点不同,但出现频率比较高的活动主要有:成长三部曲、拥有与丧失练习、催眠减压放松、对压力的再认知、遥控情绪练习、独特的我、我的核桃、优点轰炸、自信心提升行为训练、爱的表达(父母/同学)及感受、沙盘治疗体验、"背对背"与"面对面"、非

言语沟通练习(眼神、手势等)、学习困难归因分析、我的学习比萨、学习目标的确立及计划的制订、专注力训练、感知力训练、汪洋中的一条船、意念(心理暗示)移动练习和短时记忆力提升训练等。而对于本次活动的建议,大部分成员没有提,只有个别成员在个别单元提到觉得一些话题讨论得还不够深入,时间不够用等,这与设计方案有关。针对这些建议,领导者积极鼓励他们在团体活动外的时间,在小组的微信群或以小组为单位,每周可以再聚一次进行交流,也可以相聚的同时进行体育锻炼或团体沙龙等来弥补团体活动中的不足。

二、移动阶段结束后评估

(一) 团体领导者自评

移动阶段团体领导者自评见表7-16。

表7-16 移动阶段团体领导者自评表

1. 我是否严格执行了移动阶段的团体活动计划?(1)完全执行 (2)基本执行 (3)部分执行 (2)未严格执行
2. 我能驾驭整个移动阶段团体活动吗?(1)完全可以 (2)基本可以 (3)较难驾驭 (4)很难驾驭
3. 我对移动阶段团体活动的总体满意度如何?(1)很满意 (2)比较满意 (3)不太满意 (4)很不满意
4. 移动阶段团体活动的气氛融洽吗?(1)非常融洽 (2)比较融洽 (3)不太融洽 (4)非常不融洽
5. 移动阶段团体成员总体参与活动情况:(1)全体积极参与 (2)全体较积极参与 (3)大多数参与 (4)少部分成员参与
6. 对于移动阶段团体活动中出现的未曾计划和预期到的事情能快速应对吗?(1)完全可以 (2)基本可以 (3)比较困难 (4)很困难
7. 哪些单元对成员的影响比较大?(1)我的人生观和价值观 (2)你我的压力源 (3)遥控情绪 (4)独特的我 (5)自信的我 (6)爱的表达及爱的品质提升 (7)人际互动技巧及和谐关系构建 (8)学习心理调适 (9)意志力提升 (10)潜能的开发
8. 移动阶段印象深刻的活动有哪些?_____
_____
9. 领导者与成员的关系如何?(1)非常信任 (2)比较信任 (3)不太信任 (4)很不信任
10. 团体移动阶段目标达成情况:(1)完全达成预期目标 (2)完成大部分目标 (3)完成小部分目标 (4)未完成目标
11. 移动阶段团体活动有哪些不足?

领导者认为完全执行了移动阶段的团体活动计划;基本可以驾驭移动阶段的团体活动;对移动阶段的活动比较满意;移动阶段的团体氛围非常融洽;全体成员都能积极参与团体活动;完全可以快速应对团体活动中出现的未曾计划和预期到的事情;完全达成了移动结束阶段的团体目标。

(二)团体成员评估

移动阶段团体成员活动结束评估见表 7-17。

表 7-17 移动阶段团体成员活动结束评估表

1. 你认为哪个单元的团体活动对你影响比较大?(最多选三个)(1)我的人生观和价值观 (2)你我的压力源 (3)遥控情绪 (4)独特的我 (5)自信的我 (6)爱的表达及爱的品质提升 (7)人际互动技巧及和谐关系构建 (8)学习心理调适 (9)意志力提升 (10)潜能的开发

2. 你觉得在这个团体里安全吗?(1)非常安全 (2)比较安全 (3)不太安全 (4)很不安全

3. 你在移动阶段活动中的投入情况如何?(1)非常投入 (2)比较投入 (3)不太投入 (4)没有投入

4. 到目前为止你对团体活动的满意度如何?(1)非常满意 (2)比较满意 (3)不太满意 (4)很不满意

5. 你对团体成员的信任度如何?(1)非常信任 (2)比较信任 (3)不太信任 (4)很不信任

6. 你认为团体活动中的练习对你的实践指导作用如何?(1)非常大 (2)比较大 (3)基本没有 (4)完全没有

7. 你继续参加下一阶段团体活动的意愿如何?(1)非常愿意 (2)比较愿意 (3)不太愿意 (4)很不愿意

8. 移动阶段团体活动结束后你还记得的活动有:_____

9. 移动阶段有哪些团体活动是你特别喜欢的?又有哪些是你不喜欢的?

_____

在移动阶段团体成员认为对自己影响最大的三个单元中,成员选择最多的是潜能的开发单元,32 位成员全部选了这一项。一方面,它可能给成员的震撼比较大;另外,它是移动阶段的最后一次团体活动,成员的印象比较深刻。除了这一项,其他被选择比较多的有遥控情绪、独特的我、爱的表达及爱的品质提升。

具体数据如表 7-18 所示。

表 7-18　移动阶段各单元对团体成员影响程度比较

单元	人数
我的人生观和价值观	3
你我的压力源	2
遥控情绪	15
独特的我	13
自信的我	8
爱的表达及爱的品质提升	11
人际互动技巧及和谐关系构建	4
学习心理调适	5
意志力提升	3
潜能的开发	32

除 1 位成员觉得在团体里比较安全,其他成员均表示非常安全;所有成员均表示非常投入移动阶段的团体活动;全体成员均表示对团体活动非常满意;两位成员表示对其他成员比较信任,其余 30 位成员表示完全信任团体其他成员;29 位成员认为团体活动中的练习对自己的实践指导作用非常大,3 位成员认为比较大;所有成员均表示非常愿意参加下一阶段的团体活动。对于移动阶段团体活动结束后成员们还记得的活动,成员几乎都提及了。其中出现频率比较高的有汪洋中的一条船、意念(心理暗示)移动练习、短时记忆力提升训练、专注力训练、感知力训练、成长三部曲、拥有与丧失练习、催眠减压放松、对压力的再认知、遥控情绪练习、我的核桃、优点轰炸、自信心提升行为训练、爱的表达(父母/同学)及感受、沙盘治疗体验、非言语沟通练习(语言、手势等)、学习困难归因分析、我的学习比萨、学习目标的确立及计划的制订等。

对于移动阶段团体活动中有哪些特别喜欢和不喜欢的,成员也纷纷发表了自己的看法。有成员表达:"原来自己可自卑了,现在的自己虽还没有特别自信,但是已经不自卑了,不自卑的感觉真好!""我开始喜欢上了表达,不可思议! 尤其是原来说不出口的爱啊、喜欢啊之类的,现在竟然也能比较自然、放松地说出来了!""自己思路好像越来越清晰了,知道自己要做什么。""明白了自己的优势与劣势,对很多问题都比较明确。明确自己能做什么,不能做什么;对学习目标和计划的确定性让自己更坚定更有信心。"而不喜欢的主要有对自己在团体中的表现与期望的有差距,比如有成员说"不喜欢自己反应比别人慢""不喜欢那个不会表达的自己""不喜欢沉默的自己""不喜欢那个缺乏自信的自己""不喜欢没有主见的自己""不喜欢在发言的时候被打断""不喜欢自己还没想好怎么回答,但小组成员都在看着自己的那种感觉"等等。

(三) 团体观察员评估

移动阶段团体观察员评估见表 7-19。

表 7-19 移动阶段团体观察员评估表

请对整个移动阶段团体活动的总体印象进行评估。

1. 团体领导者的领导能力如何?(1)很强 (2)比较强 (3)一般化 (4)比较差 (5)很差
2. 移动阶段的团体氛围如何?(1)非常融洽 (2)比较融洽 (3)不太融洽 (4)很不融洽
3. 成员参与团体活动投入情况:(1)全体积极投入 (2)大多数积极投入,少数人比较投入 (3)大多数比较投入,少数不太投入 (4)大多数不太投入 (5)大多数不投入
4. 移动阶段团体活动的效果:(1)优良 (2)一般 (3)较差 (4)极差
5. 团体的阶段目标达成情况:(1)完全达成预期目标 (2)完成大部分目标 (3)完成小部分目标 (4)未完成目标
6. 你感觉哪些单元更有吸引力或对成员的影响比较大?_____
7. 你印象最深刻的活动有哪些?_____
8. 你对领导者有哪些建议?_____
9. 你对团体成员有哪些建议?_____
10. 团体活动中你还观察到什么?_____

两位观察员认为领导者的领导能力很强;整个移动阶段的团体氛围特别融洽;全体成员都积极投入活动;团体活动效果优良且完全达到了预期目标。两位观察员均提到影响比较大的单元有遥控情绪、爱的表达及爱的品质提升、潜能的开发、独特的我和学习心理调适。另外如自信的我、意志力提升、人际互动技巧及和谐关系构建分别被一位观察员提到。对于印象最深刻的活动,两位观察员

均提到的有拥有与丧失练习、汪洋中的一条船、意念(心理暗示)移动练习、成长三部曲、短时记忆力提升训练、遥控情绪练习、我的核桃、专注力训练、感知力训练、催眠减压放松、爱的表达(父母/同学)及感受、沙盘治疗体验。而对压力的再认知、优点轰炸、自信心提升行为训练、非言语沟通练习(眼神、手势等)、学习困难归因分析、我的学习比萨、学习目标的确立及计划的制订分别被一位观察员提到。一位观察员给领导者的建议是:"对四个小组的注意力分配要更均衡点。"另一位观察员给领导者的建议是:"个别活动可以根据情况打破原定时间,允许成员充分讨论。"一位观察员对成员提出的建议是:"希望将活动中的状态带到实践中,将在团体里学到的知识和技巧运用到实践中。"另一位观察员对成员提出的建议是:"希望能一直保持现在的状态,积极生活、学习,阳光、自信地对待一切困难与挫折。"一位观察员还观察到:"刚开始的单元游戏比较多,大家玩得很开心,讨论环节有成员不太能放得开,但到后面的单元,尽管基本上都是讨论、练习、思考的环节,但是成员却都很投入。讨论的热情非但没减,反而更高。某某成员更是如此,一开始,他不是特别投入,表情也不自然,但是到后面,他完全放开了,积极性特别强,每次结束后都不愿离开。"另一位观察员还观察到:"某某成员情绪起伏比较大,刚开始比较沉默,不太投入,后面出现情绪失控、哭泣等情况,但再到后面他的情绪越来越稳定,讨论也更积极了,笑容也更多了。成员的作业反馈也一次比一次好了,成员的精神面貌越来越好,变得越来越外向了!"

第八章

冻结——高校学困生长程团体心理干预与调适结束阶段方案设计、实施及评估

第一节 冻结阶段高校学困生团体心理干预与调适方案设计及实施

一、冻结阶段高校学困生团体心理干预与调适方案设计

经过了"解冻"阶段的两个单元和"移动"阶段十一个单元的团体心理干预与调适活动,团体成员在人生观和价值观、自信心的提升、遥控情绪、应对压力、人际沟通、爱的品质提升、学习心理调适、意志力提升及潜能的开发等方面均有了明显进步,系列团体心理干预与调适也迎来了"结束期"。这个阶段需要巩固前期的成果,也就是勒温三步行动理论的"冻结"阶段。因为本系列团体心理干预与调适时间比较长,团体成员已经建立了非常深厚的友谊和亲密的关系,而结束团体活动可能会带来成员激烈的情绪反应或其他不适,所以要特别用心地去处理好这些可能出现的种种问题。此阶段团体领导者共设计了两个单元,具体方案见表 8-1。

表 8-1 冻结阶段高校学困生团体心理干预与调适方案

冻结阶段	活动目标	主要活动项目	活动用品准备	团体期望效果
第十四单元 我的收获	① 成员回顾团体活动的体验及收获 ② 对未来充满希望,并坚定改变自己,不断进步的信念 ③ 感恩团体每一位成员的一路相伴,感谢自己	① 暖心问候/热身活动 ② 回顾团体历程 ③ 谈谈参加团体活动的感受 ④ 团体活动前后的变化 ⑤ 畅想十年后的自己 ⑥ 感谢有你 ⑦ 歌曲《放心去飞》	① 写有团体规范的海报纸 ② 《放心去飞》歌词 ③ 播放器 ④ 一次性纸杯若干、32支笔、A4纸若干、点心、水壶等	① 进一步巩固前期的团体活动良好的效果 ② 成员在学习生活中更加努力,自信 ③ 懂得感恩,拥有爱的品质 ④ 学习上互助,生活上互爱,相互支持 ⑤ 对团体的结束有所准备

(续表)

冻结阶段	活动目标	主要活动项目	活动用品准备	团体期望效果
第十五单元 心留住，迎未来	① 进一步巩固已取得的团体心理干预与调适效果 ② 了解成员团体活动前后有无变化以及变化程度 ③ 顺利地结束团体心理干预与调适活动	① 暖心问候/热身活动 ② 领导者总结 ③ 量表后测 ④ 全体宣誓 ⑤ 大揭秘——我的爱心天使原来是你 ⑥ 送你心形祝福卡 ⑦ 团团圆圆	① 写有团体规范的海报纸 ② 症状自评量表（SCL-90）、艾森克人格问卷（EPQ）、焦虑自评量表（SAS） ③ 誓词 ④ 红色、空白心形祝福卡 ⑤《明天会更好》歌词 ⑥ 播放器 ⑦ 一次性纸杯若干、32支笔、A4纸若干、点心、水壶等	① 顺利地处理好离别的情绪 ② 成员自然地回归自己的生活、学习 ③ 所有团体成员成为不畏困难、积极阳光、充满爱的优秀大学生

二、冻结阶段具体活动内容解释

第十四单元 我的收获

活动一：回顾团体历程

目的：重新梳理团体心理干预与调适活动的每个单元以及各项有意义的活动，强化团体活动提出的各项目标。

时间：30分钟。

具体操作：领导者请观察员即助理一起给每位团体成员发放A4纸一张，请成员仔细回顾团体活动的各个单元的主题、一些主要的活动及这些活动对自己的启发。成员写好后在小组内分享交流。

活动二：谈谈参加团体活动的感受

目的：让成员表达自己在团体活动中的感受，并倾听他人的感受，获得更多的经验和启示。

时间：30分钟。

具体操作：团体全体成员围成一个大圈，领导者请成员依次用一句话谈自己在团体活动中的感受。领导者可以在第一位发言前留两三分钟给大家思考一下。最后，领导者进行概括、总结。

活动三：团体活动前后的变化

目的： 让成员思考在团体活动前后的各方面变化，重新审视自己之前存在的问题，以及现在的状态之不易，更加珍惜取得的进步。

时间： 30分钟。

具体操作： 以小组为单位，每位成员都谈谈自己在团体活动前的生活学习状态，现在的自己又是什么样子，哪些地方有重大改变，哪些地方尚须努力。成员在团体里分享，并对今后的自己有一个积极的期待。

活动四：畅想十年后的自己

目的： 让成员对人生进行探索，想象十年后的自己，再回看今天的困难，从而激发自己前行的动力。

时间： 60分钟。

具体操作： 领导者先请成员以小组为单位，每位成员闭上眼睛去想象十年后的自己会在哪里，在做什么，自己的社会角色会有什么变化，日常的生活场景会是什么样子的，然后，每位成员回顾大学学习上的挫折。彼此在小组内分享。然后所有成员围成大圈，由成员提供一个前期关于学习困扰的案例，选出几位成员进行心理情景剧演出。成员一起先商量一下基本的情节，设置一个时间轴线。共四幕剧，根据剧情的需要选出角色扮演者（如学困生、舍友、女朋友、辅导员或任课教师、父母和旁白者等）。第一幕是现在的困难情景；第二幕是三年后的自己；第三幕是六年后的自己；第四幕是十年后的自己。最后十年后的自己对十年前的自己说一些激励的话。

经过商量，成员选择了第一幕剧情：一位学习困难生，学习成绩很不理想，非常颓废，高等数学课上任课老师发现他不在课堂上，询问同宿舍同学他在哪里。有室友悄悄打电话给他，他不接。下课后女朋友给他打电话，发现他正在宿舍打游戏，双方发生激烈争吵，女友提出了分手。为此，他不光学业上遭受挫折，而且感情上也遭受沉重打击，一度更加萎靡。辅导员找到他谈心，室友们也一起帮助他，周末他还参加了心理中心的"再现优秀的你"团体活动。

第二幕：三年后的自己，已经考上了研究生，正信心满满地到校报到，并且又遇到了心仪的女孩子，学习、科研和谈恋爱成为他生活的主旋律。

第三幕：六年后的自己，已经研究生毕业，找到了一个非常不错的研究所，有了稳定的收入，生活越来越富足，和女友商量结婚等事情。

第四幕：十年后的自己，已经有了幸福的小家庭，有了可爱的宝宝，自己职位也晋升了,每天都那么充实而有意义。对十年前的自己说:"喂,哥们,振作起来,没什么过不去的坎!一切都会越来越好!快速行动起来,改变自己,美好的未来正在等着你!"

活动五:感谢有你

目的:为最终结束团体活动做离别感情处理的准备;每一位成员、领导者及助理相互之间进行真情告白,感谢彼此的一路相伴。

时间:30分钟。

具体操作:领导者率先向全体成员和两位观察员表示感谢:感谢他们为这个为期近四个月(每个星期一次)团体活动的顺利开展所做的努力与付出;感谢每位成员带给领导者的感动;感谢每位成员的一路相伴。接着所有成员(包括领导者、团体成员和两位观察员一共35人)相互握手、拥抱,尽情地说出有感情色彩的话或分享平时相处的感受。

第十五单元 心留住,迎未来

活动一:领导者总结

目的:领导者对团体活动全过程进行总结,表达感谢并对成员提出殷切期望。

时间:30分钟。

具体操作:领导者从团体活动的准备,成员的招募,团体活动目标,解冻、移动和冻结三个阶段的团体活动具体过程,每个单元及项目的设计理念及期待的结果,成员的投入情况,成员参加团体活动前后的变化、收获及存在的不足等情况做全面的总结。领导者积极地肯定每一位成员做出的努力,并提出殷切期望。

活动二:全体宣誓

目的:通过宣誓的方式,让成员做出自己的承诺:充满爱与自信地生活着。

时间:20分钟。

具体操作:领导者再次强调生活中有爱的重要性,期望每个成员都能自信阳光地生活,然后带领所有成员进行宣誓。投影誓词,领导者一句一句领读,全体成员跟读。具体誓词如下:"我宣誓,我要永远爱自己。我虽不完美,但我会尽我所能发展自己,不断地取得进步,永不言弃!任何困难都无法阻止我前进!我要爱我身边的同学、朋友和家人,因为他们的存在,我的爱才有意义,我才会有归属感!我还要爱我的学校和国家,因为学校和国家为我们创造了这么好的生活学习环境,我们不可以蹉跎岁月!即使生活学习中遇到再大的问题,自己解决不了的时候,我也一定会向我的伙伴和老师求助!我是一个勇敢、自信的优秀大学生!宣誓人:某某某。"

活动三:大揭秘——我的爱心天使原来是你

目的:让成员体会爱与被爱的感觉,揭秘自己的天使是哪位伙伴,彼此分享判断依据并交流感受。

时间:30分钟。

具体操作:领导者让成员以小组为单位围成四个小圈。每位成员说出自己的爱心天使是谁、是基于什么样的细节来作判断的,并谈谈自己被呵护的感受怎样。然后,对方说出结果是否正确。若是正确,再换一位成员发言;若是不正确,继续猜测自己的天使是谁。一直到所有人都找到了自己的爱心天使,然后双方拥抱,感谢一直以来的关怀与帮助,并承诺继续彼此关爱,互相激励,共同进步。

活动四:送你心形祝福卡

目的:处理离别的情绪,给予彼此深深的祝福。

时间:40分钟。

具体操作:领导者给每人发一张事先准备好的、用红色海报纸剪成的心形祝福卡和两根别针。每位成员相互帮助他人将祝福卡别在后背的衣服上;领导者要强调注意安全,不要伤到手。然后所有成员以小组为单位围成圈,一起向右转或向左转,用笔在前面成员的祝福卡上写下祝福的话。小组内写完之后,其他组的成员有愿意留下祝福的也可以相互写下祝福。所有成员写完后,小组内每个人先猜猜别人可能写什么祝福的话,然后将祝福卡取下来进行比较,再谈谈自己的感想。

活动五:团团圆圆

目的:所有成员体验在一起的幸福感,相互支持与鼓励,进行告别。

时间:60分钟。

具体操作:领导者先请所有成员围成大圈,双手搂着身边成员的肩,一起向中间靠拢,体验在一起的温暖和力量感,保持一分钟。然后所有成员一起唱《明天会更好》,一边唱,一边可以自由地拍照留念,并进行告别。

三、冻结阶段主要技术

（一）追踪技术

团体心理干预与调适的最终目标是成员将团体中的成果持续应用于现实生活中，从而不断地发掘自身的潜能，健康快乐地生活、学习和工作，并不断地取得突破；除了自身，还要努力让身边的人和谐幸福。因而领导者和所有团体成员不能满足于当前取得的成果，而要像勒温三步行动理论中的第三步的"冻结"阶段提到的，要将现时的成果"冻结"，即巩固、不"退化"的意思。因此，领导者在团体结束后，并不会完全结束与团体成员的联系，而是在比较长的时间内，追踪团体成员，继续了解团体心理干预与调适的效果。

首先，领导者可以继续在团体心理干预与调适微信群里，留意并经常与成员交流，了解他们的状况；其次，领导者也可以通过团体成员的辅导员侧面了解成员的具体成长情况；再次，领导者可以物色几位成员，帮助领导者去观察成员的现实成长具体情况，并定期与其交流。

（二）处理离别情绪的技术

长程学困生团体心理干预与调适一般要经历近四个月的时间，基本从开学初到学期末。所有成员在团体里积极投入了情感与精力，彼此之间建立了深厚的友谊。但是"天下没有不散的宴席"，当团体心理干预与调适活动到了结束阶段时候，成员与领导者都会产生依依不舍的情愫。离别总会使人伤感！而每个人的反应也会有不同，有些成员是比较理性的，有些成员本身就是感性的。当离别的时候，少数成员会出现比较大的情绪反应。这时，作为领导者要有处理离别情绪的技术和方法。

领导者在"冻结"阶段安排两个单元，本意也是在第十四单元就为离别做好铺垫。在第十四单元的活动中，领导者介绍团体心理干预与调适快要结束了，让成员畅想未来并进行真情告白等均是"预备结束动作"。而在最后一个单元，离别情绪宣泄的时候，领导者可以先让全体成员宣泄一会儿，然后给离别找"替代"。领导者可以这样去转移成员的视线："同学们，我们离别是为了更好地出发！今天的离别意味着我们已经可以自信地、独立地面对一切！""今天的离别并不是永远不见、不联系，我们可以在群里积极发言，可以相互'约会'，我们的心会一直在一起！""我们要一起祝贺我们自己，我们新的航程就要开始了，让我们勇往直前！"这些话语可以很好地给予团体成员积极心理暗示：结束团体活动有很多积极的意义，结束团体活动代表自己进步与成长了。

(三) 结束团体心理干预与调适的技术

团体心理干预与调适结束技术在每一次的团体活动结束的时候和最终团体心理干预与调适彻底结束的时候都要运用到,但是具体操作时是有区别的。在平常的每次团体心理干预与调适结束时,可留 5 分钟时间进行本次团体活动的小结和下次团体活动的展望。而到了系列团体心理干预与调适"冻结"阶段的时候,处理时间则较长。对于长程的团体心理干预与调适,领导者可以设计两个单元内容,用足够的时间来结束团体。主要方法包括:①预告结束。在倒数第二单元中,领导者明确地预告全体成员:"我们的团体心理干预与调适活动,还有最后两次正式的团体活动。每一个团体活动有开始,也有结束的时候!而结束是为了更好的开始!"②总结法。领导者应对团体心理干预与调适的三个阶段具体过程、每个单元及项目的设计理念、成员的具体表现等各方面做全面的总结。③设计适合结束的活动。领导者一般要设计回顾团体历程、谈谈参加团体心理干预与调适的感受、团体活动前后的变化、畅想十年后的自己、感谢有你、全体宣誓、大揭秘——我的爱心天使原来是你、送你心形祝福卡、团团圆圆,以及播放歌曲《放心去飞》和《明天会更好》等一系列的活动,这些均是有助于结束的团体活动。④进行团体活动结束后的效果评估。在团体活动结束的时候,领导者需要对整个团体活动的效果进行评估;需要对团体活动前后一些问卷的测试结果进行对比,获得科学的数据。同时,对团体三个阶段的评估(包括领导者自评、成员评估和观察员评估)进行整理、总结。

四、冻结阶段特殊情况的处理

(一) 四幕心理情景剧表演不顺利如何处理

团体成员均是没有表演能力的大学生,他们的艺术素养不是很高。再加上很多成员可能是第一次接触心理情景剧,不免会比较紧张。在开始讨论剧情设计方面,成员大多没什么头绪,这时领导者可以适当给他们提供时间轴:现在、三年后(大学毕业时)、六年后(研究生毕业后参加工作时)、十年后(有自己的小家庭时)。领导者应向成员做一些心理情景剧方面基本知识的简单介绍,然后激励大家进行头脑风暴。在整个的进程中不断地鼓励并给予适度的点拨,以帮助成员顺利完成四幕剧的表演。

(二) 成员对团体产生依恋,不愿离开如何处理

团体历时近四个月的时间,32 位成员自始至终需要非常投入,成员间自然地会产生深厚的感情。个别成员之前生活中缺少爱,而在这个团体里却可以获

得很多爱,真正体会到爱与被爱的美好感觉,因而容易产生对团体及其他成员的强烈依赖及分离焦虑情绪。面对这样的情况,领导者要积极地加以引导,合理处理,不能简单草草处理了事。一方面引导其积极地回归到自己的班集体和宿舍,多和自己本专业本班级的同学交往。当人际交往增加之后,他们自然就会克服对现在团体的依赖。另一方面,不能一下子切断所有联结。正式的团体活动结束了,但是成员之间、成员和领导者之间也还可以保持联系,这样可以缓解其分离焦虑情绪。当然,领导者要鼓励成员尽量调整状态,若成员实在觉得无法克制的时候,可以有回旋余地。

第二节　冻结阶段高校学困生团体心理干预与调适效果评估

一、量表的前后测结果对比

团体心理干预与调适结束后主要可用三个问卷进行后测,即症状自评量表(SCL-90)、艾森克人格问卷(EPQ)及焦虑自评量表(SAS)。

(一) 症状自评量表(SCL-90)前后测试比较

经过对 SCL-90 前后测试数据进行对比,观察 9 个因子的平均分的变化情况,是否显著下降。还可以与全国常模再进行比较分析。数据见表 8-2。

表 8-2　症状自评量表(SCL-90)心理干预与调适前后测试比较($\bar{x} \pm s$)

维度	团体开始前	团体结束后	t 值
躯体化	2.47±0.53	1.52±0.49	9.98***
强迫	2.31±0.64	1.67±0.54	5.57***
人际关系敏感	2.56±0.43	1.87±0.47	8.94***
抑郁	2.29±0.61	1.64±0.51	5.94***
焦虑	3.02±0.57	2.15±0.46	8.50***
敌对	1.95±0.50	1.36±0.43	6.57***
恐怖	1.97±0.41	1.27±0.42	9.51***
偏执	2.22±0.51	1.55±0.40	7.32***
精神病性	1.98±0.44	1.33±0.53	8.23***
阳性项目数	51.44±20.75	29.78±17.21	5.81***

注:*** 代表 $p < 0.001$。

(二) 艾森克个性问卷(EPQ)前后测试比较

团体心理干预与调适前后的艾森克个性问卷数据统计显示,32位团体成员的性格和情绪有较大变化。通过前后两个图的点的位置可以直观地感受到团体成员性格和情绪的变化情况。前测数据显示大多数成员是偏内向的,情绪大部分也是不稳定的;而后测数据显示大多数成员变得活泼偏外向,且情绪大多是稳定的。具体变化见图8-1。

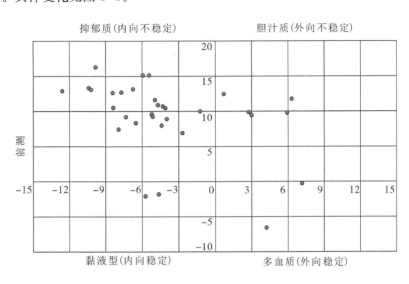

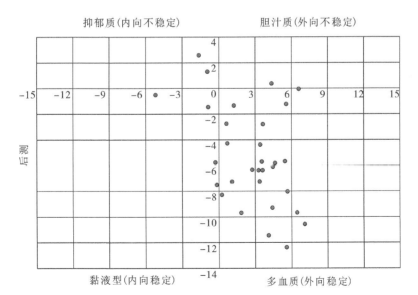

图8-1　EPQ前后测E与N关系对比图

(三)焦虑自评量表(SAS)前后测试比较

通过对 SAS 的前后测试数据结果进行对比,来评估团体成员的焦虑水平是否有明显下降。对系列团体心理干预与调适活动后团体成员的焦虑测试指数变化幅度进行分析,并与正常人群的平均水平(33.8 ± 5.9)进行比较。数据见表 8-3。

表 8-3 焦虑自评量表(SAS)前后测试比较

分数	前测例数	前测总均分	后测例数	后测总均分
50 分以下	2	46 ± 2.83	31	38.14 ± 4.97
50~59 分(轻度焦虑)	26	53.69 ± 7.91	1	53
60~69 分(中度焦虑)	3	63.33 ± 4.22	0	0
70 分及以上(重度焦虑)	1	74	0	0
总计	32	54.75 ± 5.39	32	38.59 ± 5.52

二、团体领导者自评

冻结阶段团体领导者自评见表 8-4。

表 8-4 冻结阶段团体领导者自评表

1. 我是否严格执行了自己冻结阶段团体活动计划?(1)完全执行 (2)基本执行 (3)部分执行 (4)未严格执行
2. 我能驾驭冻结阶段团体活动吗?(1)完全可以 (2)基本可以 (3)较难驾驭 (4)很难驾驭
3. 我对冻结阶段团体活动的满意度如何?(1)很满意 (2)比较满意 (3)不太满意 (4)很不满意
4. 冻结阶段团体活动的气氛融洽吗?(1)非常融洽 (2)比较融洽 (3)不太融洽 (4)非常不融洽
5. 冻结阶段团体成员参与活动情况:(1)全体积极参与 (2)全体较积极参与 (3)大多数参与 (4)少部分成员参与
6. 对于团体活动中出现的未曾计划和预期到的事情我能快速应对吗?(1)完全可以 (2)基本可以 (3)比较困难 (4)很困难
7. 团体的冻结结束阶段目标达成情况:(1)完全达成预期目标 (2)完成大部分目标 (3)完成小部分目标 (4)未完成目标
8. 冻结阶段团体活动有哪些不足?

第八章　冻结——高校学困生长程团体心理干预与调适结束阶段方案设计、实施及评估

领导者完全执行或基本执行冻结阶段的团体心理干预与调适活动计划；能基本驾驭冻结阶段的团体活动；创设比较融洽的团体氛围；促使全体成员都能积极参与团体活动；能快速应对团体活动中出现的未曾计划和预期到的事情；完全达成或基本达到冻结结束阶段的团体目标。对于冻结阶段的不足，领导者认为在处理一些问题的技巧方面还存在提升的空间。

三、团体成员评估

团体结束后团体成员要填写两张评估表：一是对冻结阶段团体心理干预与调适的评估(表8-5)；另一个是对团体结束后自我状态的评估(表8-6)。

表8-5　冻结阶段团体成员评估表

1. 你在冻结阶段活动中的投入情况如何？(1)非常投入　(2)比较投入　(3)不太投入　(4)没有投入
2. 你对冻结阶段的团体活动满意度如何？(1)非常满意　(2)比较满意　(3)不太满意　(4)很不满意
3. 你对冻结阶段团体哪些活动印象深刻？(最多选三个)(1)回顾团体历程　(2)谈谈参加团体活动的感受　(3)团体活动前后的变化　(4)畅想十年后的自己　(5)感谢有你　(6)领导者总结　(7)全体宣誓　(8)大揭秘——我的爱心天使原来是你　(9)送你心形祝福卡　(10)团团圆圆
4. 你的分离焦虑情绪程度如何？(1)非常强烈　(2)比较强烈　(3)一般　(4)基本没有　(5)完全没有
5. 你对结束团体进入正常的生活学习信心如何？(1)非常有信心　(2)比较有信心　(3)基本没信心　(4)完全没信心
6. 今后有本团体领导者的其他团体活动,你还愿意参加吗？(1)非常愿意　(2)比较愿意　(3)不太愿意　(4)很不愿意

所有成员均表示非常投入冻结阶段的团体心理干预与调适活动。全体成员均表示对团体心理干预与调适非常满意。在"你对冻结阶段团体哪些活动印象深刻"中,几乎所有的活动都被提及,其中出现频率比较高的有畅想十年后的自己、感谢有你、全体宣誓、大揭秘——我的爱心天使原来是你、送你心形祝福卡、团团圆圆。分离焦虑情绪非常强烈的没有,比较强烈的有3人,一般的有5人,基本没有的有24人,完全没有的没有。27人对结束团体进入正常生活学习非常有信心,5人比较有信心。所有成员均表示非常愿意参加本团体领导者的其他团体活动。

表 8-6 团体结束后成员评估表

您的姓名：

请对以下各个选项做出选择。您认为参加团体活动以来有哪些变化？以活动开始前为"0"，其余数字代表程度，如有改变请选择相应的数字。

1. 我不了解自己　　　　　　　　　　　　　　　　　　　　　我很了解自己
   －5 ___ －4 ___ －3 ___ －2 ___ －1 ___ 0 ___ 1 ___ 2 ___ 3 ___ 4 ___ 5

2. 我不会与其他成员沟通　　　　　　　　　　　　　　　　我会与其他成员沟通
   －5 ___ －4 ___ －3 ___ －2 ___ －1 ___ 0 ___ 1 ___ 2 ___ 3 ___ 4 ___ 5

3. 我不愿与其他成员分享　　　　　　　　　　　　　　　　我乐于与其他成员分享
   －5 ___ －4 ___ －3 ___ －2 ___ －1 ___ 0 ___ 1 ___ 2 ___ 3 ___ 4 ___ 5

4. 我总以自我为中心　　　　　　　　　　　　　　　　我能换位思考，关心别人
   －5 ___ －4 ___ －3 ___ －2 ___ －1 ___ 0 ___ 1 ___ 2 ___ 3 ___ 4 ___ 5

5. 我怀疑自己的能力　　　　　　　　　　　　　　　　　　　我相信自己的能力
   －5 ___ －4 ___ －3 ___ －2 ___ －1 ___ 0 ___ 1 ___ 2 ___ 3 ___ 4 ___ 5

6. 我不能控制自己的情绪　　　　　　　　　　　　　　　　我能控制自己的情绪
   －5 ___ －4 ___ －3 ___ －2 ___ －1 ___ 0 ___ 1 ___ 2 ___ 3 ___ 4 ___ 5

7. 我没有人生目标、规划　　　　　　　　　　　　　　　　我有了人生目标、规划
   －5 ___ －4 ___ －3 ___ －2 ___ －1 ___ 0 ___ 1 ___ 2 ___ 3 ___ 4 ___ 5

8. 我没有学习动力　　　　　　　　　　　　　　　　　　　我有很强的学习动力
   －5 ___ －4 ___ －3 ___ －2 ___ －1 ___ 0 ___ 1 ___ 2 ___ 3 ___ 4 ___ 5

9. 我不喜欢我自己　　　　　　　　　　　　　　　　　　　　　我喜欢我自己
   －5 ___ －4 ___ －3 ___ －2 ___ －1 ___ 0 ___ 1 ___ 2 ___ 3 ___ 4 ___ 5

10. 我认为团体活动没有作用　　　　　　　　　　　　　　我认为团体活动有作用
    －5 ___ －4 ___ －3 ___ －2 ___ －1 ___ 0 ___ 1 ___ 2 ___ 3 ___ 4 ___ 5

在与其他成员沟通、分享、人生目标、规划和喜欢我自己四个选项上，所有成员均选的5分；大多数成员给"了解自己"项目上打了5分，少数打了4分；在"换位思考，关心别人"项目上，有半数以上成员选了5分，其余选了4分；在对自己的能力相信程度方面，23位成员选5分，9位选4分；在情绪控制方面，19位选5分，13位选4分；所有成员都认为团体活动非常有用，均选的5分。从团体成员对自己状态的评估来看，成员在团体活动后还是发生了很大的变化。他们阳光、自信，能够接纳自己，情绪稳定，愿意与别人交流沟通，学习动力增强，对未来

充满信心。

四、团体观察员评估

冻结阶段团体观察员评估见表8-7。

表8-7 冻结阶段团体观察员评估表

请对整个冻结阶段团体活动的总体印象进行评估。

1. 冻结阶段领导者的领导能力如何？(1)很强 (2)比较强 (3)一般化 (4)比较差 (5)很差

2. 冻结阶段的团体氛围如何？(1)非常融洽 (2)比较融洽 (3)不太融洽 (4)很不融洽

3. 成员参与冻结阶段团体活动投入情况：(1)全体积极投入 (2)大多数积极投入，少数人比较投入 (3)大多数比较投入，少数不太投入 (4)大多数不太投入 (5)大多数不投入

4. 冻结阶段团体活动的效果：(1)优良 (2)一般 (3)较差 (4)极差

5. 冻结阶段目标达成情况：(1)完全达成预期目标 (2)完成大部分目标 (3)完成小部分目标 (4)未完成目标

6. 冻结阶段你印象最深刻的活动有哪些？＿＿

7. 冻结阶段团体活动中你还观察到什么？
＿＿＿＿＿＿＿＿＿＿＿＿＿＿＿＿＿＿＿＿＿＿＿＿＿＿＿

两位观察员均认为团体领导者在冻结阶段的领导能力很强；冻结阶段的团体氛围非常融洽；全体成员均积极投入冻结阶段的团体活动；冻结阶段的团体活动效果优良；完全达到了预期目标。在冻结阶段印象深刻的活动中，畅想十年后的自己、感谢有你、全体宣誓、大揭秘——我的爱心天使原来是你、送你心形祝福卡都被两位观察员提及，领导者总结、团体活动前后的变化、团团圆圆分别被一位观察员提及。一位观察员还观察到："成员的离别情绪比较浓，感情很深，依依不舍，某某某成员特别明显，但是最终大家还是在快乐中道别。"另一位观察员写道："冻结阶段的感情色彩是所有单元里最强的，感觉像影片故事情节到了最高潮的部分。深受成员的情绪感染，自己也出现了情绪波动。非常感动！真心为成员的变化感到开心！谢谢老师、同学们！也谢谢自己的坚持！学到了太多的东西！"

第九章

高校学困生个案心理干预与调适设计、实施及效果评估

在高校,对学困生进行团体心理干预与调适以使他们尽快走出低谷,回归正常的学习、生活是一种重要的学困生帮扶手段。大多数学困生是很愿意参与到这项活动中的,但是也会有少数学困生不愿意参与到有很多人的团体氛围中,而愿意进行个别心理咨询。因此,作为学生工作一线的心理辅导员或心理中心老师应有相应的针对个别学困生的心理咨询技术和能力。本章是笔者多年接待高校学困生案例中的一例个案呈现。本个案共进行了22次心理咨询,咨询老师和求助者签订过伦理知情同意书。

第一节 一般性资料及主诉

一、一般性资料

求助者小兰,女性,20岁,汉族,刚开始心理咨询时是一名大学二年级在读生,未婚。父母是小学教师,大两岁的姐姐是某重点大学在读研究生。家庭经济情况中等,无宗教信仰。

二、主诉与个人自述

进入高校之后,觉得自己状态一直不太好。学习学不进去,有些课根本听不懂,有多门功课不及格,大一第一学期,自己也竭尽全力去调整自己,但就是使不上劲。现在都不想去努力了,因为努力也没什么用。对专业也没有兴趣,目前不及格学分已经达到退学或留级的边缘。辅导员很关心我,让我来找心理老师聊聊。想想我好不容易才考上的大学,现在却可能面临退学或留级的命运,内心非

常紧张,也很害怕,感觉天都要塌了!但是又什么都不想做。现在状态非常不好,睡眠质量也很差,入睡很困难,好不容易睡着了又会经常早醒。知道学习很重要但实在是状态太差。觉得自己根本不是学习的料,自己太笨了,根本不适合学习工科专业。情绪低落,记忆力减退,思维迟缓,非常痛苦,经常有割手腕的冲动(手腕处有多道深深的刀痕),太难受了!有过自杀的想法,但是不敢想象那样的后果。童年时期家庭曾带给自己很多创伤,父母经常吵架并有暴力打斗情况,那时自己很小,特别害怕。从小就感觉周围的人包括父母都不喜欢我,他们都认为"女孩是赔钱货"。到了小学的时候也感觉周围人不喜欢我,老师也会批评我,看不上我。其实小学低年级的时候,觉得各方面还行,但是后来有一次上课老师当着全班同学的面嘲笑我,从此我再也不主动参与活动,喜欢一个人待着,不想给别人造成麻烦。自己就是一个多余的人,现在特别想要解脱这种痛苦。对很多事情都不感兴趣,总喜欢躺着。但自己有时也想帮助别人,平时会和抑郁的人网上交流。

三、咨询师观察到的情况及周围人反映的情况

(一)咨询师观察到的情况

求助者衣着比较整洁、朴素,年貌相符。辅导员建议其来到咨询室求助,神情有点焦虑、疲惫。咨询过程中能和咨询老师比较好地合作,言语表达流畅,语速适中,能叙述清楚自己的状态和主要问题,自知力良好。有求治愿望,有明显的抑郁、焦虑情绪症状。

(二)咨询师了解到的情况

(1)既往史:既往身体一直比较健康,无重大器质性疾病史、无手术史、无传染病史、无输血过敏史、无高热抽搐及外伤昏迷史等。

(2)个人史:家中有一大两岁的姐姐。母亲孕期营养一般,身体健康,足月顺产,第二胎,母乳喂养。7岁上学,从小学到高中成绩一直比较好,但不及姐姐。高考发挥不是太好而进入某重点工科大学。平时性格稍显内向,乐群性较差,自尊心较强,自我评价比较低,总拿自己和别人比,特别是与比自己强的人相比较,如姐姐。

(三)辅导员反映的情况

求助者进入大学以后,在学习上就一直存在比较大的困难,不太喜欢与人交往,但与宿舍同学的关系比较好,也比较乐于助人,曾参加过献血。辅导员多次与其父母联系,感觉其父母的行为不太让人理解。辅导员多次表达希望其父母

能到学校面谈孩子的情况,但是其父母都以工作很忙而拒绝(其父母是小学教师,有寒暑假)。但是其姐姐还是比较关心求助者的,姐姐与辅导员有过多次电话联系,询问其妹妹的情况。

第二节 评估与诊断

一、量表测试报告

在个案的初诊接待阶段,需要对求助者进行一些必要的心理量表测量。本个案用的测试量表有三个:症状自评量表(SCL-90)、抑郁自评量表(SDS)和焦虑自评量表(SAS)。这三个量表在医院的精神科、心理科,学校心理健康教育中心以及外面的心理咨询机构均被经常使用。三个量表均是从国外引进的成熟量表,在国内外被广泛使用多年。症状自评量表(SCL-90)由莱纳得·德若伽提斯于1975年编制,包括9个因子(躯体化、强迫症状、人际关系敏感、抑郁、焦虑、敌对、恐怖、偏执、精神病性),采用1~5分五级评分。抑郁自评量表(SDS)与焦虑自评量表(SAS)系庄威廉(W. K. Zung)分别于1965年和1971年编制而成。两个量表均是20道题目,采用1~4级评分。SDS有10道题是反向计分,SAS有5道题反向计分(汪向东 等,1999)。

本个案求助者的三个心理量表测试结果如下:

(1) 症状自评量表(SCL-90)测验结果:本求助者的9个因子中,躯体化因子3.1分,抑郁因子3.4分,焦虑因子3.0,人际关系敏感因子2.5分,其余因子分均低于2分。

(2) 抑郁自评量表(SDS)测验结果:20个项目的得分相加得出总分。抑郁严重程度指数=所得总分/80(项目最高分)。指数在0.25~1.0之间,指数越高,抑郁程度越严重。指数在0.5以下无抑郁;0.50~0.59为轻微至轻度抑郁;0.6~0.69为中至重度抑郁;0.70及以上为重度抑郁。本求助者的抑郁指数为0.62,属中度抑郁。

(3) 焦虑自评量表(SAS)测验结果:20个项目的得分相加后的原始分为42分,通过公式$y=\text{int}(1.25x)$换算,得到标准分为53分。一般认为SAS标准分的分界值为50分,50~59分为轻度焦虑,60~69分为中度焦虑,70分及以上为重度焦虑。本案例求助者为轻度焦虑。

二、评估与诊断

(一) 初步诊断

综合临床资料,对求助者的初步诊断是中度抑郁症。

(二) 诊断依据

(1) 根据区分心理正常与心理异常的心理学三原则,本案例求助者主客观世界是统一的,其精神活动内在是协调、一致的,人格也相对稳定。同时,求助者对自身的心理问题有自知力,能在辅导员建议下主动求助,无逻辑思维的混乱,无幻觉、妄想等精神病症状,因此完全可以排除精神病性问题。

(2) 与一般心理问题和严重心理问题相鉴别:一般心理问题的初始反应强度较轻,未泛化,对社会功能造成的影响比较小,病程一般不大于3个月。严重心理问题时间上多于3个月,但一般少于1年,社会功能受到的影响较一般心理问题加大,但还不是很严重,也未泛化。而该求助者的心理问题却特别严重,自感非常痛苦,睡眠有严重障碍,进而对社会功能造成了较大程度的影响。而且这种状态持续的时间也较长(超过了一年,从高中阶段就开始加重),因此可以排除一般心理问题和严重心理问题。

(3) 求助者虽因家庭生活与求学过程受过创伤,但目前产生抑郁、焦虑和失眠症状,与现实处境不相符,为变形冲突。

(4) 求助者的主导症状是抑郁和失眠,已经泛化,病程较长,从小学时候就已经开始,持续多年。

综合以上依据,此案例可以诊断为抑郁症。

(三) 产生问题的原因

对该求助者的资料进行整理,得出该求助者产生问题的原因。

1. 生理原因

求助者是一名女生,20岁,处于青春期,没有明显的其他生理原因。

2. 社会原因

(1) 求助者学习生活中存在诸多负性生活事件。如父母打架、暴力血腥场面、父母以及邻居对女孩的歧视、小学老师的嘲讽、初中同学的欺负等创伤经历。

(2) 求助者的父母对其关爱太少,家庭的支持远远不够。从小到大,父母对该求助者的关爱就一直比较少。第二胎本想要个男孩但却得到一个女孩,父母非常失望。虽有一姐姐,但是姐姐又是其压力的重要来源之一。姐姐不光长得比自己好看,成绩也比自己优秀,所以相比较而言,姐姐比她受欢迎些。

3. 心理原因

(1) 存在明显认知错误。在与求助者的咨询沟通过程中,咨询师敏锐地了解到在求助者的内心始终存在着诸多不合理的或错误的认知、信念。比如"我的存在会给别人造成麻烦""我是一个多余的人""没有人会喜欢我""我没有任何优点""我再怎么努力都赶不上姐姐""我根本不适合学习工科专业"等。

(2) 缺乏有效地解决问题的行为模式。求助者小时候面对父母以及邻居们说"女孩就是赔钱货"时,其实心里非常不舒服,但是却没有任何的不满表示,反而更加乖巧、听话,以求获得他们的关注与肯定。在小学时的一堂音乐课上,同学们推选她到讲台演唱,原本自信满满的她却遭到老师的嘲笑。从此之后一直到来大学咨询室之前,她只是以再也不开口唱歌来回应。进入大学后,当学业上遇到困难,求助者不是积极寻求解决的办法,利用身边的一些资源,以摆脱困境,而是将自己封闭起来,任不良情绪肆虐,影响自己的身心健康,最终导致成绩的全面下滑、不良健康状况的日趋严重。

(3) 缺乏情绪调节方法。当有抑郁和焦虑情绪的时候,求助者并没有进行积极的调适,而是选择独处,什么都不想做,或者以更加消极的方式去宣泄自己,如通过割手腕伤害自己来缓解抑郁和焦虑情绪。情绪调节的方法有很多,比如改变不合理认知、积极的心理暗示、运动宣泄、人际互动、音乐疗法等方法。这些方法在实践中被证明是有效的情绪调节方法,但是求助者均没有利用这些方法去缓解抑郁和焦虑情绪。

(4) 拥有不健全人格。心理学上所说的人格主要包括气质和性格。求助者的气质是抑郁与黏液混合型,反应缓慢、怯懦、敏感、多疑、行为孤僻,善于观察别人不易觉察的细节性事物;性格偏内向、柔弱、小心谨慎、自尊心强,非常注重自身内在的感受,对自己要求严格,追求完美,自卑感很强。

第三节　心理干预与调适目标、方案制定

一、心理干预与调适目标

根据以上的评估与诊断,经过与求助者协商,确定如下咨询目标:

（一）近期目标

近期目标主要包括：

（1）缓解求助者的失眠症状，让其学习自我催眠放松技术，掌握情绪调节方法。

（2）降低求助者的抑郁、焦虑情绪。

（3）改变求助者的诸多不合理认知，引导其积极、正面地思考问题，并促使其提升自信心。

（4）恢复求助者原有的学习、生活动力。

（5）提升求助者的学习能力，使其能正常地学习、生活。

（二）长期目标与最终目标

在近期目标的基础上，最终达到促进求助者心理健康、人格完善的目标。

二、心理干预与调适方案的制定

（一）药物治疗不可缺

本个案的求助者初始好像是因为学习困难而出现情绪困扰，而实质并不是这样的。生活的一些创伤性经历和一些不合理的认知导致了其抑郁症的发作。抑郁和焦虑的症状加重进而导致其身心健康状况急剧下降，从而影响其正常的学习、生活。其记忆力、思维力等方面均出现了障碍，学习效率和学习能力显著下降，最终导致学业困难，并面临退学、休学的危险。学习困难又反过来加剧了其抑郁和焦虑情绪。抑郁症是神经症的一种，患者需要接受药物的治疗。因此，心理咨询师对求助者进行初步诊断后，建议她到专科医院进行进一步诊断并按医生的要求服药。求助者的病情已经比较严重，可以确诊为中度抑郁症并伴有焦虑情绪，需要进行一阶段的药物治疗，并定期到专科医院复诊。

（二）心理咨询是根本

被诊断为抑郁症的求助者必须要进行药物治疗。但是对抑郁症的患者只进行药物治疗是不能解决根本问题的，心病需要心药治，心理咨询在抑郁症患者的治疗中不可或缺。

针对本案例，计划采用的咨询方法及咨询原理如下：

1. 积极关注和无条件支持求助者

本个案的求助者的问题比较严重，她的抑郁、焦虑情绪非常明显。咨询师要自始至终积极关注求助者，无条件地接纳和支持她走出困境。既要关注求助者的消极、负性的一面，更要关注成员的积极、正性的一面，不断地发现求助者的闪光点并予以强化。求助者心理上有诸多不合理的认知,甚至可能有违背道德、伦理的观点,咨询师不可以随意用批评教育的方式来强行改变求助者。而应该用心理咨询的专业手段去改变求助者的不合理认知。心理咨询过程中咨询师应始终牢记要无条件地支持求助者。

2. 运用催眠放松疗法

(1) 催眠放松疗法原理

催眠放松疗法又称"松弛训练",是行为疗法中应用最广的技术之一,是在心理学实验的基础上建立和发展起来的咨询和治疗方法。此疗法是通过行为的训练有意识地控制自身的心理、生理活动,降低唤醒水平,改善机体紊乱的状况。催眠放松疗法是一种求助者完全可以掌握的解决紧张焦虑情绪困扰及躯体症状的有效方法。这种方法不但简便易行,实用有效,而且较少受时间、地点、经费等其他条件的限制,还可以提高求助者改善症状的速度。简便易行的放松训练方法主要包括呼吸放松法、肌肉放松法、想象放松法等。

(2) 具体步骤

首先,咨询师要先介绍催眠放松疗法的原理及注意事项。咨询师简明扼要地向求助者讲解催眠放松疗法的原理和过程,明确求助者在此种疗法中的重要作用,激发求助者改变自我的主动性和积极性。另外,咨询师还须介绍进行催眠放松的注意事项。进行催眠放松对于环境的要求比较高,需要在比较安静的独立空间进行,室内温度也要比较适中。咨询师尽量不要用录好的指示语去引导求助者,而应现场用口头的指示语去引导求助者放松,这样的好处是一旦求助者出现任何不适,咨询师观察到后可以及时调整或停止放松。咨询师在催眠放松疗法运用之前一般要先测试一下求助者的受暗示性,对于受暗示性不强的求助者,咨询师和求助者都要有心理准备,催眠放松的进展可能会慢一些,需要有足够的耐心,循序渐进地进行下去,最终达到身体放松、缓解焦虑与抑郁情绪的目的。

其次,咨询师要向求助者进行必要的示范、指导。在进行催眠放松行为训练的时候,心理咨询师应先进行示范并讲解催眠放松疗法的要点。这样一方面可以为求助者提供模仿对象,另一方面也可以减轻求助者的羞涩感、紧张感。咨询师应告诉求助者,如果不明白放松时指示语的要求,可以先观察心理咨询师的动作,也可以询问咨询师,然后再进行模仿。

最后,求助者要强化练习。求助者在心理咨询室学会了催眠放松训练的方法及要领后,要在生活中自己加强练习以达到真正的放松。心理咨询师可以为求助者提供书面指示语或者一些录音资料,以供求助者在自己练习时使用。咨询师要求求助者每天进行练习,每天练习2~3次,每次10分钟左右。心理咨询师应向求助者强调:如果开始几次的放松训练并不能使肌肉很快进入深度放松状态,千万不要放弃练习,要坚持多次重复练习,这样效果才会越来越好。

3. 运用合理情绪疗法原理及方法

合理情绪疗法是认知心理治疗中的一种疗法,是由著名的心理学家埃利斯提出的,目前在国内外被广泛使用。这种疗法旨在通过纯理性的分析和逻辑思辨的途径,改变求助者的非理性观念,以帮助求助者解决情绪和行为上的问题。合理情绪疗法的基本理论主要为ABCDE理论。该理论认为,使人们产生难过和痛苦情绪的,不是事件或环境本身,而是对事件或环境的不正确解释和评价。个体可以通过改变自身的不合理认知和信念进而改变不良情绪。

本案例求助者的心理问题表面上似乎是家庭成长环境较差、中小学时受过创伤导致的抑郁和焦虑情绪,实际上,真正原因是求助者本身对事情的不合理认知和评价。比如"我应该获得所有人的肯定,生活才有意义""我就是一个失败的人、多余的人""没有人喜欢我"等"绝对化要求"。"过分概括"和"反应过分强烈",导致了她的自我评价过低。因此,运用合理情绪疗法,帮助求助者以合理的思维方式代替不合理的思维方式,以合理的信念代替不合理的信念,让她意识到进入大学,环境发生了改变,应该重新定位合理评价自己,改变一些不合理的认知,进而减少或消除情绪困扰及行为障碍。

(三)咨询师需要向求助者说明双方的责任、权利和义务

(1)求助者的责任:向咨询师提供与其心理问题有关的真实材料;积极主动地与咨询师一起探讨解决心理问题的方法;认真完成双方商定的作业。

(2)求助者的权利:有权利了解咨询师的受训背景和执业资格;有权利了解心理咨询的具体方法、过程和原理;有权利选择或更换合适的咨询师;有权利提出转介或终止心理咨询;对心理咨询方案的内容有知情权、协商权和选择权。

(3)求助者的义务:遵守心理咨询机构的相关规定;遵守和执行商定好的心理咨询方案各方面的内容;要尊重咨询师,遵守心理咨询预约时间,若有特殊情况要提前告知咨询师。

(4)咨询师的责任:遵守心理咨询职业道德,遵守国家有关法律法规;无条件接纳并帮助求助者解决心理问题;严格遵守保密原则,同时要说明有保密例外的情况。

(5)咨询师的权利:有权利了解与求助者心理问题有关的个人资料;有权利

选择合适的求助者；本着对求助者负责的态度,有权利提出转介或终止心理咨询。

（6）咨询师的义务：向求助者说明自己的受训背景,出示营业执照和执业资格等相关证件；遵守心理咨询机构的相关规定；遵守和执行商定好的心理咨询方案各方面的内容；尊重求助者,遵守心理咨询预约时间,若有特殊情况要提前告知求助者。

（四）咨询时间

每周一次,每次50分钟左右。本个案的心理咨询时间是每周三下午16:00—16:50。

（五）咨询收费

学校心理咨询室针对本校学生免费咨询,但要通过公众号、电话或现场预约。

第四节　心理干预与调适实施过程及效果评估

一、心理干预与调适实施过程

（一）心理咨询阶段大致分类

对求助者进行具体的心理干预主要分为三个阶段。三个阶段和勒温的"三步行动模式"相对应,即解冻阶段、移动阶段和冻结阶段。三个阶段如下：

（1）诊断评估与咨询关系建立阶段——解冻阶段。

（2）心理帮助阶段——移动阶段。

（3）结束与巩固阶段——冻结阶段。

（二）第一阶段：诊断评估与咨询关系建立的阶段——解冻阶段(2次)

1. 目的

（1）了解求助者的基本情况。

（2）获得求助者的信任,建立良好的咨询关系。

（3）确定需要解决的主要问题。

（4）探寻解决问题的方法。

2. 方法

方法主要有会谈、心理测验。

3. 过程

(1) 求助者填写个人信息登记表,咨询师介绍心理咨询中的有关事项与相关规定。

(2) 对求助者进行 SCL-90、SDS、SAS 的测量。

(3) 向求助者反馈心理测验结果。

(4) 通过与求助者交谈,收集信息,向求助者了解其成长过程及生活、学习现状。

(5) 向求助者介绍心理咨询与治疗机制,以获得求助者的积极配合。

(三) 第二阶段:心理帮助阶段——移动阶段(18 次)

1. 目的

(1) 确定心理咨询的具体目标。

(2) 缓解求助者的失眠症状,提高其睡眠质量。

(3) 帮助求助者找到并实施合理宣泄不良情绪的方法,由缓解求助者的抑郁、焦虑情绪进而到基本稳定其情绪。

(4) 寻找和确认求助者的不合理信念,使求助者领悟、修正或放弃原有不合理信念,帮助求助者强化和巩固合理信念。

(5) 恢复求助者原有的学习、生活动力,提升求助者的学习能力,使求助者能正常地学习、生活。

(6) 使求助者自我接纳,自信心和幸福感指数得到提升。

2. 方法

方法主要有积极关注、支持求助者,催眠放松疗法和合理情绪疗法。

3. 过程

(1) 确定咨询目标。在建立良好的咨询关系基础上,与求助者达成共识,确定以下几点作为咨询目标:第一,纠正认知偏差,改变求助者的诸多不合理认知,引导其积极、正面思考问题;第二,缓解进而消除抑郁、焦虑情绪;第三,帮助求助者客观理性地进行自我评价,促使其自信心得到提升;第四,帮助求助者恢复原有的学习、生活动力;第五,提升求助者的学习能力,促使其能正常地学习、生活。

(2) 咨询过程中安排一些练习并给予及时反馈,比如让求助者很认真地列出自己的优缺点。当发现求助者列优点的时间比较长,缺点很快列出,并且有16 条之多的时候,咨询师指出求助者的自我评价存在不够客观和理性的一面,自我评价过低,有严重的自卑情结。求助者每天都按照咨询师所教的方法进行了认真的放松训练,睡眠质量得到了改善,紧张、焦虑情绪也得到一定的缓解,并且也意识到了某些不合理的信念。

(3) 对求助者进行催眠放松,使其缓解紧张、焦虑情绪,帮助求助者掌握放松训练的方法及要领,将咨询中学到的放松方法运用到日常生活中,达到随时随地放松。

(4) 要求求助者进一步详谈她过去及进入大学以后的学习生活经历,了解更加全面的资料;捕捉到求助者身上或经历中的"靶事件"(问题事件或称目标行为),找出其中的积极元素或事件,进而引导求助者正面、积极思考问题。

(5) 通过交谈、启发与引导,帮助求助者列出与自身问题有关的不合理信念,并领悟自己的问题与不合理信念的关系;针对列出的不合理信念,咨询师运用"黄金规则"与求助者进行商讨与辩论,让求助者分清合理信念与不合理信念,并帮助求助者学会以合理信念代替不合理信念。

(6) 布置咨询作业。要求求助者继续在日常生活中每天做2～3次的自我放松,并做从不合理信念到合理信念的转换,多次练习。另外还在中间几次咨询结束后布置过一些其他作业,如让她一个星期学唱一首歌,然后下次咨询的时候教咨询师唱。在求助者教咨询师唱歌的过程中,咨询老师时常给予她肯定与激励,希望她不断地强化开口唱歌的行为。让求助者利用业余时间将自己当作一名剧作家,写一个抑郁症女孩康复的剧本,故事情节要生动,并且要求有一个皆大欢喜的结局。剧本中要写一些细节,什么地方该配什么音乐,要有艺术性。完成作业的过程也是求助者自我整理和疗伤的过程。

(四) 第三阶段:结束与巩固阶段——冻结阶段(2次)

1. 目的

(1) 巩固前期心理咨询效果。

(2) 基本消除抑郁、焦虑情绪困扰。

(3) 结束咨询。

2. 方法

方法包括催眠放松疗法、合理情绪疗法、心理测验后测。

3. 过程

(1) 反馈咨询作业,并与求助者讨论。

(2) 制定平时的练习作业并约定电话会谈。

(3) 再次做心理测验,并反馈结果。

(4) 结束咨询。给予求助者充分肯定,鼓励求助者平时多进行正强化,用积极的方式应对生活中的各种问题,提高适应环境的各种能力。

(五) 心理干预举例

1. 积极关注和无条件支持求助者应用举例

本个案求助者表面上看,只是因为所学专业是工科专业,难度大,才出现学习困难,但实际上她的问题不仅如此,她有着非常明显的抑郁、焦虑情绪,而且病程较长,严重程度较重且对其社会功能也有了一定的影响。经过学校心理健康教育中心初诊,脑科医院确诊其患有中度抑郁症。该求助者的抑郁症想要得到治愈,既需要按时服药,也需要进行长程的心理咨询。

应用举例(摘录):

咨询师:你能告诉老师,你平常都有什么爱好吗?比如音乐或某些运动什么的。

求助者:老师,我现在什么都不喜欢做,对所有东西一点儿兴趣都没有,我天生就是一个一无是处的人。我很难过!

咨询师:我能理解你的感受!(共情)你现在从不开口唱歌吗?

求助者:是的,老师。我从不唱歌,也基本上不听歌。没有人喜欢听我唱歌。

咨询师:你的记忆里面一直就没有唱过歌吗?

求助者(停顿):我其实小学的时候还是比较喜欢唱歌的。但是后来就一直没再唱过。

咨询师(积极关注):你之前喜欢唱歌,那是发生了什么事情了吗?和老师说说好吗?

求助者:我小学三年级的时候,有一次音乐课,老师新教了一首歌,我很快就学会了,而且歌词我也能很快记住。老师让同学们推选代表到讲台上唱,全班同学都推选我上去唱,我就上台唱了,可是等我唱完了,老师问全班同学,我唱得好不好,全班同学都说好。(哭泣、停顿)可是老师说:"好个屁呀!"从那之后,我就再也没唱过歌了。

咨询师:这什么老师?怎么这样讲话?全班同学推选你,说明你在班上一定是唱得最棒的。(情感反应技术)

求助者:老师,他是音乐老师,他说我不好那一定就是不好。

咨询师:小兰,你知道老师也会犯错吗?他的知识也是有局限性的。我猜那位老师一定学的美声唱法,而你是用的通俗唱法,是吗?

求助者(惊讶):是的,老师。您怎么知道?

咨询师：我有朋友是搞声乐的，原来她也不太能接受通俗唱法。可是音乐是有不同风格的，各有各的味道。现在我的这位朋友居然经常在"唱吧"里发布自己唱的通俗歌曲。通俗唱法喜欢的人更多。（用朋友的例子来让求助者理解音乐老师的行为动机）

求助者（认同）：是的。我们同学也基本上都是喜欢通俗唱法的。

咨询师：我们唱歌是为了什么？你知道吗？

求助者：高兴就唱呗！

咨询师：是啊！我们唱歌和音乐老师唱歌的目的是不一样的。音乐是他的专业，而他在学校学的是美声，他没有注意到对象的不同、要求不同。而且他不懂教育学，他只是急切地想表达自己是专业的。在他眼里，你们班所有人唱得都不会好。（耐心地分析音乐老师的心理，以让求助者改变原有的不合理认知）

求助者（思考）：老师，我明白了。我唱歌不是那么不堪的，只是风格和音乐老师不同，达不到他的标准，但是就一个非专业小学生而言，我并不差。

咨询师（热切地看着求助者）：我也很喜欢唱歌，老师有个小小的请求，你能满足一下老师吗？

求助者：老师，您说，我能做一定会做的。（因为被期望，求助者产生了去行动的力量）

咨询师：你今天回去之后，下面这个星期学唱一首歌，下周来教会老师，好吗？（音乐疗法）

求助者（停顿、犹豫）：那好吧！老师，我试试。

（下一周的同样时间）咨询摘录：

咨询师：今天老师感觉你的状态不错哟！

求助者：是的，老师。我最近整个人精神多了，睡眠也好了很多。

咨询师：太好了！老师真为你感到高兴！相信你会越来越好的！上一周老师让你学唱一首歌，怎么样？现在老师跟你学唱。

求助者（有点不好意思，但还是开始教唱了）：老师，我学唱的是才发行不久，刘珂矣演唱的新歌《半壶纱》。我唱得不怎么好！……

"墨已入水 渡一池青花 揽五分红霞 采竹回家 悠悠风来 埋一地桑麻 一身袈裟 把相思放下 十里桃花 待嫁的年华 凤冠的珍珠 挽进头发 檀香拂过 玉镯弄轻纱 空留一盏 芽色的清茶 倘若我心中的山水 你眼中都看到 我便一步一莲花祈祷 怎知那浮生一片草 岁月催人老 风月花鸟 一笑尘缘了……"

咨询师在学唱过程中非常自然地对求助者加以肯定、赞美,并且非常认真地学唱。同时,不留痕迹地让求助者感觉出咨询师没有她唱得好,让她获得自信。最终咨询师也学会了这首歌,这会让求助者获得一种力量感和满足感。另外,咨询师在学唱过程中,关注到了求助者唱的歌词有些消极,明白求助者离真正的改变还需时日。但是,咨询师更关注到了求助者的积极、正性的一面:求助者终于能开口唱歌了,她的这个心结开始慢慢打开了。后面咨询师需要不断地发现并积极关注求助者更多的闪光点,不断予以强化。

2. 催眠放松训练应用举例

A. 呼吸肌肉放松指导语

(声音缓慢而感觉很温暖)请以非常舒服的姿态躺在沙发上,双手放在身体的两侧,轻轻地闭上眼睛,请将注意力完全集中到我说话的声音和音乐上。先做三个深呼吸,用鼻子吸气,用嘴巴呼气,吸气的时间要保持1秒钟,呼气的时间要保持3秒钟。好,现在我们就开始,请关注自己的呼吸和腹部的起伏,请用鼻子吸气,并保持1秒钟,用嘴巴慢慢地呼出去,并保持3秒钟。再次用鼻子吸气,保持1秒钟,用嘴巴慢慢地呼出去,并保持3秒钟。请继续用鼻子吸气,保持1秒钟,用嘴巴慢慢地呼出去,并保持3秒钟。非常好! 当你听到我说话的声音,你的呼吸将会越来越慢,当你听到我说话的声音,你的呼吸将会越来越均匀,当你听到我说话的声音,你的内心将会越来越平静,现在你的全身就要放松了。

这种放松的感觉首先体现在你的头皮……额头……眉毛……眼睛……鼻子……耳朵……面颊……嘴巴……下巴……脖子……双肩……两条手臂(大臂、肘关节、小臂、手腕、手指头)……胸部……胃部……腹部……后背……腰部……臀部……大腿……膝盖……小腿……脚踝……脚指头。

(详见第七章第一节具体活动内容解释,第四单元的催眠减压放松指导语)

B. 催眠治疗指导语:

(声音缓慢而感觉很温暖)请以非常舒服的姿态靠在沙发背上,双手放在身体的两侧,轻轻地闭上眼睛,请将注意力完全集中到我说话的声音上,请像之前那样先做三个深呼吸……现在你的全身已经完完全全地放松了。请你想象自己正坐在一望无际的大草原上,蓝蓝的天空,偶尔飘过几朵白云,微风吹拂着你的脸庞。请你想象在你的前方有一个比较大的箱子正飘浮在空中,你可以想象它的形状、它的颜色、它的材质。它的材质是比较坚固的那种,同时这个箱子还可以上锁。好,请你打开这个箱子,回想之前我们确认的你认为对你有负面影响的人、事件、某些不良情绪或其他,想象你就是一个魔法师,可以随意地拿捏它们,将它们变小,然后将它们一个一个地放到这个足够大的箱子里,并且规整好。非常好!如果已经放好了,请将盖子合上,用一把大的坚固的铁锁将箱子锁上。现在,这个飘浮的箱子距离你大概有8米的距离,它在你的前方远近移动,15米、10米、20米、15米、30米、20米、50米、40米,箱子距离你越来越远,它变小了。60米、50米、80米、60米、100米、80米,箱子距离你远来越远,箱子看上去越来越小。150米、120米、200米、180米、300米、250米、500米、400米,箱子距离你远来越远,箱子看上去像一本厚书那么大。800米、700米、1 000米、800米、2 000米、1 800米,箱子距离你远来越远,看上去越来越小,感觉只有乒乓球那么小。3 000米、2 500米、5 000米、4 500米、8 000米、7 000米,箱子已经完全看不见了,箱子继续在移动,10 000米……箱子已经到了外太空,它永远地离开了你的世界,你再也看不到它了,永远地离开了你的世界。

非常好!现在,请你想象自己正躺在绿油油的草地上,你整个的身体都沐浴在温暖的阳光下,温暖的太阳光疏通了你全身所有的经络,激活了你身体的每一个细胞,你身体的每一块肌肉都变得越来越有力了。你感觉到你的生命活力增强了,你的自信心也不断地增强了。你感觉到自己从内而外都是那么健康而快乐!在这种感觉中,你的全身更加地放松,更加地放松……

3. 合理情绪疗法应用举例

在对本个案进行心理干预的过程中,咨询老师敏锐地觉察到求助者存在着很多不合理的认知,比如"得不到周围所有人的肯定,我的生活一点意义都没有""我就是一个失败的人、多余的人"等等。面对求助者的诸多不合理认知,目前运用最广泛的是埃利斯的合理情绪疗法,其基本理论又称ABCDE理论。其中A是诱发事件,B是个体的认知,C是情绪和行为反应,D是要对之前的不合理认知进行辩论、反驳,E是经过反驳辩论后获得的新的情绪体验。

合理情绪疗法的主要操作过程主要有三个阶段:一是心理诊断阶段,要明确求助者的A、B、C分别是什么。二是领悟阶段,要让求助者领悟合理情绪疗法的原理,明白引起抑郁、焦虑情绪的不是诱发事件本身,而是对事件的认知、信念。三是修通阶段。运用"产婆术式"的辩论技术,使求助者修正或改变原来的不合理认知和信念,代之以合理的认知和信念,并达到使求助者抑郁、焦虑情绪得到缓解或消除的目的(中国心理卫生协会,2012)。"产婆术式"辩论技术实际上来源于古希腊哲学家苏格拉底的辩证法思想。其主要原理是让当事人表达出自己的观点,然后依据当事人的观点进行推理,推导出当事人观点中的自相矛盾之处,从而使当事人认识到自己的不合理信念,并加以矫正。

本个案的求助者进入大学之后学习成绩一直不好,已成为一名学困生。原本她也试图去改变这种困境,当有不懂的学习问题,能鼓起勇气问身边成绩优秀的学生。可是经过对方的讲解,她依然理解不了,那名学优生有些不耐烦。在这之后,该求助者的状况更加糟糕。运用埃利斯的合理情绪疗法进行分析:诱发事件 A 就是那位辅导求助者的学优生曾对她说:"你怎么学不会呀?你是怎么考进来的呀?"这时求助者感觉无地自容,进而认为"别人都看不起我""得不到周围所有人的肯定,我的生活一点意义都没有",这些不合理认知是 B,是求助者面对诱发事件 A 的时候主观上的不合理认知。B 进而导致求助者产生了诸多负面的情绪反应,即 C 抑郁和焦虑情绪。

具体辩论过程举例如下:

求助者:老师,我最近心情很不好,学习也学不进去。

咨询师:是最近发生了什么事情了吗?

求助者:我成绩一直不太好,可我也努力了呀!但是一点用都没有。他们都看不起我,嘲笑我。

咨询师:能告诉老师,你都做了哪些努力好吗?

求助者:最近一次数学课后,我有不懂的地方就去问班上一个学习成绩好的同学,她认真讲给我听,可是我还是听不懂。她说:"你怎么学不会呀?你是怎么考进来的呀?"同学都在嘲笑我。

咨询师:按你所说,同学们都在嘲笑你,是吗?

求助者:是的,老师。没人看得起我,他们都在嘲笑我。

咨询师:那你身边的同学一定都和你说过这样的话。

求助者(停顿了一下):也没有,就是那位辅导我的同学说过这样的话。

咨询师:你前面说同学们都嘲笑你,看不起你,现在又说只有一位同学说过这样的话,这好像前后矛盾,能解释一下吗?依你的说法,一位同学可以代表全体同学,是吧?

求助者(语塞):老师,我可能说得过于以偏概全了,但是最起码那位同学是在嘲笑我。她对我说那样的话就是在嘲笑我,根本看不起我。

咨询师:按你所说,那位同学看不起你,嘲笑你,那她一定没有说过表扬或肯定你的话,是吧?

求助者(思考):也不是,她前面辅导我的时候,说过我接受能力还是挺强的,也说过对我有信心的话。

咨询师:因此说,那位同学其实有批评你的时候,也有肯定、表扬你的时候。

求助者：是的，老师。但是我觉得她的话特别让我不舒服，她这样说就是在否定我。

咨询师：你的意思只要对一个人说了批评的话，就是否定这个人，看不起他，是吗？

求助者：当然啦！我就不会说这样的话。

咨询师：按你所说，你是从来不会对别人有负面的评价的，在你的眼中，所有的人都是十全十美的吧，包括你和身边所有的人。

求助者（沉默）：我好像也不是这样，有的时候我会赞美别人，有的时候也会不满意别人的某些方面，但是并没有嘲笑他们，看不起他们。

咨询师：非常好！那位同学的话只是一句平常的话，只是针对那天学习过程，她的情绪表达而已。

求助者：老师，我明白了，我是过于在意她的负面评价了，我过分概括化了。其实，同学的话也很正常的，可能是她着急起来说的话。

咨询师：是的，生活中对于很多的问题，我们可以换角度去思考，改变一些不合理的信念，就会获得好的情绪体验。

求助者：我彻底明白了，谢谢老师！

（六）其他的干预措施

1. 与辅导员取得联系，请辅导员帮助安排"一对一"学业帮扶

本个案的求助者学业已陷入困境，主要的原因是其个人自身的心理调节能力较弱。在帮扶过程中的重点是要解决她的根本性问题，但是由于求助者的心理障碍问题比较严重，已经被诊断为中度抑郁症并伴随焦虑情绪，而改变求助者的心理需要一个较为长期的过程，若是等到其抑郁症根治，再去加强文化的学习，其学业必然会荒废太多。因此，在对求助者进行积极的心理干预期间，学校的心理老师和外面的职业咨询师有所不同，会积极地与求助者的辅导员取得联系，希望安排一位学习成绩好的同学"一对一"对求助者进行学业上的帮扶。当然，这样做法需要事先得到求助者的同意。

2. 参加校"体育运动训练小组"（实质是由轻度和中度抑郁症大学生组成）

越来越多的研究发现运动可以改善抑郁状况。从抑郁的发病机制来看，体育运动在抑郁焦虑的治疗中可以起到比较好的调控作用：①抑郁焦虑与脑源性神经营养因子表达有关，而体育运动可以提高中枢及外周脑源性神经营养因子的表达水平；②脑科学研究表明，下丘脑—垂体—肾上腺轴失调是导致人抑郁焦虑的重要因素，而体育运动可以恢复下丘脑—垂体—肾上腺轴的正常功能；③研

究表明,抑郁焦虑情绪与突触间隙单胺类神经递质不足密切相关,而体育运动可以使人产生多巴胺以及内啡肽等具有缓解不良情绪的物质。体育运动对人的心理变化有着积极的作用,当人处于运动状态时,其兴奋性会显著提高,而这种兴奋性有助于抑郁症患者转移注意力,减轻思维反刍。临床研究也证实了体育运动可以改善抑郁、焦虑情绪。

本个案的求助者是一个抑郁症患者,对很多事情都没有兴趣,平时不爱运动,常常感觉什么都不想做,缺乏动力。在咨询室,虽然求助者表示会好好配合,适当去运动,但是在生活中若没有人去监督,她的执行力可能会大打折扣,甚至完全做不到。为了更好地帮助抑郁症大学生,学校心理中心和体育部密切协作,成立"体育运动训练小组",将一系列的体育运动作为心理干预轻度和中度抑郁症大学生的辅助治疗方法。

二、心理干预与调适效果评估

(一)求助者评估

求助者自己感觉经过心理咨询之后抑郁、焦虑情绪逐步得到缓解;学习动力增强,感觉记忆力和思维力都得到了提升,学习目标也更加明确;人际关系很好,能经常和同学一起出去活动,觉得生活丰富多彩;睡眠完全恢复正常,经常能一觉睡到天亮。

求助者对自己的各方面能够客观看待,接纳自我,自信增强。求助者认为所受的创伤对自己来说已经是一件过去的事,原来以为很严重,现在觉得也没什么大不了,现在虽然学习上仍然有难度,但是感觉学习兴趣增强,效率也提高了,基本上能够将精力重新投入到学习和生活当中去。

(二)咨询师评估

咨询师觉察到求助者的抑郁、焦虑情绪逐渐缓解,睡眠质量也有很大提高;交谈中发现求助者面部和肢体也较为舒展、放松。求助者对自我的评价、认知也更加客观和理性;对生活学习也更加积极,曾主动为学院同学做了一场关于心理调节的讲座,从一位有过严重心理问题学生的视角为广大同学讲解如何积极解决大学生的心理困扰。

(三)心理测验评估

咨询结束阶段对求助者咨询的效果进行了再次测试。症状自评量表(SCL-90)后测结果较前测有较大变化,9个因子中,所有因子分都显著下降。除抑郁因子2.1分,焦虑因子2.3分,其他因子分均在2分之下。数据显示该求助者的心理状况大大改善。抑郁、焦虑情绪得到了较大幅度的缓解，躯体症状基本消失，人际关系的自我满意度也提高了。

抑郁自评量表(SDS)后测结果与前测数据也有显著差异。求助者的 SDS 测验抑郁指数从 0.62 降到了 0.5 之下，说明抑郁情绪大大缓解，求助者的情绪基本稳定下来。

焦虑自评量表(SAS)后测数据略有下降。标准分由 53 分下降为 44 分。求助者原来属于轻度焦虑，咨询结束后还有焦虑感，但是在正常值范围内的高值。咨询师在咨询过程中了解到，该求助者对学习的期望值提升，投入的精力也比较多，较高的目标带给她一定的焦虑情绪。有理论表明（耶尔克斯-道德森定律），适度的焦虑对人的学习及成长是有利的。该求助者的焦虑后测数据理想的状态是需要再降低一些。

（四）辅导员评估

咨询师从辅导员那儿了解到该求助者学习成绩进步非常显著，不光是本学期的课程全部过关，而且利用一年时间将之前大一、大二的所欠学分全部补上。辅导员认为该求助者在学习方面的进步非常大，完全摆脱了原有要退学的困境。（该求助者在大四结束顺利拿到毕业证书和学位证书，并已经就业工作）辅导员认为该同学一改过去什么都不感兴趣的状态，现在积极参加班级活动，主动性增强。她给同学做的讲座非常受同学欢迎，受众达 100 多人。整个人的性格也发生了变化，变得活泼开朗了，也更加自信了。同学们反映该求助者现在情绪也比较稳定，不再像以前那样不太搭理同学，再没出现过伤害自己的行为，人际关系也更加和谐了。

（五）三个月后电话回访

救助者各方面情况均较好，情绪稳定，学习进步非常快。半年后咨询师了解到求助者已拿到了大学四年规定的所有学分，并已经与某企业单位签订了就业协议，正准备毕业离校等事宜。

第十章 研究结论与建议

第一节 研究结论

笔者关注高校学困生问题已有十多年，开始时热情高涨，但因未达到期望的目标而倍感挫败，研究曾一度停滞不前。这时勒温的"解冻—移动—冻结"三步行动理论犹如一道光，顿时令笔者豁然开朗。笔者对前期的学困生心理干预与调适方案进行了修正并加以实施，终于获得了比较理想的效果。

一、对高校学困生从外控视角去帮扶，实践证明无法根本解决问题；导致大学生学习困难的最重要因素是内控因素，因而从学困生的心理（知、情、意等）方面制定干预与调适方案有其科学性

21世纪以来，越来越多的中国学者和学生工作人员加强了对高校学困生的帮扶、转化策略方面的研究，对学困生采取了诸如谈心谈话、给学困生做讲座、查课查寝、"一对一"帮扶、与学困生家长联系共同督促学困生等行动干预。但是一方面学困生基数太大，另一方面个别干预成本太高，教育资源有限，导致收效甚微。虽经多年的努力，高校学困生问题的解决始终没有取得根本性的突破。

本书综合分析了文献研究中的学困生尤其是高校学困生的影响因素和帮扶策略以及本研究中问卷调查和访谈的内容，得知高校学困生的致因因素主要是其内在因素，高校学困生的认知、情绪和意志力等方面均存在问题。学困生普遍有自我认知、自我效能感、自尊、情绪压力管理、学习动机、意志力等方面的不足。因而只是从外控方面去帮扶高校学困生，虽有一些作用，但不能解决根本问题，帮扶策略往往收效甚微。而从高校学困生的内在找原因并找到对策，才可能达到预期效果。因而从学困生的心理（知、情、意等）方面制定干预与调适方案有其科学性。

二、对高校学困生进行心理优化，团体心理干预与调适是目前较为经济且有效的干预方式

本书中的高校学困生人数较多，每年的统计数据基本上都在 1 000 人左右，基数比较大，个别干预几乎无法覆盖全体学困生，而且干预的成本也会很高。学困生的心理优化还需专业的心理教师和各学院的心理辅导员参与。但是心理教师日常需要接待个案心理咨询和承担教学任务，且心理辅导员是兼职做心理教育工作，他们大部分时间要从事一个年级大学生的思想政治工作。因此，对高校学困生进行个别干预师资上远远不够，而且也不经济。很多研究和实践均证明了团体干预与调适方式是比较理想的干预模式。本书中的学困生团体干预与调适效果也充分证明了团体干预与调适比个别干预更加经济有效。

三、高校学困生心理优化需要给予"持续不竭的转化动力"，"解冻—移动—冻结"三步团体心理干预与调适方式可以较好地解决学困生心理优化问题

研究者在短程研究中共设计了四个单元学困生心理干预与调适方案并实施。通过短程团体心理干预与调适，大部分学困生的自信心和学习动力等方面均有了一些提升，但是团体心理干预与调适活动一旦停止一段时间后，他们中的大多数人又"回归"到以前的那种"不成熟"状态，短程团体心理干预与调适取得的效果往往无法维持持久性，与期望的目标有差距。经过短程高校学困生团体心理干预与调适方案的实施，学困生的心理和行为已经发生了"解冻"，他们的自信心、认知水平、人际沟通能力、情绪压力管理能力以及学习动机等均得到了提升。不仅是"解冻"，他们的很多心理和行为也发生了部分"移动"，但是因为"移动"的过程非常复杂，会遇到各种力量的纠缠，学困生的一些心理和行为"移动"得还不够充分，需要进一步的"移动"。当然在方案实施过程中也有一些心理和行为已经得到充分的"移动"，有了良性的发展变化，但是还没有"固化"下来，就像勒温所说的要再一次"冻结"。学困生的心理干预与调适行动方案具有迭代性和探索性，因此需要不断地修正、探索，不仅要进一步创造出"心理流动性"，而且要使已经发生改变的心理和行为稳定下来，避免其出现"退化"现象。新的平衡需要持久性，要确保其安全，不受退化的影响，因此必须要给予高校学困生"持续不竭的转化动力"。

四、高校学困生团体心理干预与调适方案和个案心理干预与调适方案的相互补充,有力地提升了对高校学困生整体的干预能力和干预效果

在本书研究的高校学困生心理干预与调适方案实施过程中,参与研究的所有成员都非常投入,团体心理干预与调适效果显著。显著的效果也说明本方案是值得尝试实施并推广的。高校学困生团体心理干预与调适方案的设计与实施是经过长期研究的,其效果是得到实践证明的。虽然此方案的实施并不能解决所有高校学困生的所有问题,但是可以大幅度削减高校学困生的数量,而且可以改善他们的心理状况,帮助他们健康成长。研究发现大多数高校学困生很愿意参与到团体心理干预与调适这项活动中,但是也会有少数学困生不愿意参与到有很多人的团体氛围中,而愿意进行个别心理咨询。因此,本书还呈现了高校学困生个案心理干预与调适方案。将高校学困生的团体心理干预与调适方案和个案心理干预相结合,有力地提升了对高校学困生整体的干预能力和干预效果。

第二节 研究局限与建议

一、研究局限

本书的研究是行动研究,因很难在不同的高校寻找到研究对象,即便是能找到研究对象,也几乎无法实现对他们的干预,故研究对象选择的是某重点工科高校学困生。研究对象选取方面有一定的局限。

研究过程中重点是对高校学困生团体心理干预与调适方案的设计与实施,受制于研究篇幅和研究能力,在自编问卷调查分析中多为描述性统计,其他大部分问卷则是成熟的、公认常用的心理测量问卷。访谈内容也比较局限、简单,且未对此部分作充分阐述。

二、建议

(一)高校学困生团体心理干预与调适领导者可由高校心理教师和学院心理辅导员担任

高校学困生心理优化方案无论是团体心理干预与调适方案还是个案,对领导者的要求都是比较高的。领导者应该有心理学背景或受过心理知识方面的系

列培训才可以,建议大学心理中心教师和各学院的心理辅导员可作为方案实施的领导者。目前,各个高校都很重视大学生的心理健康教育工作,学校不仅增加了心理教师,还配备了学院心理辅导员。通常由心理中心负责心理辅导员的培训和督导。经过培训,心理辅导员基本可以胜任学困生团体心理干预与调适领导者的角色。对于一些问题不是很严重的个案,心理教师及心理辅导员及其他辅导员也可以做一些心理帮扶工作;但是有较严重心理障碍的学困生则需要专业的心理教师进行心理干预,并辅助以药物治疗。

(二)为使高校学困生团体心理干预与调适达到预期效果,应严格程序,重视每一个环节

在研究开始阶段,研究者要做好宣传,利用访谈的机会,充分调动成员的积极性,讲清楚团体活动中他们需要做些什么,能得到什么。领导者对团体成员要充满积极的期待,为防止成员迟到、早退或缺席某次活动,领导者需要引导团体成员主动接纳团体规范,并签订团体合约书。如果成员在中途确实有特殊困难,那么由团体成员共同协商更换时间。领导者需要对团体活动中每个单元的效果、活动结束后布置的作业练习完成情况进行认真督导,层层把关。在团体活动自始至终的每一个环节,领导者和全体成员及观察员均要全身心投入,唯有这样,团体心理干预与调适的预期效果才有可能实现。

(三)团体心理干预与调适的解冻阶段,领导者应着力营造一个非常友善、团结、相互支持的团体氛围

拥有好的开始等于成功了一半。团体心理干预与调适解冻阶段是否成功关系着整个团体活动的成败。领导者在正式开始前应将所有细节及可能出现的特殊状况考虑周全,做好应变准备。努力营造一个非常友善、团结、相互支持的团体氛围,使团体成员感受到爱和归属感,调整好情绪,改变不合理认知,提升意志力等。只有成员感受到温暖、友爱且看到希望,他们才会更加投入到后期的每个单元的团体活动中,团体心理干预与调适的过程目标和长远目标也才可能最终实现。

(四)善于调动校内各种资源,形成帮扶高校学困生的合力

高校内部有很多资源,领导者要善于调动和利用好各种资源。比如:学工队伍中的辅导员、副书记在学生工作一线,可请他们密切关注,做好辅助工作;可与体育部老师协作,请体育部老师派责任心强的高水平运动员带领学困生跑步或参与其他的运动项目,学困生在运动的时候还可以学到一些运动技术动作,提高运动乐趣;学困生所在学院可选派一些年轻的教师对学困生进行一些学业上的辅导等。

参考文献

一、中文参考文献

埃利斯,2014.理性情绪[M].李巍,张丽,译.北京:机械工业出版社.

艾森克,2001.心理学:一条整合的途径[M].上海:华东师范大学出版社.

包艳,金越,2015.大数据时代高校学困生教育工作的挑战及对策研究[J].新疆师范大学学报(哲学社会科学版),36(6):134-138.

鲍威,金红昊,曾庆泉,2019.学业辅导对高校学困生的干预效应研究[J].教育发展研究,39(1):29-39.

蔡溢,许明智,谌红献,等,2006.缺陷感量表的信效度检验[J].中国临床心理学杂志,14(1):20-21.

陈琦,刘儒德,1997.当代教育心理学[M].北京:北京师范大学出版社.

陈晓端,任宝贵,2011.当代西方教师专业学习共同体的理论与实践[J].当代教师教育,4(1):19-25.

樊富珉,2005.团体心理咨询[M].北京:高等教育出版社.

弗洛姆,2011.健全的社会[M].孙恺祥,译.上海:上海译文出版社.

哈德克,2009.意志的力量[M].任剑,薛杰,译.北京:中国言实出版社.

韩梦洁,2017.美国高等教育入学机会的州际公平[J].高等教育研究,38(8):91-97.

胡迎春,董雪,2020.学生学习动机和学习行为对学习成绩的影响分析[J].高教学刊(21):93-95.

柯克,加拉赫,1989.特殊儿童的心理与教育[M].汤盛钦,银春铭,译.天津:天津教育出版社.

勒温,2018.拓扑心理学原理(英文版)[M].北京:中国传媒大学出版社.

李承晟,2016.高校"学困生"转化策略探讨[J].高教学刊(10):171-172.

李芳,2020.大学生学习动机、学业自我效能感与学业成就的关系研究[D].太原:山西财经大学.

李洪元,陆士杰,龚维珍,1987.后进生的心理特点与教育[M].北京:科学出版社.

李玉环,2008.高校学困生:现状、成因与对策[J].教学研究,31(1):41-44.

连榕,杨丽娴,吴兰花,2006.大学生专业承诺、学习倦怠的状况及其关系[J].心理科学,29(1):47-51.

刘春蕾,2013.高校学困生现状、成因及其转化路径探索[J].湖北函授大学学报,26(6):21-22.

刘江华,谢丽萍,2013.高校学困生"后现代"生态化路径转化研究[J].中国教育学刊(S4):12-13.

刘贤臣,唐茂芹,胡蕾,等,1995.学生睡眠质量及其相关因素[J].中国心理卫生杂志,1995(4):148-150.

刘颖,2013.父母教养方式与高校学困生学习关联度研究[J].东北师大学报(哲学社会科学版)(5):213-216.

楼启炜,2015.高校学困生的心理障碍及其干预策略[J].江苏第二师范学院学报,31(11):21-24.

陆梅芳,2011.工科院校学习困难生成因分析与教育帮扶策略[J].长春教育学院学报,27(9):63-64.

罗磊,2021.社会支持、学习倦怠与自尊的中介作用[J].山西财经大学学报,43(S1):81-83.

马斯洛,1987a.人的潜能和价值[M].杨功焕,译.北京:华夏出版社.

马斯洛,1987b.动机与个性[M].许金声等,译.北京:中国人民大学出版社.

马斯洛,2011.马斯洛谈自我超越[M].石磊,译.天津:天津社会科学院出版社.

门特,2014.教育科研实用指南[M].刘常庆,邱超,译.上海:华东师范大学出版社.

孟昭兰,2005.情绪心理学[M].北京:北京大学出版社.

皮亚杰,2015.皮亚杰教育论著选[M].卢濬,译.北京:人民教育出版社.

钱铭怡,1994.心理咨询与治疗[M].北京:北京大学出版社.

邱天龙,柴洁余,罗思亮,等,2016.高校学困生与学优生课堂行为差异及转化策略[J].高教学刊(23):44-46.

帅英,2017.地方高校学困生成因分析及帮扶策略研究[J].安徽理工大学学报(社会科学版),19(2):97-100.

宋广文,骆风,周方芳,2014.学优生、学困生社会支持、心理弹性与心理健康的关系研究[J].中国特殊教育(3):48-53.

陶恩前,2012.高校学困生形成原因及帮扶路径[J].浙江树人大学学报(人文社会科学版),12(4):87-89.

陶建兰,杨璐柳婷,2020."双一流"高校学困生成因及其转化的对策研究[J].教育探索(12):47-52.

田甜,王友国,2017.高校学习困难学生的家庭特征研究[J].淮北师范大学学报(哲学社会科学版),38(1):120-126.

汪向东,王希林,马弘,1999.心理卫生评定量表手册[M].北京:中国心理卫生杂志社.

王寒娜,2011.高校学困生成因分析[J].天中学刊,26(1):126-128.

王小青,邹春然,2016.高校学困生和学优生家庭背景比较调查研究:以江苏省某重点大学计算机学院为例[J].煤炭高等教育,34(6):93-99.

王小新,苗晶磊,2012.大学生学业自我效能感、自尊与学习倦怠关系研究[J].东北师大学报(哲学社会科学版)(1):192-196.

王运花,李海明,2014.高校"学困生"产生原因及解困途径[J].教育与职业(29):177-178.

沃斯,德莱顿,1998.学习的革命[M].顾瑞荣,陈标,许静,译.上海:上海三联书店.

吴武典,洪有义,张德聪,2002.团体辅导[M].台北:空中大学印行.

肖水源,2005.大学生心理健康教师用书[M].北京:人民卫生出版社.

邢旭,2014.高校学困生现状分析及应对策略[J].当代教育实践与教学研究(11):72-73.

杨惠贞,1998.影响资管学生学习倦怠及计算机学习成效因素之研究[D].桃园:台湾"中央"大学.

杨心德,1996.学习困难学生自我效能感的研究[J].心理科学,19:185-187.

杨友,2021.神经心理发育障碍儿童静态眼睛照片深度学习的病例对照初步研究[J].中国循证儿科杂志,16(3):237-240.

姚茹,2020.学习障碍儿童的抑制控制缺陷研究[J].中国特殊教育(11):55-61.

叶浩生,1998.西方心理学的历史与体系[M].北京:人民教育出版社.

伊根,1999a.高明的心理助人者[M].郑维廉,译.上海:上海教育出版社.

伊根,1999b.高明的心理助人者训练手册[M].郑维廉,译.上海:上海教育出版社.

俞国良,1992.差生教育[M].吉林:吉林教育出版社.

袁宗虎,陈夏初,2017.高校学困生成因分析及其转化对策[J].江苏高教(1):76-78.

张浩,2019.高校学困生现状及思想政治教育对策研究[D].沈阳:沈阳航空航天大学.

张厚粲,2001.大学心理学[M].北京:北京师范大学出版社.

张启钱,王小青,谈静艳,2011.我国高校"学困生"的成因分析及对策研究:基于对"学习困难"定义回归解读的视角[J].高等理科教育(2):77-82.

张婷婷,2013.高校学困生学习心理障碍表现、成因及对策[J].中国冶金教育(4):31-33.

张文娟,赵景欣,2012.大学生学习倦怠与学业自我效能感的关系[J].心理研究,5(2):72-76.

赵飞,吴男,2017.高校"学困生"成因分析及矫正措施的探析[J].教育研究(1):87-89.

赵若瑶,毕婉蓉,刘谦,等,2020.53名"双一流"大学学习困难学生精神卫生状况的多因素研究[J].心理月刊,15(17):103-105.

中国心理卫生协会,2012.心理咨询师(三级)[M].北京:民族出版社.

钟启泉,2003.差生心理与教育[M].上海:上海教育出版社.

周方芳,2011.学优生、学困生社会支持、心理弹性与心理健康的关系研究[D].曲阜:曲阜师范大学.

周颖,2014.从学困生成因看早期家庭教育的重要性[J].现代教育(8):55-56.

朱星星,赵微,2020.我国数学学习障碍学生执行功能研究热点与前瞻[J].现代特殊教育(22):48-53.

二、英文参考文献

AGHOLOR S, AGHOLOR A O, ABORISADE D O, 2020. A real-time observation approach for assessing the impact of social media on students' academic performance[J]. Social Media and Society, 9: 214-235.

AGUSTIANI H, CAHYAD S, MUSA M, 2016. Self-efficacy and self-regulated learning as predictors of students academic performance[J]. The Open Psychology Journal, 9(1): 1-6.

ALYAMI M, MELYANI Z, AL JOHANI A, et al, 2017. The impact of self-esteem, academic self-efficacy and perceived stress on academic performance: a cross-sectional study of Saudi psychology students[J]. The European Journal of Educational Sciences, 4(4): 51-68.

AL-YAFI K, EL-MASRI M, TSAI R, 2018. The effects of using social network sites on academic performance: the case of Qatar [J]. Journal of Enterprise Information Management, 31(3): 446-462.

APEKSHA K, MAHADEVASWAMY B H, MAHADEV S, et al, 2019. Pattern perception in quiet and at different signal to noise ratio in children with learning disability[J]. Journal of International Advanced Otology, 15(2): 263-266.

BANDURA A, 1986. Social foundations of thought and action: a social cognitive theory[M]. Englewood Cliffs, NJ: Prentice-Hall.

BANDURA A, 1997. Self-efficacy: the exercise of control[M]. New York: W.H. Freeman.

BECKMANN E, MINNAERT A, 2018. Non-cognitive characteristics of gifted students with learning disabilities: an In-depth systematic review[J]. Frontiers in Psychology, 9: 504.

BELL T H, 1975. An introduction to career education: a usoe policy paper[J]. Journal of Career Development, 2(2): 43.

BERRIDGE S, HUTCHINSON N, 2021. Staff experience of the implementation of intensive interaction within their places of work with people with learning disabilities and/or autism [J]. Journal of Applied Research in Intellectual Disabilities: JARID, 34(1): 1-15.

BLAIR J, 2020. Using the technique of mindfulness in people with learning disabilities[J]. Learning Disability Practice, 23(4): 27-32.

BURNES B, 2020. The origins of Lewin's three-step model of change[J]. Journal of Applied Behavioral Science, 56(1): 32-59.

CAO X F, MASOOD A, LUQMAN A, et al, 2018. Excessive use of mobile social networking sites and poor academic performance: antecedents and consequences from stressor-strain-outcome perspective[J]. Computers in Human Behavior, 85: 163-174.

CELIKLER D, AKSAN Z, 2011. The effect of computer assisted instruction in teaching ionic compounds on pre-service elementary science teachers' academic achievement and permanent learning[J]. Procedia-Social and Behavioral Sciences, 28: 547-552.

CHRISTINA M, JACKSON S E, 1984. Patterns of burnout among a national sample of public contact workers[J]. Journal of Health and Human Resources Administration, 7(2): 189-212.

CLARK K, LAXTON-KANE M, 2021. A screening questionnaire to identify the risk of behaviour that challenges in young people with a learning disability[J]. Learning Disability Practice, 24(1): 29-34.

COBBLAH M A, VAN DER WALT T, 2016. The contribution of effective library and information services to academic achievements at some selected universities in Ghana[J]. Libri, 66(4): 275-289.

DAVID ELROD P II, TIPPETT D D, 2002. The "death valley" of change[J]. Journal of Organizational Change Management, 15(3):273-291.

DU B Y, LIU H, 2021. The Influence of college students' learning motivation on academic achievement under the application of station B media [C]. International Journal of Intelligent Information and Management Science.

DURAKU Z H, HOXHA L, 2018. Self-esteem, study skills, self-concept, social support, psychological distress, and coping mechanism effects on test anxiety and academic performance[J]. Health Psychology Open, 5(2): 1-9.

DUTT S, AHUJA N J, KUMAR M, 2022. An intelligent tutoring system architecture based on fuzzy neural network (FNN) for special education of learning disabled learners[J]. Education and Information Technologies, 27(2): 2613-2633.

EGAN G, 1975. The skilled helper [M]. [S.l.]: Cole Publishing Company.

FREUDENBERGER H J, 1975. The staff burn-out syndrome in alternative institutions[J]. Psychotherapy: Theory, Research & Practice,12(1):73-82.

GARRETT-PETERS P T, MOKROVA I, VERNON-FEAGANS L, et al, 2016. The role of household chaos in understanding relations between early poverty and children's academic achievement[J]. Early Childhood Research Quarterly, 37: 16-25.

GARWOOD J D, CIULLO S, WISSINGER D R, et al, 2021. Civics education for students with learning disabilities and emotional and behavioral disorders[J]. Intervention in School and Clinic, 56(4): 250-254.

GEARHEART B R, 1975. A learning disabilities handbook[J]. Professional Psychology, 6(3): 361-362.

GOEGAN L D, PELLETIER G N, DANIELS L M, 2021. I just have to try harder: examining the mindsets of students with LD[J]. Canadian Journal of School Psychology, 36(3): 244-254.

GREENBOIM-ZIMCHONI A, 2020. Adult reflections of childhood learning disabilities[J]. Art Therapy, 37(4): 213-216.

HAMMILL D D, 1993. A brief look at the learning disabilities movement in the United States [J]. Journal of Learning Disabilities, 26(5): 295-310.

HONICKE T, BROADBENT J, 2016. The influence of academic self-efficacy on academic performance: A systematic review[J]. Educational Research Review, 17: 63-84.

JAVED T, 2017. Association of classroom environment with academic achievement of secondary school girls in Pakistan[J]. Mediterranean Journal of Social Sciences, 8(2): 121-127.

JUKLOVÁ K, 2012. Evaluation of cognitive and metacognitive training in university students with a specific learning disability[J]. Procedia-Social and Behavioral Sciences, 69: 14-17.

JURECSKA D E, CHANG K B T, PETERSON M A, et al, 2012. The poverty puzzle: the surprising difference between wealthy and poor students for self-efficacy and academic achievement[J]. International Journal of Adolescent Medicine and Health, 24(4): 355-362.

KING R, 2021. Understanding and implementing the Mental Capacity Act 2005 in people with learning disabilities[J]. Learning Disability Practice, 24(2): 20-26.

KOLAN B J, DZANDZA P E, 2018. Effect of social media on academic performance of students in Ghanaian universities: a case study of university of Ghana, Legon [J/OL]. Library philosophy and practice, [2018-02-01]. https://digitalcommons.unl.edu/libphilprac/1637.

KOLO A G, BINTI WAN JAAFA W M, AHMAD N B, 2017. Relationship between academic self-efficacy believed of college students and academic performance[J]. IOSR Journal of Humanities and Social Science, 22(1): 75-80.

LEWIN, K, 1942. Field theory and learning[M]//Cartwright D. Field theory in social science: selected theoretical papers by Kurt Lewin. London: Social Science Paperbacks: 60-86.

LEWIN K, 1943. The special case of Germany[M]// Lewin K. Resolving social conflict. New York: Harper & Row: 47.

LEWIN K, 1947. Frontiers in group dynamics: concept, method and reality in social science, social equilibria and social change[J]. Human Relations, 1(1): 5-41.

LIN J W, MAI L J, 2018. Impact of mindfulness meditation intervention on academic performance[J]. Innovations in Education and Teaching International, 55(3): 366-375.

MALIK A, DHIR A, KAUR P, et al, 2020. Correlates of social media fatigue and academic performance decrement[J]. Information Technology & People, 34(2): 557-580.

MALIK S Z, SHAHID S, 2016. Effect of emotional intelligence on academic performance among business students in Pakistan[J]. Bulletin of Education and Research, 38(1): 197-208.

MARROW A J, 1972. The effects of participation on performance [M]//Marrow A J. The failure of success. New York: AMACOM: 90-102.

MCARTHUR L Z, 1976. The lesser influence of consensus than distinctiveness information on causal attributions: a Test of the Person-Thing Hypothesis[J]. Journal of Personality and Social Psychology,33(6):733-742.

MCGREGOR K K, LANGENFELD N, VAN HORNE S, et al, 2016. The university experiences of students with learning disabilities[J]. Learning Disabilities Research & Practice, 31(2): 90-102.

MEHRABIAN A, 1971. Silent messages[M]. Belmont: Wadsworth.

MEIER S F, SCHMECK R R,1985. The Burned-out college student: a descriptive profile [J]. Journal of College Student Personal, 1: 63-69.

MERCER C D, HUGHES C, MERCER A R, 1985. Learning disabilities definitions used by state education departments[J]. Learning Disability Quarterly, 8(1): 45-55.

MERILäINEN M, KUITTINEN M, 2014. The relation between Finnish university students' perceived level of study-related burnout, perceptions of the teaching-learning environment and perceived achievement motivation[J]. Pastoral Care in Education, 32(3): 186-196.

NIAZOV Z, HEN M, FERRARI J R, 2022. Online and academic procrastination in students with learning disabilities: the impact of academic stress and self-efficacy[J]. Psychological Reports, 125(2): 890-912.

NIWA M, SAIKI T, FUJISAKI K, et al, 2016. The effects of problem-based-learning on the academic achievements of medical students in one Japanese medical school, over a twenty-year period[J]. Health Professions Education, 2(1): 3-9.

PAUL S, MARIA C, CHIEDZA K, 2020. Supporting people with learning disabilities and mental health issues: service users' experiences[J]. Learning Disability Practice, 23(4): 16-26.

POWER N, DOLBY R, THORNE D, 2021. 'Reflecting or frozen?' The impact of Covid-19 on art therapists working with people with a learning disability[J]. International Journal of Art Therapy, 26(3): 84-95.

REYNOLDS A L, WEIGAND M J, 2010. The relationships among academic attitudes, psychological attitudes, and the first-semester academic achievement of first-year college students[J]. Journal of Student Affairs Research and Practice, 47(2): 175-195.

ROJO M M, KNIGHT B, BRYANT D P, 2021. Teaching place value to students with learning disabilities in mathematics[J]. Intervention in School and Clinic, 57(1): 32-40.

ROSO-BAS F, PADES JIMÉNEZ A, GARCíA-BUADES E, 2016. Emotional variables, dropout and academic performance in Spanish nursing students[J]. Nurse Education Today,

37：53-58.

SAJAN D K S, SUNITHA M S, 2018. Development of a model for the TPACK for children with learning disability[J]. International Journal of Trend in Scientific Research and Development, 2(2)：254-256.

TALSMA K, SCHÜZ B, SCHWARZER R, et al, 2018. I believe, therefore I achieve (and vice versa)：a meta-analytic cross-lagged panel analysis of self-efficacy and academic performance[J]. Learning and Individual Differences, 61：136-150.

WANG X, 2019. Research on process management of university students with learning difficulties：from a survey of management status[C]// Proceedings of the 16th International Conference on Innovation and Management：11, 27.

YIP M C W, 2021. The linkage among academic performance, learning strategies and self-efficacy of Japanese university students：a mixed-method approach[J]. Studies in Higher Education, 46(8)：1565-1577.

YUAN S, WEISER D A, FISCHER J L, 2016. Self-efficacy, parent-child relationships, and academic performance：a comparison of European American and Asian American college students[J]. Social Psychology of Education, 19(2)：261-280.

ZUCKERMAN M, 1978. Use of consensus information in prediction of behavior[J]. Journal of Experimental Social Psychology, 14(2)：163-171.

附录 A

"再现优秀的你"素质拓展团体活动信息采集问卷

亲爱的同学,您好!欢迎参加此问卷信息的采集,答案无对错,请按真实情况填写,我们将为您保密,非常感谢您的支持!

1. 您的性别: (1)男 (2)女
2. 您是否是独生子女: (1)是 (2)否
3. 您认为您高中所在学校教育是:(1)学习是唯一,任务非常繁重,周末也不例外 (2)学习任务较重,有较少的课外活动 (3)学习和活动都比较适中 (4)基本上是素质教育 (5)完全是素质教育
4. 高中学校管理:(1)非常严格 (2)较严格 (3)一般 (4)较宽松 (5)很宽松
5. 您在高中时学习主动性:(1)父母老师强迫学习 (2)大家都在学,没办法,只有学 (3)学习成绩关系到自己的前途,较主动学习 (4)积极主动学习,无须父母老师管理 (5)学习让我很快乐,我在享受学习过程
6. 您高中一般一周几天有课:(1)5天 (2)5.5天 (3)6天 (4)6.5天 (5)7天
   有晚自习吗?□有 至晚上:(1)20:00 (2)20:30 (3)21:00 (4)21:30 (5)22:00 (6)22:30 (7)23:00
7. 您高中时候的学习成绩:(1)优秀(年级前10%) (2)较优秀(前11%~25%) (3)良好(26%~40%) (4)中等(41%~60%) (5)较差(60%之后)
8. 您和高中时候的老师关系怎样?(1)非常融洽 (2)比较融洽 (3)一般 (4)不太融洽 (5)非常不融洽
9. 您的入学专业是:(1)自选 (2)父母选 (3)老师选 (4)和父母商量共同决定 (5)调剂

10. 您对所学专业：(1) 非常喜欢 (2) 比较喜欢 (3) 说不上 (4) 不太喜欢 (5) 很不喜欢

11. 专业的不理想对您的学习兴趣影响很大。(1) 非常同意 (2) 比较同意 (3) 不清楚 (4) 不太同意 (5) 完全不同意

12. 若是可以换专业,您会：(1) 非常愿意 (2) 比较愿意 (3) 说不上 (4) 不太愿意 (5) 非常不愿意

13. 您若换专业,您对要换的专业了解吗？(1) 非常了解 (2) 比较了解 (3) 说不上 (4) 基本不了解 (5) 完全不了解

14. 您入学前所在的省份是：_____

15. 您的家庭所在地：(1) 城市 (2) 乡镇 (3) 农村

16. 您父亲的文化程度：(1) 大学及以上 (2) 中专或同等学力 (3) 高中 (4) 初中及以下

17. 您母亲的文化程度：(1) 大学及以上 (2) 中专或同等学力 (3) 高中 (4) 初中及以下

18. 您的家庭年收入：(1) 10万以上 (2) 5万～10万 (3) 2万～5万 (4) 2万以下

19. 您的父母关系：(1) 非常融洽 (2) 有矛盾,但总体上还比较和谐 (3) 经常有矛盾,家庭气氛较紧张 (4) 非常紧张 (5) 基本不来往

20. 您的父母一直陪伴您成长吗？
    是( ) 否( )_____(原因)

21. 您有心里话会和父亲说吗？会( ) 不会( )

22. 您和父亲的关系：(1) 非常好 (2) 比较好 (3) 一般 (4) 比较差 (5) 非常差

23. 您和母亲的关系：(1) 非常好 (2) 比较好 (3) 一般 (4) 比较差 (5) 非常差

24. 您的父亲对您的教育管理：(1) 非常严格 (2) 较严格 (3) 一般 (4) 较宽松 (5) 非常宽松

25. 您的母亲对您的教育管理：(1) 非常严格 (2) 较严格 (3) 一般 (4) 较宽松 (5) 非常宽松

26. 您认为造成大学生成绩不理想的主要原因是(选三条)：
    (1) 学校的教学管理问题 (2) 大学的教育教学方式不适应
    (3) 没有找到适合自己的学习方式 (4) 没有学习目标和学习兴趣

(5) 身体健康原因　(6) 自卑，认为自己学习能力差　(7) 专业不喜欢
(8) 课程难度太大　(9) 恋爱影响　(10) 家庭原因　(11) 人际关系的影响
(12) 溺网　(13) 其他＿＿＿＿＿＿＿

27. 您的性格：(1) 内向　(2) 不明显内向或外向　(3) 外向

28. 您有很多业余爱好吗？(1) 是　(2) 否

29. 您喜欢见陌生人吗？(1) 是　(2) 否

30. 您伤心的时候会找人倾诉吗？(1) 是　(2) 否

31. 在公共场合，您的感觉如何？(1) 极度恐慌，经常会失控　(2) 比较紧张、心跳加速，感觉快要失控但没有失控　(3) 稍微紧张，能控制　(4) 比较放松
    (5) 非常放松

32. 您的情绪通常情况是：(1) 非常稳定　(2) 比较稳定，很少有情绪
    (3) 有情绪，但很快能自我调整好　(4) 波动较大，调整时间较长
    (5) 波动特别大，很难调整

33. 您对自己人际关系满意度：(1) 非常满意　(2) 比较满意　(3) 无所谓
    (4) 不太满意　(5) 非常不满意

34. 您觉得您的压力程度是：(1) 非常大　(2) 比较大　(3) 一般　(4) 比较小
    (5) 非常小

35. 您目前的压力主要来源于：(1) 学习　(2) 父母　(3) 人际关系　(4) 经济
    (5) 恋爱　(6) 来自其他同学的压力　(7) 其他＿＿＿＿＿＿＿

36. 您对自己目前心理状态的评估是：(1) 非常满意　(2) 比较满意　(3) 说不上　(4) 不太满意　(5) 很不满意

37. 只要您努力学习上就可以取得较大进步。(1) 非常同意　(2) 比较同意
    (3) 不确定　(4) 不太同意　(5) 完全不同意

38. 您的学习基础与他人相比：(1) 非常强　(2) 比较强　(3) 差不多　(4) 比较差　(5) 非常差

39. 您的学习能力与他人相比：(1) 非常强　(2) 比较强　(3) 差不多　(4) 比较差　(5) 非常差

40. 您的综合实力与他人相比：(1) 非常强　(2) 比较强　(3) 差不多　(4) 比较差　(5) 非常差

41. 大学的教学方式让您失去了学习兴趣。(1) 非常同意　(2) 比较同意
    (3) 不确定　(4) 不太同意　(5) 完全不同意

42. 大学的课程安排使您很难适应。(1) 非常同意　(2) 比较同意　(3) 不确

定 (4) 不太同意 (5) 完全不同意

43. 学校的学风、教风不太正。(1) 非常同意 (2) 比较同意 (3) 不确定 (4) 不太同意 (5) 完全不同意

44. 学校的管理不到位。(1) 非常同意 (2) 比较同意 (3) 不确定 (4) 不太同意 (5) 完全不同意

45. 社会上"读书无用论"使您厌烦学习。(1) 非常同意 (2) 比较同意 (3) 不确定 (4) 不太同意 (5) 完全不同意

46. 社会竞争压力大,对您产生消极影响。(1) 非常同意 (2) 比较同意 (3) 不确定 (4) 不太同意 (5) 完全不同意

47. 对未来的不确定性使您无法全身心投入学习。(1) 非常同意 (2) 比较同意 (3) 不确定 (4) 不太同意 (5) 完全不同意

48. 您目前有为提高学业成绩而制订的学习计划吗?
(1) 有,且很清晰并能坚决执行 (2) 有,但不是很清晰,执行力一般 (3) 有,比较模糊,很少执行 (4) 有过念头,但从未认真执行 (5) 从未有过

49. 您目前改变现状的愿望强烈吗?(1) 非常强烈 (2) 比较强烈 (3) 一般 (4) 不太强烈 (5) 无改变愿望

50. 您会尽快调整好自己的状态,管理好自己的时间,相信一定可以改变目前的学习状况。(1) 非常认同 (2) 基本认同 (3) 无所谓 (4) 基本不认同 (5) 完全不认同

附录 B

团体成员访谈提纲

1. 进入大学之后,您有新的学习目标和计划吗?
2. 您觉得和别的同学相比,您有哪些做得不到位?
3. 您的压力大吗?请问您的压力源主要有哪些?
4. 您认为您学业困难的原因是什么?主要是外在因素还是内在因素的影响?
5. 您想走出目前的困境,再现优秀的自己吗?

附录 C 团 体 规 范

附表 1　团体规范

保密	真诚	尊重	信任	合作	支持
接纳	负责	宽容	互助	倾听	回应
友好	鼓励	耐心	赞许	分享	平等
自信	团结	积极发言	温暖	肯定	主动
利他	包容	不打断	不批评	不否定	不迟到
不旷课	不早退				

附录 D
症状自评量表(SCL-90)

1. 头痛　　　　　　　　(1) 没有　(2) 很轻　(3) 中等　(4) 偏重　(5) 严重
2. 神经过敏,心中不踏实
　　　　　　　　　　　(1) 没有　(2) 很轻　(3) 中等　(4) 偏重　(5) 严重
3. 头脑中有不必要的想法或字句盘旋
　　　　　　　　　　　(1) 没有　(2) 很轻　(3) 中等　(4) 偏重　(5) 严重
4. 头昏或昏倒　　　　　(1) 没有　(2) 很轻　(3) 中等　(4) 偏重　(5) 严重
5. 对异性的兴趣减退　　(1) 没有　(2) 很轻　(3) 中等　(4) 偏重　(5) 严重
6. 对旁人责备求全　　　(1) 没有　(2) 很轻　(3) 中等　(4) 偏重　(5) 严重
7. 感到别人能控制您的思想
　　　　　　　　　　　(1) 没有　(2) 很轻　(3) 中等　(4) 偏重　(5) 严重
8. 责怪别人制造麻烦　　(1) 没有　(2) 很轻　(3) 中等　(4) 偏重　(5) 严重
9. 忘记性大　　　　　　(1) 没有　(2) 很轻　(3) 中等　(4) 偏重　(5) 严重
10. 担心自己的衣饰整齐及仪态的端正
　　　　　　　　　　　(1) 没有　(2) 很轻　(3) 中等　(4) 偏重　(5) 严重
11. 容易烦恼和激动　　　(1) 没有　(2) 很轻　(3) 中等　(4) 偏重　(5) 严重
12. 胸痛　　　　　　　　(1) 没有　(2) 很轻　(3) 中等　(4) 偏重　(5) 严重
13. 害怕空旷的场所或街道
　　　　　　　　　　　(1) 没有　(2) 很轻　(3) 中等　(4) 偏重　(5) 严重
14. 感到自己的精力下降,活动减慢
　　　　　　　　　　　(1) 没有　(2) 很轻　(3) 中等　(4) 偏重　(5) 严重
15. 想结束自己的生命　　(1) 没有　(2) 很轻　(3) 中等　(4) 偏重　(5) 严重
16. 听到旁人听不到的声音
　　　　　　　　　　　(1) 没有　(2) 很轻　(3) 中等　(4) 偏重　(5) 严重
17. 发抖　　　　　　　　(1) 没有　(2) 很轻　(3) 中等　(4) 偏重　(5) 严重

18. 感到大多数人都不可信任

         (1) 没有 (2) 很轻 (3) 中等 (4) 偏重 (5) 严重

19. 胃口不好   (1) 没有 (2) 很轻 (3) 中等 (4) 偏重 (5) 严重

20. 容易哭泣   (1) 没有 (2) 很轻 (3) 中等 (4) 偏重 (5) 严重

21. 同异性相处时感到害羞不自在

         (1) 没有 (2) 很轻 (3) 中等 (4) 偏重 (5) 严重

22. 感到受骗,中了圈套或有人想抓您

         (1) 没有 (2) 很轻 (3) 中等 (4) 偏重 (5) 严重

23. 无缘无故地突然感到害怕

         (1) 没有 (2) 很轻 (3) 中等 (4) 偏重 (5) 严重

24. 自己不能控制地大发脾气

         (1) 没有 (2) 很轻 (3) 中等 (4) 偏重 (5) 严重

25. 怕单独出门   (1) 没有 (2) 很轻 (3) 中等 (4) 偏重 (5) 严重

26. 经常责怪自己 (1) 没有 (2) 很轻 (3) 中等 (4) 偏重 (5) 严重

27. 腰痛   (1) 没有 (2) 很轻 (3) 中等 (4) 偏重 (5) 严重

28. 感到难以完成任务 (1) 没有 (2) 很轻 (3) 中等 (4) 偏重 (5) 严重

29. 感到孤独   (1) 没有 (2) 很轻 (3) 中等 (4) 偏重 (5) 严重

30. 感到苦闷   (1) 没有 (2) 很轻 (3) 中等 (4) 偏重 (5) 严重

31. 过分担忧   (1) 没有 (2) 很轻 (3) 中等 (4) 偏重 (5) 严重

32. 对事物不感兴趣 (1) 没有 (2) 很轻 (3) 中等 (4) 偏重 (5) 严重

33. 感到害怕   (1) 没有 (2) 很轻 (3) 中等 (4) 偏重 (5) 严重

34. 我的感情容易受到伤害

         (1) 没有 (2) 很轻 (3) 中等 (4) 偏重 (5) 严重

35. 旁人能知道您的私下想法

         (1) 没有 (2) 很轻 (3) 中等 (4) 偏重 (5) 严重

36. 感到别人不理解您、不同情您

         (1) 没有 (2) 很轻 (3) 中等 (4) 偏重 (5) 严重

37. 感到人们对你不友好,不喜欢您

         (1) 没有 (2) 很轻 (3) 中等 (4) 偏重 (5) 严重

38. 做事必须做得很慢以保证做得正确

         (1) 没有 (2) 很轻 (3) 中等 (4) 偏重 (5) 严重

39. 心跳得很厉害 (1) 没有 (2) 很轻 (3) 中等 (4) 偏重 (5) 严重

附录D 症状自评量表(SCL-90)

40. 恶心或胃部不舒服	(1) 没有	(2) 很轻	(3) 中等	(4) 偏重	(5) 严重
41. 感到比不上他人	(1) 没有	(2) 很轻	(3) 中等	(4) 偏重	(5) 严重
42. 肌肉酸痛	(1) 没有	(2) 很轻	(3) 中等	(4) 偏重	(5) 严重

43. 感到有人在监视您、谈论您
    (1) 没有   (2) 很轻   (3) 中等   (4) 偏重   (5) 严重

44. 难以入睡	(1) 没有	(2) 很轻	(3) 中等	(4) 偏重	(5) 严重
45. 做事必须反复检查	(1) 没有	(2) 很轻	(3) 中等	(4) 偏重	(5) 严重
46. 难以做出决定	(1) 没有	(2) 很轻	(3) 中等	(4) 偏重	(5) 严重

47. 怕乘电车、公共汽车、地铁或火车
    (1) 没有   (2) 很轻   (3) 中等   (4) 偏重   (5) 严重

| 48. 呼吸有困难 | (1) 没有 | (2) 很轻 | (3) 中等 | (4) 偏重 | (5) 严重 |
| 49. 一阵阵发冷或发热 | (1) 没有 | (2) 很轻 | (3) 中等 | (4) 偏重 | (5) 严重 |

50. 因为感到害怕避开某些东西、场合或活动
    (1) 没有   (2) 很轻   (3) 中等   (4) 偏重   (5) 严重

51. 脑子变空了	(1) 没有	(2) 很轻	(3) 中等	(4) 偏重	(5) 严重
52. 身体发麻或刺痛	(1) 没有	(2) 很轻	(3) 中等	(4) 偏重	(5) 严重
53. 喉咙有梗塞感	(1) 没有	(2) 很轻	(3) 中等	(4) 偏重	(5) 严重
54. 感到前途没有希望	(1) 没有	(2) 很轻	(3) 中等	(4) 偏重	(5) 严重
55. 不能集中注意力	(1) 没有	(2) 很轻	(3) 中等	(4) 偏重	(5) 严重

56. 感到身体的某一部分软弱无力
    (1) 没有   (2) 很轻   (3) 中等   (4) 偏重   (5) 严重

57. 感到紧张或容易紧张	(1) 没有	(2) 很轻	(3) 中等	(4) 偏重	(5) 严重
58. 感到手或脚发沉	(1) 没有	(2) 很轻	(3) 中等	(4) 偏重	(5) 严重
59. 想到有关死亡的事	(1) 没有	(2) 很轻	(3) 中等	(4) 偏重	(5) 严重
60. 吃得太多	(1) 没有	(2) 很轻	(3) 中等	(4) 偏重	(5) 严重

61. 当别人看着您或谈论您时,您感到不自在
    (1) 没有   (2) 很轻   (3) 中等   (4) 偏重   (5) 严重

62. 有一些不属于您自己的想法
    (1) 没有   (2) 很轻   (3) 中等   (4) 偏重   (5) 严重

63. 有想打人或伤害他人的冲动
    (1) 没有   (2) 很轻   (3) 中等   (4) 偏重   (5) 严重

| 64. 醒得太早 | (1) 没有 | (2) 很轻 | (3) 中等 | (4) 偏重 | (5) 严重 |

65. 必须反复洗手、点数目或触摸某些东西

         (1) 没有 (2) 很轻 (3) 中等 (4) 偏重 (5) 严重

66. 睡得不稳不深   (1) 没有 (2) 很轻 (3) 中等 (4) 偏重 (5) 严重

67. 有想摔坏或破坏东西的冲动

         (1) 没有 (2) 很轻 (3) 中等 (4) 偏重 (5) 严重

68. 有一些别人没有的想法或念头

         (1) 没有 (2) 很轻 (3) 中等 (4) 偏重 (5) 严重

69. 感到对别人神经过敏(1) 没有 (2) 很轻 (3) 中等 (4) 偏重 (5) 严重

70. 在商店或电影院等人多的地方感到不自在

         (1) 没有 (2) 很轻 (3) 中等 (4) 偏重 (5) 严重

71. 感到任何事情都很难做

         (1) 没有 (2) 很轻 (3) 中等 (4) 偏重 (5) 严重

72. 一阵阵恐惧或惊恐 (1) 没有 (2) 很轻 (3) 中等 (4) 偏重 (5) 严重

73. 感到在公共场合吃东西很不舒服

         (1) 没有 (2) 很轻 (3) 中等 (4) 偏重 (5) 严重

74. 经常与人争论   (1) 没有 (2) 很轻 (3) 中等 (4) 偏重 (5) 严重

75. 单独一人时神经很紧张

         (1) 没有 (2) 很轻 (3) 中等 (4) 偏重 (5) 严重

76. 别人对您的成绩没有做出恰当的评价

         (1) 没有 (2) 很轻 (3) 中等 (4) 偏重 (5) 严重

77. 即使和别人在一起也感到孤单

         (1) 没有 (2) 很轻 (3) 中等 (4) 偏重 (5) 严重

78. 感到坐立不安心神不宁

         (1) 没有 (2) 很轻 (3) 中等 (4) 偏重 (5) 严重

79. 感到自己没有什么价值

         (1) 没有 (2) 很轻 (3) 中等 (4) 偏重 (5) 严重

80. 感到熟悉的东西变成陌生或不像是真的

         (1) 没有 (2) 很轻 (3) 中等 (4) 偏重 (5) 严重

81. 大叫或摔东西   (1) 没有 (2) 很轻 (3) 中等 (4) 偏重 (5) 严重

82. 害怕会在公共场合昏倒

         (1) 没有 (2) 很轻 (3) 中等 (4) 偏重 (5) 严重

83. 感到别人想占您的便宜
       （1）没有 （2）很轻 （3）中等 （4）偏重 （5）严重
84. 为一些有关"性"的想法而很苦恼
       （1）没有 （2）很轻 （3）中等 （4）偏重 （5）严重
85. 认为应该因为自己的过错而受到惩罚
       （1）没有 （2）很轻 （3）中等 （4）偏重 （5）严重
86. 感到要赶快把事情做完
       （1）没有 （2）很轻 （3）中等 （4）偏重 （5）严重
87. 感到自己的身体有严重问题
       （1）没有 （2）很轻 （3）中等 （4）偏重 （5）严重
88. 从未感到和其他人很亲近
       （1）没有 （2）很轻 （3）中等 （4）偏重 （5）严重
89. 感到自己有罪 （1）没有 （2）很轻 （3）中等 （4）偏重 （5）严重
90. 感到自己的脑子有毛病
       （1）没有 （2）很轻 （3）中等 （4）偏重 （5）严重

附录 E

艾森克人格问卷（EPQ）

亲爱的同学，您好！欢迎参加此问卷调查，答案无对错，请按真实情况填写，我们将为您保密，非常感谢您的支持！

1. 您是一个无忧无虑逍遥自在的人吗？　　　　　　　　　　　（1）是　（2）不是
2. 您是否参加的活动太多，已超过自己可能分配的时间？　（1）是　（2）不是
3. 在公园里或马路上，您是否总是把果皮或废纸扔到垃圾箱里？

　　　　　　　　　　　　　　　　　　　　　　　　　　　　　　（1）是　（2）不是
4. 您觉得自己是个非常敏感的人吗？　　　　　　　　　　　　（1）是　（2）不是
5. 有坏人想要害您吗？　　　　　　　　　　　　　　　　　　　（1）是　（2）不是
6. 您是否有过自己做错了事反倒责备别人的时候？　　　　（1）是　（2）不是
7. 您经常无缘无故感到疲倦和无精打采吗？　　　　　　　　（1）是　（2）不是
8. 您是否宁愿有富裕时间喜欢早点动身去赴约会？　　　　（1）是　（2）不是
9. 您时常觉得自己的生活很单调吗？　　　　　　　　　　　　（1）是　（2）不是
10. 您认为自己"神经过敏"吗？　　　　　　　　　　　　　　　（1）是　（2）不是
11. 您能使一个联欢会开得成功吗？　　　　　　　　　　　　　（1）是　（2）不是
12. 您是否宁愿看些书，而不想去会见别人？　　　　　　　　（1）是　（2）不是
13. 您的言行总是一致吗？　　　　　　　　　　　　　　　　　　（1）是　（2）不是
14. 有礼貌爱整洁对您很重要吗？　　　　　　　　　　　　　　（1）是　（2）不是
15. 您是否服用有奇特效果或是有危险性的药物？　　　　　（1）是　（2）不是
16. 您曾经为了自己而利用过别人吗？　　　　　　　　　　　　（1）是　（2）不是
17. 遇到为难的事情您是否拿不定主意？　　　　　　　　　　（1）是　（2）不是
18. 您是否喜欢在您的周围有许多热闹和高兴的事？　　　　（1）是　（2）不是
19. 若您说过要做某件事，是否不管遇到什么困难都要把它做成？

　　　　　　　　　　　　　　　　　　　　　　　　　　　　　　（1）是　（2）不是
20. 若您犯有错误您是否愿意承认？　　　　　　　　　　　　　（1）是　（2）不是

21. 您是否曾想过去死? （1）是 （2）不是
22. 别人是否认为您是生气勃勃的? （1）是 （2）不是
23. 有人对您或您的工作吹毛求疵时,是否容易伤害您的积极性?
 （1）是 （2）不是
24. 您是否常因"自罪感"而烦恼? （1）是 （2）不是
25. 一件使您为难的事情过去之后,是否使您烦恼好久? （1）是 （2）不是
26. 当别人做了好事,而周围的人认为是您做的时候,您是否感到洋洋得意?
 （1）是 （2）不是
27. 您喜欢紧张的工作吗? （1）是 （2）不是
28. 您是否有过随口骂人的时候? （1）是 （2）不是
29. 您曾否坚持要照您的想法去办事? （1）是 （2）不是
30. 您的朋友多吗? （1）是 （2）不是
31. 您曾经有过贪心使自己多得分外的物质利益吗? （1）是 （2）不是
32. 您愿意让别人怕您吗? （1）是 （2）不是
33. 您是否相信参加储蓄是一种好办法? （1）是 （2）不是
34. 当别人问您话时,您是否对答如流? （1）是 （2）不是
35. 您是一个健谈的人吗? （1）是 （2）不是
36. 您是否对有些事情易性急生气? （1）是 （2）不是
37. 您小时候有过对父母鲁莽无礼的行为吗? （1）是 （2）不是
38. 您曾经无缘无故地觉得自己"可怜"吗? （1）是 （2）不是
39. 您是否容易紧张? （1）是 （2）不是
40. 慢腾腾开车的司机是否使您讨厌? （1）是 （2）不是
41. 晚上您是否小心地把门锁好? （1）是 （2）不是
42. 在结识新朋友时,您通常是主动的吗? （1）是 （2）不是
43. 若您确知不会被发现时,您会少付给人家钱吗? （1）是 （2）不是
44. 您是个忧虑重重的人吗? （1）是 （2）不是
45. 您是一个爱交往的人吗? （1）是 （2）不是
46. 您是否认为人们为保障自己的将来而精打细算、勤俭节约所费的时间太多了?
 （1）是 （2）不是
47. 如果条件允许,您喜欢经常外出(旅行)吗? （1）是 （2）不是
48. 您是否有时候谈论一些您毫无所知的事情? （1）是 （2）不是
49. 您在儿童时代是否立即听从大人的盼咐而毫无怨言? （1）是 （2）不是

50. 是否有那么几个人时常躲着您? (1) 是 (2) 不是
51. 在做任何事情之前,您是否都要考虑一番? (1) 是 (2) 不是
52. 您是否觉得大多数事情对您都是无所谓的? (1) 是 (2) 不是
53. 您是一个整洁严谨、有条不紊的人吗? (1) 是 (2) 不是
54. 当您去乘火车时,您是否最后一分钟到达? (1) 是 (2) 不是
55. 您的感情是否容易受到伤害? (1) 是 (2) 不是
56. 您有时会把今天应该做的事拖到明天吗? (1) 是 (2) 不是
57. 别人是否对您说过许多谎话? (1) 是 (2) 不是
58. 您认为自己活泼吗? (1) 是 (2) 不是
59. 您常感到寂寞吗? (1) 是 (2) 不是
60. 在游戏或打牌时您曾经作过弊吗? (1) 是 (2) 不是
61. 您是否尽力使自己不粗鲁? (1) 是 (2) 不是
62. 您是否有广泛的爱好? (1) 是 (2) 不是
63. 您是否认为结婚是个框框,应该废除? (1) 是 (2) 不是
64. 和别人在一起的时候,您是否不常说话? (1) 是 (2) 不是
65. 您是否有时兴致勃勃,有时却很懒散不想动弹? (1) 是 (2) 不是
66. 您是一位易被激怒的人吗? (1) 是 (2) 不是
67. 您曾多占多得别人的东西(甚至一针一线)吗? (1) 是 (2) 不是
68. 您失眠吗? (1) 是 (2) 不是
69. 在愉快的聚会中,通常您是否能尽情享受? (1) 是 (2) 不是
70. 您喜欢会见陌生人吗? (1) 是 (2) 不是
71. 您是否担心将会发生可怕的事情? (1) 是 (2) 不是
72. 您担心自己的健康吗? (1) 是 (2) 不是
73. 对您所喜欢的人,您是否为取乐开过过头的玩笑? (1) 是 (2) 不是
74. 您有时喜欢玩弄动物吗? (1) 是 (2) 不是
75. 您是否时常感到"极其厌烦"? (1) 是 (2) 不是
76. 您的情绪时常波动吗? (1) 是 (2) 不是
77. 在一个沉闷的场合,您能给大家增添生气吗? (1) 是 (2) 不是
78. 您饭前必定先洗手吗? (1) 是 (2) 不是
79. 当您看到小孩(或动物)受折磨时是否感到难受? (1) 是 (2) 不是
80. 您去赴约会或上班时,曾否迟到? (1) 是 (2) 不是
81. 您喜欢和别人打成一片,整天相处在一起吗? (1) 是 (2) 不是

82. 若您乘车或坐飞机外出时,您是否担心会碰撞或出意外? (1) 是 (2) 不是
83. 您是否常担心您会说出(或做出)不应该说(或做)的事? (1) 是 (2) 不是
84. 您有时有点自吹自擂吗? (1) 是 (2) 不是
85. 您是否喜欢说笑话和谈论有趣的事情? (1) 是 (2) 不是

附录 F
大学生压力量表（SSCS）

亲爱的同学,您好！欢迎参加此问卷调查,答案无对错,请按真实情况填写,我们将为您保密,非常感谢您的支持！

1. 渴望真(爱)情却得不到,让您感到有压力：
   (1) 没有压力　(2) 轻度压力　(3) 中度压力　(4) 重度压力
2. 青春期成长发育,让您感到有压力：
   (1) 没有压力　(2) 轻度压力　(3) 中度压力　(4) 重度压力
3. 与同学关系紧张,让您感到有压力：
   (1) 没有压力　(2) 轻度压力　(3) 中度压力　(4) 重度压力
4. 外形不佳,让您感到有压力：
   (1) 没有压力　(2) 轻度压力　(3) 中度压力　(4) 重度压力
5. 身体不好,让您感到有压力：
   (1) 没有压力　(2) 轻度压力　(3) 中度压力　(4) 重度压力
6. 同学间相互攀比,让您感到有压力：
   (1) 没有压力　(2) 轻度压力　(3) 中度压力　(4) 重度压力
7. 居住条件差,让您感到有压力：
   (1) 没有压力　(2) 轻度压力　(3) 中度压力　(4) 重度压力
8. 遭受冷遇,让您感到有压力：
   (1) 没有压力　(2) 轻度压力　(3) 中度压力　(4) 重度压力
9. 社会的各种诱惑,让您感到有压力：
   (1) 没有压力　(2) 轻度压力　(3) 中度压力　(4) 重度压力
10. 晚上宿舍太吵,让您感到有压力：
    (1) 没有压力　(2) 轻度压力　(3) 中度压力　(4) 重度压力
11. 没有人"追"您或找不到异性朋友,让您感到有压力：
    (1) 没有压力　(2) 轻度压力　(3) 中度压力　(4) 重度压力

12. 没有人说知心话,让您感到有压力:
    (1) 没有压力　(2) 轻度压力　(3) 中度压力　(4) 重度压力

13. 没有学到多少真本领,让您感到有压力:
    (1) 没有压力　(2) 轻度压力　(3) 中度压力　(4) 重度压力

14. 独立生活的能力差,让您感到有压力:
    (1) 没有压力　(2) 轻度压力　(3) 中度压力　(4) 重度压力

15. 应付各种应酬有困难,让您感到有压力:
    (1) 没有压力　(2) 轻度压力　(3) 中度压力　(4) 重度压力

16. 家庭条件差,让您感到有压力:
    (1) 没有压力　(2) 轻度压力　(3) 中度压力　(4) 重度压力

17. 有些科目怎么努力成绩也不好,让您感到有压力:
    (1) 没有压力　(2) 轻度压力　(3) 中度压力　(4) 重度压力

18. 学习成绩总不理想,让您感到有压力:
    (1) 没有压力　(2) 轻度压力　(3) 中度压力　(4) 重度压力

19. 讨论问题时常反应不过来,让您感到有压力:
    (1) 没有压力　(2) 轻度压力　(3) 中度压力　(4) 重度压力

20. 各种考试,让您感到有压力:
    (1) 没有压力　(2) 轻度压力　(3) 中度压力　(4) 重度压力

21. 同学间的竞争,让您感到有压力:
    (1) 没有压力　(2) 轻度压力　(3) 中度压力　(4) 重度压力

22. 学习效率低,让您感到有压力:
    (1) 没有压力　(2) 轻度压力　(3) 中度压力　(4) 重度压力

23. 每学期期末考试成绩排名,让您感到有压力:
    (1) 没有压力　(2) 轻度压力　(3) 中度压力　(4) 重度压力

24. 完成课业有困难,让您感到有压力:
    (1) 没有压力　(2) 轻度压力　(3) 中度压力　(4) 重度压力

25. 有些课程作业太多,让您感到有压力:
    (1) 没有压力　(2) 轻度压力　(3) 中度压力　(4) 重度压力

26. 各种测验繁多,让您感到有压力:
    (1) 没有压力　(2) 轻度压力　(3) 中度压力　(4) 重度压力

27. 累计两门以上功课考试不及格,让您感到有压力:
    (1) 没有压力　(2) 轻度压力　(3) 中度压力　(4) 重度压力

28. 一门考试功课不及格,让您感到有压力:
   (1) 没有压力   (2) 轻度压力   (3) 中度压力   (4) 重度压力

29. 当众出丑,让您感到有压力:
   (1) 没有压力   (2) 轻度压力   (3) 中度压力   (4) 重度压力

30. 被人当众指责,让您感到有压力:
   (1) 没有压力   (2) 轻度压力   (3) 中度压力   (4) 重度压力

分数计算及解释:"没有压力"计 0 分,"轻度压力"计 1 分,"中度压力"计 2 分,"重度压力"计 3 分,将所有分数相加得到总分。总分高于 45 分,表示近期的精神压力偏高,分数越高,压力越大。

附录 G

自我认知量表（FIS）

指导语：该量表有 36 道题，请您仔细阅读每个题目，并衡量自己的实际情况与题目描述情况的符合程度，使用数字 0～6 给予分值。数字的含义为：0 表示非常不符合；1 表示比较不符合；2 表示有些不符合；3 表示不确定；4 表示有些符合；5 表示比较符合；6 表示非常符合。题目没有对错之分，请如实进行选择。

*1. 您是否经常觉得自己比不上所认识的大多数人？
*2. 您是否曾经认为自己是个毫无价值的人？
 3. 您对您所认识的人有朝一日将看得起您尊敬您有多大信心？
*4. 您是否曾对自己灰心丧气，以至于开始怀疑自己是否是个有价值的人？
*5. 您是否经常感到讨厌自己？
 6. 一般来说，您对自己的能力有多大信心？
*7. 您是否经常感到自己什么事也做不好？
*8. 您对与其他人相处得如何有多大担心？
*9. 您是否经常担心您的所作所为会招致老师或雇主的批评？
*10. 当您走进一个房间，那里已聚集了其他人，而且正在谈话，您曾感到害怕和焦虑吗？
*11. 您是否经常感到局促不安？
*12. 在您的工作或学习中，您对其他人把您看作成功者还是失败者的担心有多大？
*13. 在人群当中，找到得体的交谈话题对您来说有困难吗？
*14. 当您犯了一个令人难堪的错误或做了某件使您看起来显得愚蠢的事情时，要淡忘它您需要花多长时间？
*15. 遇见陌生人时您常感到不自在吗？
*16. 您是否经常担心别人会不会愿意同您在一起？
*17. 您是否经常为羞怯所烦扰？

* 18. 当您认为您遇到的一些人对您的看法不佳,您对此有多关注或担忧?
* 19. 您是否经常因为其他人对您的看法感到焦虑或不安?
* 20. 如果在课堂您必须阅读一篇文章并弄懂它的含义,您对此有多担心或焦虑?
* 21. 当您必须写一份意见以说服可能与您有不同看法的老师,您对此有多担心或焦虑?
* 22. 当您完成以书面形式表达自己的观点这类作业时,您常感到困难吗?
* 23. 在课堂阅读理解的练习中,碰到困难的情况有多频繁?
* 24. 您是否经常想象自己的学习能力比同学差?
   25. 在交一份重要作业如学期论文时,您认为自己做得很出色的次数多吗?
* 26. 与同学们相比,您感到自己必须学习更努力,才能取得和他们一样的成绩,这种情况多吗?
* 27. 您曾为自己的体格或形象感到惭愧吗?
* 28. 您时常感到您的大多数朋友或同伴在身体上比您更有魅力吗?
* 29. 您时常希望或幻想自己变得更漂亮些吗?
* 30. 您对自己吸引异性的能力是否曾感到过担心或焦虑?
   31. 您对其他人认为您的外表有吸引力的自信程度有多大?
* 32. 您有没有想过自己身体上不协调?
* 33. 您是否感到自己在体育运动能力上不如其他大多数人?
* 34. 当您参加那些需要身体协调性的体育活动时,您常担心自己会做不好吗?
* 35. 您有没有想过自己缺少跳舞的才能,或者对涉及身体协调性的运动不擅长?
* 36. 当您尽力想在某项体育活动中表现出色,而且您知道其他人正在观看时,您会显得不安或惶恐吗?

说明:* 为反向计分条目。

附录 H

焦虑自评量表（SAS）

指导语：下面有20条文字（括号中为症状名称），请您仔细阅读每一条，把意思弄明白。每一条文字后有四级评分，表示：没有或偶尔；有时有；经常有；总是如此。然后根据您最近一星期的实际情况，在分数栏1~4分适当的分数下划"√"或圈。

1. 我觉得比往常更加神经过敏和焦虑（着急）	1 2 3 4
2. 我无缘无故地感到担心、害怕（害怕）	1 2 3 4
3. 我容易心里烦乱或感到恐慌（惊恐）	1 2 3 4
4. 我觉得我可能将要发疯（发疯感）	1 2 3 4
5. 我觉得一切都很好，也不会发生什么不幸（不幸预感）	4 3 2 1
6. 我手脚发抖打颤（手足打颤）	1 2 3 4
7. 我因为头痛、颈痛和背痛而苦恼（躯体疼痛）	1 2 3 4
8. 我感觉容易衰弱和疲乏（乏力）	1 2 3 4
9. 我觉得心平气和，并且容易安静坐着（静坐不能）	4 3 2 1
10. 我觉得心跳得快（心悸）	1 2 3 4
11. 我因为一阵阵头晕而苦恼（头昏）	1 2 3 4
12. 我有过晕倒发作，或觉得要晕倒似的（晕厥感）	1 2 3 4
13. 我呼气吸气都感到很容易（呼吸困难）	4 3 2 1
14. 我手脚麻木和刺痛（手足刺痛）	1 2 3 4
15. 我因胃痛和消化不良而苦恼（胃痛或消化不良）	1 2 3 4
16. 我常常要小便（尿意频数）	1 2 3 4
17. 我的手常常是干燥温暖的（多汗）	4 3 2 1
18. 我脸红发热（面部潮红）	1 2 3 4
19. 我容易入睡并且一夜睡得很好（睡眠障碍）	4 3 2 1
20. 我做噩梦（噩梦）	1 2 3 4

结果分析：将20个项目的得分相加，得到粗分(raw score)，然后进行换算，$y=\text{int}(1.25x)$；既用粗分乘以1.25以后取整数部分，得到标准分(index score)。参照附表2中的数据进行诊断和分析。

附表2 参照数据

诊断	例数	总分均值	标准差
焦虑症	22	58.7	13.5
人格障碍	54	51.2	13.2
抑郁症	96	50.7	13.4
精神分裂症	25	46.4	12.9
正常人对照组	100	33.8	5.9

附录 I

抑郁自评量表（SDS）

指导语：下面有 20 条文字（括号中为症状名称），请您仔细阅读每一条，把意思弄明白。每一条文字后有四级评分，表示：没有或偶尔；有时有；经常有；总是如此。然后根据您最近一星期的实际情况，在分数栏 1～4 分适当的分数下划"√"或圈。

1. 我感到情绪沮丧，郁闷	1 2 3 4
*2. 我感到早晨心情最好	4 3 2 1
3. 我要哭或想哭	1 2 3 4
4. 我夜间睡眠不好	1 2 3 4
*5. 我吃饭像平时一样多	4 3 2 1
*6. 我手脚发抖打颤（手足颤抖）	4 3 2 1
7. 我因为头痛、颈痛和背痛而苦恼（躯体疼痛）	1 2 3 4
8. 我感觉容易衰弱和疲乏（乏力）	1 2 3 4
9. 我觉得心平气和，并且容易安静坐着（静坐不能）	1 2 3 4
10. 我觉得心跳得快（心悸）	1 2 3 4
*11. 我因为一阵阵头晕而苦恼（头昏）	4 3 2 1
*12. 我有过晕倒发作，或觉得要晕倒似的（晕厥感）	4 3 2 1
13. 我呼气吸气都感到很容易（呼吸困难）	1 2 3 4
*14. 我手脚麻木和刺痛（手足刺痛）	4 3 2 1
15. 我因胃痛和消化不良而苦恼（胃痛或消化不良）	1 2 3 4
*16. 我常常要小便（尿意频数）	4 3 2 1
*17. 我的手常常是干燥温暖的（多汗）	4 3 2 1
*18. 我脸红发热（面部潮红）	4 3 2 1
19. 我容易入睡并且一夜睡得很好（睡眠障碍）	1 2 3 4
*20. 我做噩梦（噩梦）	4 3 2 1

说明：*为反向计分条目。

附录 J

埃利斯常见的 11 条不合理信念

附表 3　埃利斯常见的 11 条不合理信念

序号	不合理信念（非理性）	对应的分析	分类
1	每个人绝对要获得周围环境尤其是生活中每一位重要人物的喜爱和赞许	这个观念实际上是个假象,是不可能实现的事。因为在人的一生中,不可能得到所有人的认同,即使是父母、爱人、老师等对自己很重要的人,也不可能永远对自己持一种绝对喜爱和赞许的态度。因此如果你坚持这种信念,就可能千辛万苦、委曲求全以取悦他人,以获得每个人的欣赏,但结果必定会使自己感到失望、沮丧和受挫	绝对化要求
2	人们要对危险和可怕的事情随时随地加以警惕,应该非常关心并不断注意其发生的可能性	对危险和可怕的事物有一定的心理准备是正确的,但过分的忧虑则是非理性的。因为坚持这种信念只会夸大危险发生的可能性,使人们不能对之加以客观评价和有效地去面对。这种杞人忧天式的观念只会使生活变得沉重和没有生气,导致整日忧心忡忡,焦虑不已	绝对化要求
3	人们必须依赖别人,特别是某些与自己相比强有力的人,只有这样,才能生活得好些	虽然人们在生活中的某些方面要依赖于别人,但过分夸大这种依赖的必要性则可能使自我失去独特性,导致更大的依赖,从而失去学习能力,产生不安全感	绝对化要求
4	一个人应该关心他人的问题,并为他人的问题而悲伤、难过	关心他人,富于同情,这是有爱心的表现。但如果我们过分投入他人的事情而失去自我,就会使自己失去平衡,最终导致没有能力去帮助别人解决问题,却给自己也带来问题	过分概括化
5	一个人以往的经历和事件常常决定了他目前的行为,而且这种影响是永远难以改变的	已经发生的事实是个人的历史,这的确是无法改变的。但是不能说这些事就会决定一个人的现在和将来。因为事实虽不可改变,但对事件的看法是可以改变的,从而人们仍可以控制、改变自己以后的生活	过分概括化

(续表)

序号	不合理信念（非理性）	对应的分析	分类
6	一个人是否有价值，完全在于他是否是个全能的人，即能在人生中的第一个环节和方面都能有所成就	这也是一个永远无法达到的目标，因为世界上根本没有十全十美、永远成功的人。一个人可能在某方面比他人有所优势，但在另外方面却可能不如别人。虽然他以前有过许多成功的境遇，但无法保证在每一件事上都能成功。因此，若一个人坚持这种信念，他就会为自己永远无法实现的目标而徒自伤悲	过分概括化
7	世界上有些人很邪恶、很可憎，所以应该对他们做严厉的谴责和惩罚	世上既然没有完人，也就没有绝对的区分对与错、好与坏的标准。每个人都可能会犯错误，但仅凭责备和惩罚则于事无补。偶然犯错误是不可避免的。因此，不应因一时的错误就将他"置于死地"，以致对他产生极端排斥和歧视	
8	如果事情非己所愿，那将是件可怕的事情	人不可能永远成功，生活和事业上的挫折是很自然的，所以一旦遭受挫折便感到可怕，就会导致情绪困扰，也可能使事情更加恶化	糟糕至极
9	面对现实中的困难和自我所承受的责任是件不容易的事情，倒不如逃避它们	逃避问题虽然可以暂时缓解矛盾，但问题却始终存在而得不到解决，时间一长，问题也便会恶化或连锁性地产生其他问题和困难，从而更加难以解决，最终会导致更为严重的情绪困扰	
10	不愉快的事总是由外在环境的因素所致，不是自己所能控制和支配的，因此人们对自身的痛苦和困扰也无法控制和改变	外在因素会对个人有一定影响，但实际上并不是像你想象的那样可怕和严重。如果能认识到情绪困扰之中包含了自己对外在事件的知觉、评价及内部言语的作用等因素，那么外在的力量便可能得以控制和改变	
11	人生中的每个问题，都应有一个唯一正确的答案，如果一个人找不到这个答案，就会痛苦一生	人生是一个复杂的历程，对任何问题都要追求完美的解决办法是不可能的事。如果一个人坚持寻求某种完美的答案，那就会使自己感到失望和沮丧	

附录 K

人际信任量表（ITS）

指导语：请您使用以下标准表明你对下列每一陈述同意或不同意的程度：

1＝完全同意；2＝部分同意；3＝同意与不同意相等；4＝部分不同意；5＝完全不同意。

1. 在我们这个社会里虚伪的现象越来越多了。
2. 与陌生人打交道时，我们最好小心，除非他们拿出可以证明其值得信任的依据。
3. 除非我们吸引更多的人进入政界，否则这个国家的前途将十分黯淡。
4. 阻止多数人触犯法律的是恐惧、社会廉耻或惩罚而不是良心。
5. 考试时老师不到场监考可能会导致更多的人作弊。
6. 通常父母在遵守诺言方面是可以信赖的。
7. 联合国永远也不会成为维持世界和平的有效力量。
8. 法院是我们都能受到公正对待的场所。
9. 如果得知公众听到和看到的新闻有多少已被歪曲，多数人会感到震惊的。
10. 不管人们怎样表白，最好还是认为多数人主要关心其自身的幸福。
11. 尽管通过网络、报纸、收音机和电视均可得知新闻，但我们很难得到关于公共事件的客观报道。
12. 未来似乎很有希望。
13. 如果真正了解到国际上正在发生的政治事件，那么公众有理由比现在更加担心。
14. 多数获选官员在竞选中的许诺是诚恳的。
15. 许多重大的全国性体育比赛均受到某种形式的操纵和利用。
16. 多数专家有关其知识局限性的表白是可信的。
17. 多数父母关于实施惩罚的威胁是可信的。
18. 多数人如果说出自己的打算就一定会去实现。

19. 在这个竞争的年代里,如果不保持警惕别人就可能占你的便宜。
20. 多数理想主义者是诚恳的并按照他们自己所宣扬的信条行事。
21. 多数推销人员在描述他们的产品时是诚实的。
22. 多数学生即使在有把握不会被发现时也不会作弊。
23. 多数维修人员即使认为你不懂其专业知识也不会多收费。
24. 对保险公司的控告有相当一部分是假的。
25. 多数人诚实地回答民意测验中的问题。

附录 L

心理自卑度量表

指导语：请您认真回答下列问题,回答"是"记 **1** 分,回答"否"记 **0** 分。

1. 您是否因别人对您的看法感到担忧?
2. 假如走进商店逛一圈后却不买东西,您会感到不好意思吗?
3. 您是否总是尽量不做使别人感到不安的事情?
4. 假若有人偶然地看见您赤裸着身体,您会感到羞耻和不安吗?
5. 星期天早晨您是否不愿躺在床上睡懒觉?
6. 您觉得自己内心总是本能地拒绝与外界的接触吗?
7. 您是否会违心地给您并不太喜欢的人赠送贺卡或生日礼物?
8. 您是否会依据别人的好恶来选购自己的服装?
9. 假如您使别人难堪,会不会感到内心不安?
10. 您是不是常常花很多时间去做自己并不喜欢做的事?
11. 如果您明知其实并非是您的过错时,您会不会仍然向别人道歉?
12. 您认为自己使父母失望了吗?
13. 您是否犯过不可原谅、无可弥补的错误?
14. 您经常觉得自己的表现不如别人吗?
15. 当您做错事之后,很久都不能忘记吗?
16. 当和别人闹了别扭后,您通常会责怪自己吗?
17. 您是否有终生的憾事?
18. 您是否愿为自己的过失而受任何惩罚?
19. 您是否有时会对别人的恋情感到嫉妒?
20. 您是否有时会对自己的性冲动感到厌恶?
21. 您听到色情故事时,是否会感到羞耻?
22. 您是否经常祈祷上天降福保佑您?
23. 您的老师对您的学习成绩感到失望吗?

24. 您是否经常回忆并检讨自己过去曾有的错误或不良行为?

25. 您觉得和周围的人相比,您显得微不足道吗?

26. 您是否曾受到良心的谴责?

27. 您是否认为失败总是跟随着您,您总是碰不上好运气?

28. 您是否曾有过难以原谅的不良习惯?

29. 您是否认为自己所得到的爱与感情,比自己应该得到的要少得多?

30. 您是否经常花时间回想过去?

附录 M
匹兹堡睡眠质量指数（PSQI）

指导语：下面一些问题关于您最近一个月的睡眠状况，请选择或填写符合您实际情况的答案。

1. 近 1 个月，晚上上床睡觉通常是_____点钟。
2. 近 1 个月，从上床到入睡通常需要_____分钟。
3. 近 1 个月，通常早上_____起床。
4. 近 1 个月，每夜通常实际睡眠_____个小时（不等于卧床时间）。

对下列问题请选择一个最适合您的答案。
5. 近 1 个月，因下列情况影响睡眠而烦恼：

   a. 入睡困难（30 分钟内不能入睡）：(1)无　(2)<1 次/周　(3)1~2 次/周　(4)≥3 次/周

   b. 夜间易醒或早醒：(1)无　(2)<1 次/周　(3)1~2 次/周　(4)≥3 次/周

   c. 夜间去厕所：(1)无　(2)<1 次/周　(3)1~2 次/周　(4)≥3 次/周

   d. 呼吸不畅：(1)无　(2)<1 次/周　(3)1~2 次/周　(4)≥3 次/周

   e. 咳嗽或鼾声高：(1)无　(2)<1 次/周　(3)1~2 次/周　(4)≥3 次/周

   f. 感觉冷：(1)无　(2)<1 次/周　(3)1~2 次/周　(4)≥3 次/周

   g. 感觉热：(1)无　(2)<1 次/周　(3)1~2 次/周　(4)≥3 次/周

   h. 做噩梦：(1)无　(2)<1 次/周　(3)1~2 次/周　(4)≥3 次/周

   i. 疼痛不适：(1)无　(2)<1 次/周　(3)1~2 次/周　(4)≥3 次/周

   j. 其他影响睡眠的事情：(1)无　(2)<1 次/周　(3)1~2 次/周　(4)≥3 次/周

   　如有，请说明：_____

6. 近1个月,总的来说,您认为自己的睡眠质量:
   (1) 很好　　　(2) 较好　　　(3) 较差　　　(4) 很差

7. 近1个月,您用药物催眠的情况:
   (1) 无　　　(2) <1次/周　　　(3) 1～2次/周　　　(4) ≥3次/周

8. 近1个月,您常感到困倦吗?
   (1) 无　　　(2) <1次/周　　　(3) 1～2次/周　　　(4) ≥3次/周

9. 近1个月,您做事情的精力不足吗?
   (1) 没有　　　(2) 偶尔有　　　(3) 有时有　　　(4) 经常有

附录 N

职业兴趣量表

指导语：请您根据第一印象作答，答案无对错。与实际相符记 **2 分**，不相符记 **0 分**，难以回答记 **1 分**，最后计算每个类型的总分，取分值最高的两项。

技能型（R）

1. 您曾经将钢笔全部拆散加以清洗并能独立地将它装起来吗？
2. 您会用积木搭出许多造型吗？或您小时候常拼七巧板吗？
3. 您在中学里喜欢做实验吗？
4. 您对一些动手较多的技术工作（如电工、修钟表、印照片、织毛衣、绣花、剪纸等）很感兴趣吗？
5. 当您家里有些东西需要小修小补时，常常是由您来做吗？
6. 您常常偷偷地去摸弄不让您摸弄的机器或机械（诸如打字机、摩托车、电梯、机床等）吗？
7. 您是否深深体会到身边有一把镊子或老虎钳等工具，会给您提供许多便利？
8. 看到老师傅在做活，您能很快地、准确地模仿吗？
9. 您喜欢把一件事做完后再做另一件事吗？
10. 做事情前，您经常害怕出错，而反复检查工作安排吗？
11. 您喜欢亲自动手制作一些东西，从中得到乐趣吗？
12. 您喜欢使用锤子、斧头一类的工具吗？
13. 如果掌握一门手艺，并能以此为生，您会感到非常满意吗？
14. 您曾经渴望当一名汽车司机吗？
15. 小时候，您经常把玩具拆开，把里面看个究竟吗？
16. 您喜欢修理自行车、电器一类的工作吗？
17. 您喜欢跟各类机械打交道吗？
18. 您亲自制作或修理的东西经常令您的朋友满意吗？

附录 N 职业兴趣量表

研究型(I)
1. 您对电视或单位里的智力竞赛很感兴趣吗?
2. 您经常到新华书店或图书馆翻阅图书(文艺小说除外)吗?
3. 在学生时代您常常会主动地去做一些有趣的习题吗?
4. 您对一件新产品或新事物的构造或工作原理感兴趣吗?
5. 当有人向您请教某事物如何做时,您总喜欢讲清内部原理,而不仅仅是操作步骤吗?
6. 您常常会想象一个想知道但又无法详细知道的事物是什么或将怎么变化吗?
7. 看到别人在为一个有趣的难题争论不休时,您会加入进去或者独自一人思考,直到解决为止吗?
8. 看推理小说或电影时,您常常分析推理谁是罪犯,并且这种分析时常与最后结果相吻合吗?
9. 您喜欢做一些需要运用智力的游戏吗?
10. 相比而言,您更喜欢独自一人思考问题吗?
11. 您的理想是当一名科学家吗?
12. 您经常不停地思考某一问题,直到想出正确答案为止吗?
13. 您喜欢抽象思维的工作吗?
14. 您喜欢解答较难问题吗?
15. 您喜欢阅读自然科学方面的书籍和杂志吗?
16. 您能够做那种需要持续集中注意力的工作吗?
17. 您喜欢学数学吗?
18. 如果独自在实验室里做长时间的实验,您能坚持吗?

艺术型(A)
1. 您对戏剧、电影、文艺小说、音乐、美术等其中的一两个方面比较感兴趣吗?
2. 您常常喜欢对文艺界的明星评头论足吗?
3. 您参加过文艺演出、绘画训练或经常写写诗歌、短文吗?
4. 您的朋友常常赞扬您把自己的房间布置得比较优雅并有品位吗?
5. 您对别人的服装、外貌以及家具摆设等能做出比较独特的评价吗?
6. 您认为一个人的仪表美主要是为了表现一个人对美的追求,而不是为了得到别人的赞扬或羡慕吗?
7. 您觉得工作之余坐下来听听音乐,看看画册或欣赏戏剧等,是您最大的乐趣吗?

8. 有美术展览会、歌星演唱会等活动时,您常常去欣赏吗?
9. 音乐使您陶醉吗?
10. 您喜欢成为人们注意的焦点吗?
11. 您喜欢不时地夸耀一下自己取得的成就吗?
12. 您喜欢做戏剧、音乐、歌舞、摄影等方面的工作吗?
13. 您能较为准确地分析美术作品吗?
14. 您爱幻想吗?
15. 看情感影片或小说时,您常禁不住眼圈泛红吗?
16. 当接受一项新任务后,您喜欢以自己独特的方法去完成它吗?
17. 您有文艺方面的天赋吗?
18. 与推理小说相比,您更喜欢言情小说吗?

社会型(S)

1. 您常常主动给朋友写信或打电话吗?
2. 您能列出五个您自认为够朋友的人吗?
3. 您很愿意参加学校、单位或社会团体组织的各种活动吗?
4. 您看到不相识的人遇到困难时,能主动地去帮助他,或向他表示同情与安慰吗?
5. 您喜欢去新场所活动并结交新朋友吗?
6. 对一些令人讨厌的人,您常常会由于某种理由原谅他、同情他甚至帮助他吗?
7. 有些活动,虽然没有报酬,但您觉得这些活动会社会有好处就积极参加吗?
8. 您很注意您的仪容风度,这主要是为了让人产生良好的印象吗?
9. 大家公认您是一名勤劳踏实、愿为大家服务的人吗?
10. 旅途中您喜欢与人交谈吗?
11. 您喜欢参加各种各样的聚会吗?
12. 您很容易结识同性朋友吗?
13. 您乐于解除别人的痛苦吗?
14. 对于社会问题,您很少持中立的态度吗?
15. 听别人谈"家中被盗"一类的事,很容易引起您的同情吗?
16. 您通常不喜欢一个人独处吗?
17. 在工作中,您喜欢听取别人的意见吗?

18. 和一群人在一起的时候,您经常能找到恰当的话题吗?

经营型(E)
1. 当您有了钱后,您愿意将其用于投资吗?
2. 您常常能发现别人组织活动时的某些不足,并提出建议让他们改进吗?
3. 您相信如果让您去做个体户,一定会成为富裕户吗?
4. 您在上学时曾经担任过某些职务(诸如班干部、课代表等)并且自认为干得不错吗?
5. 您有信心说服别人接受您的观点吗?
6. 您对一大堆的数字感到头疼吗?
7. 做一件事时,您常常事先仔细考虑它的利弊得失吗?
8. 在别人跟您算账或讲一套理由时,您常常换一个角度考虑,从而发现其中的漏洞吗?
9. 您曾经渴望探险吗?
10. 您认为在管理活动中以个人的意志影响别人的行为是很必要的吗?
11. 如果待遇相同,您宁愿当一名商品推销员,而不愿当一名机关办事员吗?
12. 当您开始做一件事后,即使碰到再多的困难,您也执着地干下去吗?
13. 您总是主动地向别人提出自己的建议吗?
14. 您更喜欢自己下了赌注的比赛或游戏吗?
15. 和不熟悉的人交谈对您来说毫不困难吗?
16. 和别人谈判时您不愿放弃自己的观点,是吗?
17. 在集体讨论中您不愿保持沉默,是吗?
18. 您不愿意从事虽然工资少但是比较稳定的职业,是吗?

常规型(C)
1. 您能够用一两个小时坐下来抄写一份您不感兴趣的材料吗?
2. 您能按领导或老师的要求尽自己的能力做好每一件事吗?
3. 无论填报什么表格,您都非常认真吗?
4. 在讨论会上,如果不少人已经讲的观点与您的不同,您就不发表自己的观点了吗?
5. 您常常觉得在您周围有不少人比您有才能吗?
6. 您喜欢重复别人已经做过的事情而不喜欢做那些要自己动脑筋摸索着干的事吗?

7. 您喜欢做那些已经习惯了的工作,同时最好这种工作责任小一些,工作时还能聊聊天、听听歌曲吗?
8. 您经常将非常琐碎的事情整理好吗?
9. 您总留有充裕的时间去赴约吗?
10. 对别人借您的和您借别人的东西,您都能记得很清楚吗?
11. 您喜欢经常请示上级吗?
12. 您喜欢按部就班地完成要做的工作吗?
13. 对于急躁、爱发脾气的人,您仍能以礼相待吗?
14. 您是一个沉静而不易动感情的人吗?
15. 您喜欢把一切安排得整整齐齐、井井有条吗?
16. 您经常收拾房间,保持房间整洁吗?
17. 您办事常常思前想后吗?
18. 每次写信您都要好好考虑,写完后至少重复看一遍吗?

附录 O

意志力量表

指导语：下面 20 道题，请您在 5 种选择（是、有时是、不确定、很少是、不是）中选择一个。所有单号题答案分值分别为 5、4、3、2、1；双号题答案分值为 1、2、3、4、5。将 20 道题的分值相加得出总分。

1. 我很喜欢长跑、远途旅行、爬山等体育运动，但并不是因为我的身体条件适合这些项目，而是因为它们能使我更有毅力。
2. 我常常因为主观原因不能如期完成自己订的计划。
3. 如果没有特殊原因，我能每天按时起床，不睡懒觉。
4. 订的计划应有一定的灵活性，如果完成计划有困难，随时可以改变或撤销它。
5. 在学习和娱乐发生冲突的时候，哪怕这种娱乐很有吸引力，我也会马上决定学习。
6. 学习和工作中遇到困难的时候，最好的办法是立即向师长、同学求援。
7. 在长跑中遇到生理反应，觉得跑不动时，我常常咬紧牙关坚持到底。
8. 我常因读一本引人入胜的小说而不能按时睡觉。
9. 我在做一件应该做的事情之前，常常能想到做与不做的好坏结果，而有目的地去做。
10. 如果对一件事不感兴趣，那么不管它是什么事，我的积极性都不高。
11. 当我同时面临一件该做的事和一件不该做却吸引着我的事时，我常常经过激烈斗争，使前者占上风。
12. 有时我躺在床上，下决心第二天要干一件重要事情（例如突击一下学外语），但到第二天，这种劲头又消失了。
13. 我能长时间做一件重要但枯燥无味的事情。
14. 生活中遇到复杂情况时，我常常优柔寡断，举棋不定。
15. 做一件事之前，我首先想的是它的重要性，其次才想它是否使我感兴趣。

16. 我遇到困难情况时,常常希望别人帮我拿主意。
17. 我决定做一件事时,说干就干,决不拖延或让它落空。
18. 在和别人争吵时,虽然明知不对,我却忍不住说一些过头话,甚至骂他几句。
19. 我希望做一个坚强的有毅力的人,因为我深信"有志者事竟成"。
20. 我相信机遇,好多事实说明,机遇的作用有时大大超过人的努力。